U0058085

社區諮商

社會正義與系統合作取向

沈慶鴻、趙祥和　著

目　次
contents

作者簡介

沈慶鴻

現職：國立暨南國際大學諮商心理與人力資源發展學系特聘教授兼系主任
國立暨南國際大學家庭暴力研究中心家暴組召集人
國立暨南國際大學社會政策與社會工作學系合聘教授

經歷：國立暨南國際大學學務長、輔導與諮商研究所所長、家庭教育研究中心主任等，長期投入社區諮商、團體諮商、婚姻與家庭諮商、親密關係暴力等議題的研究與教學

趙祥和

現職：國立暨南國際大學諮商心理與人力資源發展學系副教授

經歷：國立暨南國際大學諮商中心主任、家庭教育研究中心研發組組長，長期投入社區諮商、多元文化諮商、社會正義諮商、助人跨領域合作等議題的研究與教學

推薦序

從Freud以來，傳統諮商專業的發展有其完整的歷史脈絡內涵，然而社區諮商的發展卻有一段漫長崎嶇的歷程。從上個世紀1960年代起，由於社會急遽的變遷，許多過去前所未見的問題一夕間紛紛出現，諸如：女性主義、多元文化、老人議題、婚姻與家庭議題等，對社區心理健康的關懷逐漸受到重視。從1970年代起，新興的社區心理衛生機構與相關的多元社區諮商課程及服務不斷的被提出，值得注意的是，1984年Ivey提出了人與環境的適配性觀點、1989年 Bronfenbrenner 提倡生態系統觀點，而成為今日社區諮商的理論基礎。2003年，Lewis 等人發展出社區諮商模式，至此社區諮商的發展初具規模，其後社區諮商相關的研究、論述／論著，以及具體作法愈加豐富，社區諮商的專業形象在諮商專業的發展中開始占有一席重要位置。

臺灣在上個世紀末已有若干學者開始關注到社區諮商的重要性，尤其這十年來，臺灣社會變遷快速所引發的各類多元社區族群的議題，促使若干大學諮商系所開設了社區諮商課程，以回應社會需求。過去十多年來，臺灣陸續引進了西方學者有關社區諮商的著作，並以翻譯方式，意圖擴大臺灣諮商界對社區諮商的了解與操作，其影響效果不能不謂深遠。二十多年來，整體社會甚至世界的變化早已超越了上個世紀末以來學界對社區諮商的理解，一本新而有實用價值的社區諮商論述，幾已成為當前臺灣學界與實務工作者渴望的指標。

國立暨南國際大學在2000年創立輔導與諮商研究所時，便以社區諮商為課程設計依據，希冀培養出符合本土需求的專業社區諮商人才。二十多年來，暨大輔諮所的教師群在社區諮商的教學與推廣上不遺餘力，這個過程的經驗與發現早已超越了過去教科書中闡述的觀點，如果能將這些豐富的經驗集結成書，則將對臺灣現有的社區諮商造就一個新的里程碑。有鑑於此，本系的兩位教授，沈慶鴻與趙祥和，乃擔負了此一歷史重責，著手撰寫屬於我們臺灣自己的社區諮商專書。

沈慶鴻教授具有豐富的社會工作專業背景，其後研究加入了諮商與輔導，兩種不同專業的結合加上她本人對社區現場服務的深入接觸，對社區諮商的服務更能貼近現場；趙祥和教授從諮商專業現場出發，以其獨到的敏銳直覺反思了許多社區諮商過去未曾被關注的議題，在其社區諮商相關的研究與主題討論上常有發人深省之處。

閱讀這本新的社區諮商鉅作，除了必須了解社區諮商的理論、技術與操作外，本書有三大特點引人矚目：其一為第三章的「理論：多元文化諮商與社會正義」，在主觀的真實與客觀的真理之間，不僅有極大落差，也存有相當矛盾互斥的情形，從民主與平權的角度，如可聽見、體會並面對多元的聲音就是一種社會正義，諮商師如何從社會正義的視野提供多元文化諮商，本章有精闢的見解；其二為第五章的「合作：社區諮商的專業合作」，社區諮商服務的對象，不論其背景變項乃至呈現的問題多元且複雜，從生態系統來看，微觀處遇的介入已不能滿足個案的需求，因此資源的尋求與跨專業合作平臺的合作已是社區諮商的核心概念，本章即就此提供多元的考量並藉此創造雙贏的局面；其三為第六章的「倡議：社區諮商中的倡議」，傳統以來哲學中的一元或二元對立之哲學觀，主宰了諮商的理論與實務操作，相對的也犧牲了少數族群的聲音，多元諮商的特色之一便是能使多元的聲音與需求不被漠視。因此，倡議的行動與概念便成為社區諮商伸張多元社會正義的管道，並依此提供合宜的服務，促進社會和諧、創造心理健康的社會。

本書觀點新穎，內容豐富且實用，對當前的諮商師而言，本書有相當的賦能效果。走筆至此，心中對沈慶鴻與趙祥和兩位教授戮力奉獻所思、所學的精神深表敬意，爰為之薦。

國立暨南國際大學榮譽教授

蕭文

作者序

國立暨南國際大學諮商心理與人力資源發展學系的輔導與諮商碩士班，強調以社區諮商取向為專業培育的方向和目標，多年來我們的學生進入各個社區、學校、司法、企業與衛生醫療等領域工作，展現社區諮商取向的實務風格，受到業界諸多肯定。在欣慰之餘，也倍感慚愧，發現身為社區諮商的教育工作者，我們並未替這個領域的專業知識升級。

有關社區諮商的概念、理論和實作，在諮商領域中仍顯得蒼白無力，主要原因是以美國為首的主流諮商論述，是將社區諮商歸於心理健康（mental health）的範疇，而心理健康已是一個成熟的領域，有自己的學術分會、學術期刊和專業社群，即便美國的社區諮商課程仍受到CAPCREEP的認證，但社區諮商的教科書卻寥寥無幾，主要是以Lewis、Lewis、Daniels與D'Andrea的教科書為主，而臺灣習慣跟隨美國諮商的腳步，也採用Lewis等人的教科書。因此，我們反思：我們的社區諮商觀點在哪裡？我們多年的教學和實務是不是該為社區諮商提出另類的聲音？

當然，有感於我們缺少一本中文的教科書，更困擾於課堂中我們常要回答各種似是而非的學生疑問，例如：社區諮商和社會工作有什麼不同？社區諮商不就是諮商中的三級預防嗎？社區諮商和多元文化諮商、社會正義諮商有什麼差別？社區諮商和社區心理學的關係是什麼？等等，我們逐漸意識到，需要一本臺灣本土的社區諮商教科書，而且是有理論、有理念、有實務操作的教科書。

這本「小」書，就是在這樣的反思下開始，是我們多年從事社區諮商教學的觀點集結，也試圖為社區諮商的核心精神定調。當然，我們各自在忙碌的教學與研究中抽空書寫和討論，疏漏之處在所難免，請讀者多多包涵，希望小小的拋磚引玉動作，可以為社區諮商的論述略盡棉薄之力，就教於大家。

這本書在許多人的鼓勵中出現：先要感謝引導我們走入社區諮商，永遠是暨大諮輔碩班大家長的蕭文老師，以及和我們一起在暨大練功的諮商心理組老師們；還有每年諮輔碩班的碩一學生，謝謝你們在「社區諮商專題」課堂中的投入，各位提出各類奇思怪想的問題都是豐富我們寫作的材料。而今年 6 月填寫我們詢問有關「暨大諮輔碩班社區諮商定位」問卷的 93 位校友們，你們提供的回饋：89.2%滿意在暨大的學習、80.7%認為社區諮商的特色應該維持、近八成（78.5%）覺得輔諮碩班在社區諮商上的特色讓自己具有優勢，都是使我們在社區諮商的道路上走得更加穩健的力量。

另外，還要感謝撰稿過程中的幕後英雄——協助本書校稿及提供閱讀意見的吳亭穎和王汝廷，感謝你們在全年實習在即、壓力滿檔的情況下仍持續幫忙，還有今年大四畢業、總是使命必達協助繪圖的吳宜庭，以及心理出版社林敬堯總編輯和所有投入心力的編輯們，感謝你們願意在這麼倉促的時間內接受我們的書稿，趕工之餘仍舊審慎、仔細的協助校稿及排版工作，我想你們所做的就是專業職人最好的典範啊！

沈慶鴻、趙祥和 於埔里

2021 年 8 月 25 日

Chapter 1

現況：社區諮商典範的發展

本章從社區諮商典範被質疑揭開本書的序曲，詳列被質疑的內容和未實質轉換的原因；之後，再由諮商師實務場域擴大的現況、服務對象問題的複雜性，討論專業能力擴大的必要，以回應傳統諮商無法有效處理當事人問題，說明典範轉移的必要性。

近二十年來，隨著諮商實務場域的不斷擴大，臺灣諮商界逐漸開始討論與實踐社區諮商這個概念；不過，這些社區中心、機構多數仍以傳統諮商觀點在運作——以個人內在的心理觀點，提供社區民眾心理諮商與心理健康服務，尚未具備完整的社區諮商工作理論和架構。

Meteyard 與 O'Hara（2016）在描述社區諮商發展的方向時認為，諮商觀點可分為內在精神的（如Freud的理論）、系統的（如家族或團體諮商）、脈絡的（如焦點解決）與社區取向的，並將社區諮商視為諮商發展的不同取徑。目前，臺灣有關社區諮商的教科書非常少，主要是以 Lewis、Lewis、Daniels 與 D'Andrea（2011）的著作為主，內容集中於多元文化（multicultural）和社區方案的介紹，並提出四個象限的工作架構作為社區諮商的運作基礎；但可惜的是，該書並未清楚闡明社區諮商的理論依據，國外的方案介紹也讓學生不易理解；而在現有的諮商文獻裡，也鮮少討論到社區諮商的理論觀點，雖然內容都強調社會脈絡（social context），偏向多元文化諮商、社會正義取向、生態系統觀等的基礎架構，然相關論述鬆散，且多半是散落於教科書中或文獻裡的片斷論述。

第一節　社區諮商典範的轉移與失落？

國內討論社區諮商的文章不多，即使有，也多是特定學校的研究生將Lewis等人（2011）提出的社區諮商架構運用在不同對象、不同問題之服務及討論上，例如：自殺防治、約會暴力、目睹兒童、自閉症學生、性交易少女、隔代教養家庭祖父母及社區老人的服務，甚至是護理人員悲傷失落議題的處理。而較早提出，且有針對「社區諮商」進行概念釐清和討論的，當屬陳嘉鳳、周才忠（2011）有關〈社區諮商典範在臺灣的轉移與失落〉一文，其認為「社區諮商」概念在廣泛擴張後，出現了專業發展失焦的現象，並提出以下幾項的觀察和問題，質疑社區諮商典範在臺灣是否真的出現過實質轉移？或者只是借用「社區諮商」之名的「假性轉移」（陳嘉鳳、周才忠，2011，頁44-45）：

1. 多數人對社區諮商的定義混淆不清，認為只是「在學校或醫療機構之外的社區場所裡，提供定點式或門診式的個別諮商服務」而已。
2. 相關實務工作者未能了解社區諮商的真正內涵，不僅把多數資源投入在篩檢（二級預防）或治療（三級預防）上，也誤把一次性的演講當作初級預防工作。
3. 另有關社區諮商策略的問題：
   (1) 很多諮商機構只鼓勵與教導其他領域的專業人員轉介個案，卻未能好好利用促使他們提升工作能力的諮詢策略。
   (2) 很多諮商工作者不了解危機處置的特色，依舊使用習慣的個別諮商方式，錯失了建立專業信譽的良機。
   (3) 認為倡導只是炒熱議題、機構行銷、募款方法，在議題炒熱後並不關心是否造成實際的社會改變、是否真正為弱勢族群發聲，或為弱勢族群爭取到實質的權益改變。
   (4) 多數的諮商工作者習於投入個案工作，缺乏長期、宏觀的思維，很少願意擴展其對公共政策的影響力，因此使助人專業依然陷在醫療處遇模式（medical model）、直接服務的框架裡，降低了諮商專業對更多社會大眾間接服務的機會。
4. 諮商師教育的主軸內涵仍強調個人取向的諮商技巧（techniques）教學，較少擴及受社會脈絡因素影響的弱勢群體議題，使得社區諮商只是專業教育中的附屬課程，尚未建立具有主體性的課程典範。
5. 諮商領域大部分學生的成長背景、社經地位及生活經驗，與弱勢族群差距過大，未被激發的專業熱忱、承諾感、抗壓性，使得願意參與社區諮商行列的新血有限。
6. 國內至今仍未發展出社區諮商實務工作的參考典範，缺乏針對高危險群的外展與諮商服務，以及還擴及預防教育、諮詢、倡導、網絡連結、系統改變與政策發展等不同策略的社區諮商實務典範。

前述數個質疑，的確切中社區諮商發展上的困境核心，也是不少關心社區諮商發展者的困惑所在。不過，由於後續文獻的累積不足，可資閱讀、參考的書籍或資料有限，因此質疑、困惑大多未獲釐清，課堂上想一窺社區諮商面貌的學生提出的問題也就愈來愈多，例如：

1. 哪些機構是「社區諮商」取向的機構？
2. 社區諮商取向的諮商方案要能有效運作之要件是什麼？
3. 社區諮商取向的未來發展性如何？
4. 如何判斷自己是否適合從事社區諮商取向的工作？須具備什麼樣的條件與特質？
5. 除了學校課程外，還有哪些場域能讓我們對社區諮商有更多的了解？採社區諮商取向的訓練或培訓機構有哪些？

這些學生提出的問題，其實就是前述質疑、困惑問題的延伸，故陳嘉鳳、周才忠（2011）認為，或許社區諮商的思維太快移入、相關師資非常缺乏、實務工作者培育不及，使得國內社區諮商專業的發展很難緊密連結社會議題或民眾需求，而多數掛著「社區諮商」招牌的人，仍陷在傳統諮商的框架（內在歸因或僅是個人層面的處遇）內而不自知；因此根據其觀察，社區諮商典範在臺灣並未發生實質的典範轉移。

然而，典範未實質轉移的原因是根本不需要轉移，還是另有原因？若是果真如陳嘉鳳、周才忠（2011）所言，社區諮商典範未發生實質轉移的原因不是因為社會議題、民眾需求不存在，而是因為社區諮商移入太快、相關思維尚未轉換，以及師資缺乏、工作者培育不及所致；那麼在推動社區諮商典範轉移的工作上，就需在既有的諮商典範、信念及價值下，清楚說明改變諮商觀點、方法的必要性，一如Kuhn所言：科學革命的典範轉移，就在於出現無法以過往科學／知識解決問題的危機，此一「異例」（anomaly）狀況，因此刺激科學家尋求新的知識和解決方法，改變操作法則、重建新典範（陳瑞麟，2018）。

美國的社區諮商專業未深入探討和擴展之主因，乃在於社區諮商與心理衛生專業領域重疊，因此限制了社區諮商的發展（Hershenson & Berger, 2001）。然在國內，我們認為社區諮商未能發展並非是「領域重疊」或是「移入太快」，而是國內諮商一直受限於傳統（conventional）諮商典範的思維，社區諮商在推動時未能破除舊有框架，更遑論發展社區諮商典範的論述。

在本書中，我們試圖從社區心理學、批判心理學與自由心理學的領域，理出一條突破傳統諮商思維的途徑，更進一步的，我們發現去殖民化的諮商概念已在多元文化諮商和社會正義諮商中發酵多時，這些具有批判性論述的諮商思維已揭示社區諮商典範的出現。基於這樣的思考，我們認為社區諮商典範轉移已是正在進行式，此一部分留待第二章再詳細說明。

第二節　諮商場域的擴大與改變

根據林家興、謝昀臻、孫政大（2008）有關臺灣諮商心理師執業現況的調查發現，「學校」是諮商師主要的執業登記場所，有近八成（79.90%）的諮商師在學校場域服務，其次是社區機構（11.01%）、醫療院所與心理衛生中心（5.04%），而個人開業的諮商師最少（3.21%）。此一狀況近來已有改變，因為根據林家興（2014）對於諮商師執業現況的調查，諮商師在學校執業的比例已下降，由 2008 年的 79.90%降至 2014 年的 64.40%，社區機構也由 2008 年的 11.01%略降至 2014 年的 9.90%，不過醫療院所與心理衛生中心則由 5.04%增加至 9.00%，更特別的是，在心理諮商所執業的比率由 2008 年的 3.21%增加至 2014 年的 11.90%（如圖 1-1 所示），且有 81.60%的受訪諮商師表示，未來五年希望可以在社區機構執業；可見，雖然多數諮商師仍以學校為執業場所，但投入其他場域的諮商師已逐漸增加，執業場所也愈來愈多元。

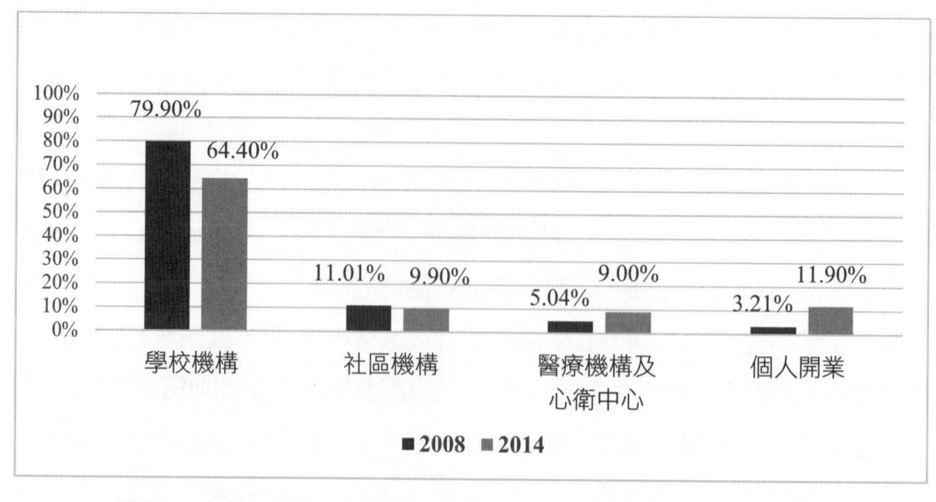

圖 1-1　臺灣諮商心理師執登場所：2008 年與 2014 年之比較

資料來源：林家興等人（2008）以及林家興（2014）

另外，根據中華民國諮商心理師公會全國聯合會（2016）有關諮商心理師執業狀況與風險的問卷調查發現（回收 448 份問卷），諮商師經常工作的場所（複選）雖接近六成（58.7%）在大專校院，但也有 32.1%的諮商師經常在基金會等社福機構工作，以及 15.8%的諮商師經常在私人開業的諮商所／治療所工作，顯示有三成多的諮商師經常需與基金會、社福機構進行跨專業的互動與合作，若再加上經常在諮商所／治療所工作的諮商師，也有近五成的諮商師與社區民眾、弱勢家庭、兒童少年或婦女等受保護對象有較多接觸的機會。

而其實不只是已執業之諮商師的服務範疇日漸擴大，正在接受全職實習培訓之實習諮商師的實習場域也同樣愈漸多元。根據黃佩娟、林家興、張吟慈（2010）針對諮商心理師全職實習的調查發現，學校還是主要的實習機構，有七成（70.7%）的學生選擇在學校實習，其次是醫療場域（16.6%），選擇在社區機構實習的學生則僅有 1.9%；而近期，林烝增、林家興（2019）針對全職實習的調查結果，仍舊顯示學校還是最多學生選擇實習的機構，比 2010 年的 70.7%還多，亦即有四分之三（75.7%）的學生選擇至學校實習，反而至醫療機構實習的學生人數比率下降不少，由 2010 年的 16.6%降至 6.8%；另讓人注意的是，選擇至社區機構實習的比率較 2010 年增加了九倍多，由當時的 1.9%增至 2019 年的 17.5%；顯示學校雖仍是大多數學生選擇實習之標的，但至社區機構實習的增加幅度已明顯可見（如圖 1-2 所示）。

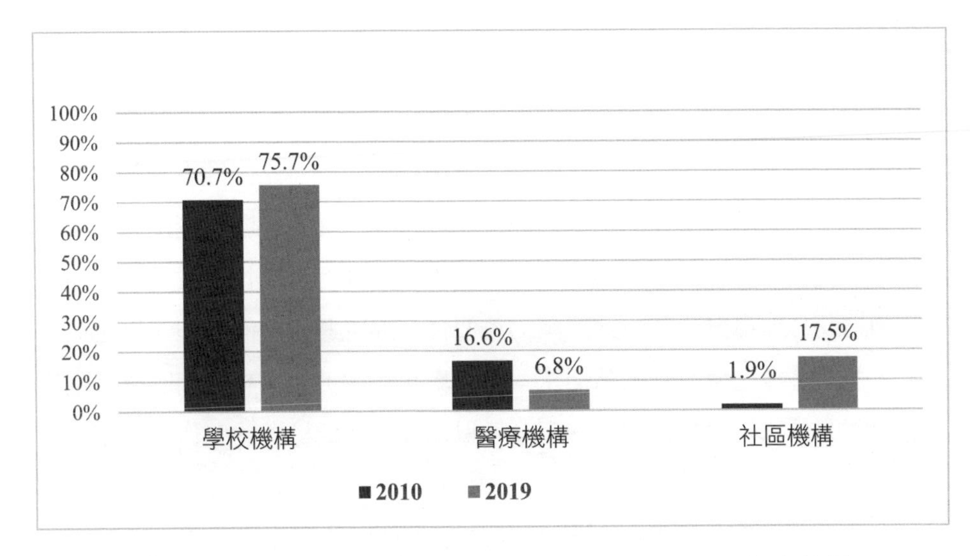

圖 1-2　諮商心理師全職實習場域：2010 年與 2019 年之比較

資料來源：黃佩娟等人（2010）以及林烝增、林家興（2019）

由前述諮商師的執業登記場所、經常工作場所，以及全職實習機構的調查，皆可看出諮商師服務場域的擴大已是事實及趨勢。由於執業或實習場所的不同，服務對象、當事人議題也將隨之改變，諮商師所需要的專業能力就須順應此變化而有所調整與強化，例如：黃佩娟等人（2010）在針對全職實習調查時，就發現社區諮商機構實習學生接觸危機與創傷問題之個案類型，明顯高於學校機構及醫療機構；林烝增、林家興（2019）的調查也發現，不同場域的實習在「婚姻與家庭諮商」、「初談」、「教學與工作坊」、「心理衛生預防推廣」、「入班座談」等實作項目上也有顯著差異；可見機構類型不同時，諮商師須具備的諮商核心能力也會有所差別。因此，為因應就業場域的增加及趨勢的改變，諮商師培育機構和專業組織應增加諮商師從事兒少、老人諮商的專業興趣和能力，以及處理婚姻與家庭、精神疾病、物質濫用等問題的能力（林家興，2014）；各系所在課程之外，可多為學生辦理課程講座、工作坊，並將多元文化、跨系統合作與溝通、諮詢、危機處理、機構管理等主題涵蓋其中，以為學生賦能並滿足未來職場的需求（林烝增、林家興，2019）。

上述對於擴大諮商師專業能力範疇的建議，其實持續出現在國內不少研究中，例如：凃玟妤、蕭文、黃孟寅、鄭童、張文馨（2012）就強調社會文化的變遷、個案問題複雜化已在實務工作中隨處可見，諮商教育若無法找出因應對策，忽略諮商工作的流動性與多元性導向，勢將影響諮商師未來的職涯發展與就業能力，故其呼籲諮商心理教育應該進行整體性的改革，避免過於強調諮商心理專業而忽略跨專業的重要性，亦應避免諮商心理發展過於單一、忽視社區多元個案的服務需求；張曉珮（2020）更期許諮商師應裝備走出舒適圈的勇氣，改變只用單一專業、只達倫理最低標準的工作方式來服務個案。

另外，多元文化與系統工作的能力更被視為必要（杜淑芬、王麗斐，2016；張淑芬，2015），強調諮商師與系統合作之「鉅視服務觀點」的專業核心能力，應包括要培養能與個人工作（深化諮商能力）、能與系統工作（學校與家庭），也能與組織工作（學校行政與跨專業合作）等能力（許育光、刑志彬，2019）。因此，期待學校應將系統合作的知識與能力納入養成教育，讓學生進入職場、社區時就能做好準備，減少獨自摸索的時間，以發揮諮商心理專業的最大效能（游淑華、姜兆眉，2011；趙文滔、陳德茂，2017）。孫頌賢、劉淑慧、王智弘、夏允中（2018）還強調此一系統合作的能力，諮商師不僅要能以生態系統觀點進行系統合作，還應具備社會關懷的能力，主動關懷社會議題與立法。

其他還有更多的研究者（如張淑芬，2015；許育光、刑志彬，2019；游淑華、姜兆眉，2011；Lewis et al., 2011）提醒諮商師應積極擴展專業角色，除直接工作者外，還可扮演訊息提供者、諮詢者、倡議者、協調者等，成為促進社會改變的媒介，替弱勢發聲爭取公平待遇；甚至認為在諮商師參與更多社區方案、專業合作後，也應增加對當事人或社會大眾的責信（accountability）能力（陳嘉鳳、周才忠，2011；游淑華、姜兆眉，2011；Lewis et al., 2011）。

上述這些建議諮商師應擴大角色、與他人合作、進行倡議（advocacy）影響，並具有系統觀、多元文化，以及社會關懷能力的呼籲，完全不同於傳統諮商工作對諮商師要求的專業能力，以及僅對當事人負責的態度。如此的變化，追根溯源應與場域、經驗與視野擴大後，諮商觀點的改變有關，因此連帶影響諮商師對當事人問題的概念化及所採取的諮商策略，也呼應了社會變遷、民眾需求和期待。陳嘉鳳、周才忠（2011）歸納國外文獻後指出，面對社會整體經濟與政治環境的快速變化，以及龐大需要心理衛生服務的人口，傳統聚焦在個人內在心理狀況、需要耗費較大專業人力資源的個別諮商典範，實不是一種有效率的助人策略；而以社區群體為對象的服務思考，必然要跳脫個別諮商的典範，另創迥然不同的服務典範，而這也就促使了社區諮商典範的出現與發展。

這樣的改變，也在 Southern、Gomez、Smith 與 Devlin（2010）有關社區諮商趨勢的研究發現，以及台灣輔導與諮商學會策劃的《臺灣輔導一甲子》（蕭文、田秀蘭主編，2018）一書中有關諮商研究與發展趨勢裡得到支持。

Southern 等人（2010）為了掌握社區諮商之變化趨勢，組成研究團隊檢視美國心理學會（American Psychological Association, APA）及 Sage 資料庫裡 1996～2007 年的五個期刊[1]，分別針對「社區諮商」、「心理健康諮商」領域裡有關未來（future）、未來研究（future research）、趨勢（trend）等關鍵字之研究或文章進行搜尋，初步找到 336 篇文獻，再參考《諮商師教育與督導》

1　包括《諮商與發展期刊》（*Journal of Counseling & Development*）、《諮商心理學期刊》（*Journal of Counseling Psychology*）、《婚姻與家庭治療期刊》（*Journal of Marital and Family Therapy*）、《成癮與犯罪期刊》（*Journal of Addiction and Offender*），以及《家庭期刊》（*The Family Journal*）。

（*Counselor Education and Supervision*）期刊所提供的內容分析架構，進行主題歸納與合併，最後形成 124 篇，指出十類有關社區諮商之發展趨勢（如表 1-1 所示）；而這十類趨勢的面向頗廣，大致包括了問題類型、諮商理念、諮商策略等三大項：

1. 問題類型：指出了未來較重要的四個問題趨勢，包括健康問題與老化；學校為基礎（school-based）和兒童服務；關係定向：伴侶、家庭、親職；物質濫用與戒癮等。
2. 諮商理念：認為多樣性（diversity）和多元文化主義（multiculturalism）；正向心理學、福祉和靈性；生涯發展、就業和經濟等會是未來受重視的趨勢。
3. 諮商策略：關注服務輸送的可近性和可用性；諮詢與合作；研究與科技等趨勢的討論。

表 1-1　社區諮商之趨勢

趨勢	篇數	%
1. 健康問題與老化	22	17.75%
2. 學校為基礎和兒童服務	18	14.50%
3. 多樣性和多元文化主義	15	12.00%
4. 服務輸送的可近性和可用性	15	12.00%
5. 關係定向：伴侶、家庭、親職	11	9.00%
6. 諮詢與合作	10	8.00%
7. 研究與科技	10	8.00%
8. 物質濫用與戒癮	9	7.25%
9. 正向心理學、福祉和靈性	7	5.75%
10. 生涯發展、就業和經濟	7	5.75%
合計	124	100%

資料來源：Southern 等人（2010）

另外，在《臺灣輔導一甲子》（蕭文、田秀蘭主編，2018）一書中，將臺灣一甲子的輔導歷史分為「傳承與未來」、「諮商教育與訓練」、「轉型中的臺灣諮商與輔導專業」三篇，除在第一篇之第二章「近四十年來臺灣諮商與輔導研究的焦點與未來趨勢」中，列出未來諮商研究的五個趨勢——老人諮商、中年職涯轉銜、伴侶諮商、社區諮商、復健諮商外，也在第三篇中有關「臺灣諮商與輔導發展的契機：跨領域合作」中，列出四個諮商的發展契機——跨領域、合作、諮商通路、科技諮商（如表 1-2 所示）。

表 1-2　臺灣諮商輔導：未來研究趨勢與發展契機

諮商研究趨勢	發展契機
1. 老人諮商	1. 跨領域世代的來臨：不同專業對諮商的需求
2. 中年職涯轉銜	2. 合作平臺從社區諮商開始
3. 伴侶諮商	3. 諮商產業與諮商通路：未來諮商專業的趨勢
4. 社區諮商	4. 科技諮商的影響與整合
5. 復健諮商	

資料來源：蕭文、田秀蘭主編（2018）

對照表 1-1 及表 1-2，蕭文、田秀蘭主編（2018）一書有關諮商研究的未來發展趨勢，完全呼應了 Southern 等人（2010）有關社區諮商趨勢的文獻研究，即台灣輔導與諮商學會認為的諮商跨領域、合作平臺之發展趨勢，與 Southern 等人歸納的「諮詢與合作」趨勢密切相關，其他項目亦是如此，例如：前者列出的老人諮商、復健諮商，可涵蓋在後者指出的「健康問題與老化」趨勢；前者提到的中年職涯轉銜、科技諮商，也大致符合後者所提的「生涯發展、就業和經濟」及「研究與科技」應考量的範疇；最後，前者所提的諮商通路，更幾乎相似於後者歸納的「服務輸送」之趨勢。這些結果，再次呼應了諮商場域擴大、諮商議題轉換的實務現場，且跨越個體層次、單一對象的服務方式，已是近年來頗被接受和實踐的諮商行為。

第三節　結語

配合社會脈動、掌握專業發展趨勢，是諮商師培育機構——學校應承擔的責任，如此才能培育出符合社會需求的諮商專業人才。而當傳統諮商面臨不同服務對象、新議題挑戰，或者不足以有效解決案主問題時，發展兼顧個體內在與社會系統面向的工作方法，就成為發展不同理念、工作策略的契機。由於「社區諮商」不是場域的改變，而是觀點、理念的轉換，因此期待本書能在社區諮商典範的轉移，或在建立不同取徑的過程中盡點心力，成為思維轉換過程中的助力。

反思與討論

1. 針對陳嘉鳳、周才忠（2011）對社區諮商典範轉移的各項觀察和質疑（見第 3 頁），你同意嗎？你的看法是什麼？
2. 另外，你對本書作者呈現學生對社區諮商提出的疑問（見第 4 頁），你會如何回應？
3. 你覺得諮商理論需要典範轉移嗎？請試著說出你的理由。

Chapter 2

基礎：社區諮商的理論與背景

社區諮商是在心理學和諮商發展脈絡下逐步形成的。心理學從個體心理學到社會心理學的發展過程中，對人類心理問題的概念化和介入，係從個人內在觀點邁向系統生態觀點，因此社區諮商的發展與社區心理學息息相關，也與諮商心理學的典範相關聯。本章除說明常見的多元文化、社會正義（social justice）、生態系統觀外，並介紹社會建構主義（social constructivism）、社會支配論（social dominance theory）、權力理論、批判心理學與後殖民（post-colonizing）理論等，以豐厚社區諮商的理論基礎。

社區諮商的演進和社區心理學關係密切，它是隨著社區心理研究和社區介入的歷程而來；心理學從個體心理學轉向社區心理學的過程中，建立在脈絡化觀點的社區心理學、重視社會向度的心理介入，與傳統強調個別諮商理論觀點的概念化有所區隔。

第一節 從「適應」到「轉化」的典範轉移

從心理學的發展史來看，諮商心理學做為應用心理學的一支，根源可溯及教育、宗教與教牧工作。美國的諮商發展則是隨著戰爭、現代化、移民、城鄉落差等的社會情境變化而蓬勃發展，諮商之主要目的在協助人們「適應」各種生活情境（Walsh, Teo, & Baydala, 2014）。臺灣的諮商發展源於學校輔導工作，一直到 2001 年《心理師法》公布後，諮商才大量的進入社區，但諮商理論和諮商方法的發展仍跟隨美國諮商思潮的步伐，使用美國教科書所闡述的諮商理論，也重視多元文化諮商和後現代諮商的風潮。

早年的研究顯示，以內在心理為主的諮商理論因聚焦於個人的思考、感受和行為，不僅容易忽略壓迫的議題（Fox, Prilleltensky, & Austin, 2013），也無法因應壓迫所造成的心理議題（Smith, Reynolds, & Rovnak, 2009）；即使是強調文化覺察、技術與知識學習的多元文化諮商，也因過於強調微觀層次的觀點和介入、忽略鉅觀社會層面的改變，對壓迫的處遇也是非常有限的（Prilleltensky & Prilleltensky, 2003; Vera & Speight, 2003）。

過去對諮商心理學典範有相當多的論述，從早期 Freud 的精神分析，到 Milton Erickson 開啟短期心理治療／諮商，發展種種讓人印象深刻的治療策略，再到各種家族治療取向（如Haley的策略取向、Minuchin的結構取向），對心理和行為分析進入一種「系統—關係」（systemic-relational）觀點，此一典範轉移至今仍為家族治療的重要特色。

我們再從傳統諮商三大勢力的演進來看，繼心理動力、人本主義與認知行為理論之後，出現了夾雜著「後現代」思維之第四勢力的多元文化諮商取向，再到第五勢力的社會正義諮商，都可看到幾項重要的轉變特徵，鋪陳了一條邁向社區諮商的棧道。諮商心理學從傳統學派主張的適應觀點，逐漸加入歷史、社會文化因素後，在理論和實務上都產生了一些變革。這些典範的轉移，意味著傳統諮商逐漸從個人內在觀點轉向系統觀點，諮商目標也從「個體適應」轉向「社會轉化」，了解這些演進能幫助我們掌握社區諮商的核心精神。以下說明諮商發展與轉變的特徵，讓我們可以更了解社區諮商的發展重點。

一、從「內在觀點」轉向「關係和系統觀點」

從諮商心理學的理論發展中可看出，心理分析、個人中心、完形治療與認知行為治療等學派皆重視個體內在的改變，但也都隱藏著朝向「家庭或社會因素」的轉變，例如：在精神分析學派中，阿德勒學派（Alderian）以社會關係突破傳統精神分析的內在心理觀點，強調家庭星座、社會興趣的重要性，算是心理分析理論中對個體內在觀點有較大的改變；另一個當代精神分析的重要理論——客體關係理論，也將「關係」納入心理機制，認為「自我」的形成是關係內化而來。

認知行為學派強調的改變過程，也愈來愈重視「雙方合作」；現實治療學派強調從「關係」導入改變認知與行為；而重視個人內在體驗的完形治療，發展到後期也強調「關係」的重要性。這些傳統學派雖或多或少都逐漸邁向社會性關係的路徑，但仍囿限於個人內在觀點。若我們從長期心理治療到短期心理治療的發展軌跡來觀察，已能看到關係和系統觀點的部分內涵，到後來多元文化諮商從多樣性的角度分析和理解個案，更重視當事人不同的獨特性與文化脈絡，這些都是社區諮商強調的重要元素。

二、從「價值中立」轉向「價值參與」的人性觀

傳統諮商的人性觀與改變觀帶著特定的價值，主張特定的心理健康論述與法則。諮商理論是諮商工作按圖索驥的指引，諮商師則扮演「專家」和「客

觀」角色，與當事人之間維持著某種專業界線，並以西方個體主義的觀點架構著諮商的進展，重視個體獨立、自主與自決。

這樣的觀點即是早期精神分析師做為「白板」供案主投射的原型，但隨著後現代思維的出現，諮商轉而強調人和人之間的「語言」與「共構」。傳統諮商中的「中立、客觀價值」轉向「互為主體、共構價值」，諮商師和當事人的關係也有相當大的改變，不再以諮商師的專業理論為主，不僅愈來愈重視當事人的文化和脈絡，也強調當事人的主體性。

三、從「大敘事」轉向「小敘事」的框架移動

諮商非常受到語言、文化的影響，而傳統諮商的特定人生觀、改變觀就是一種專業語言（專業用詞）。由於當事人的問題常受限於其自身有限的語言，使得諮商理論中有關健康／病態的語言成為引領當事人的專業語言，讓專業心理學理論因而淩駕了當事人的個人理論。可見，傳統諮商理論採取的是一種專業的大敘事（grand narrative），對「人應如何展現自己的內在？如何因應環境的變化？」具有強勢的論述，決定「何謂健康、何謂異常」，而這些也是診斷評估之病理觀或改變觀所需要的立論。

但當諮商學派之後現代思潮主張人人都可以有自己的心理論述——案主的日常和非專業小敘事，強調當事人本身的文化、生活語言即是一種治療元素，諮商則是協助當事人挖掘和發現其文化脈絡的治療方法，而非提供一套標準的心理健康法則。這種從「專業的大敘事」轉向「日常小敘事」的移動，帶給當事人更多的主體性、主動性，也讓諮商從「給予」到「參與」，朝向激發、賦權（empower）案主的潛能與力量，而非「治療」個案。

從前述諮商心理學的發展，可見諮商觀點和作法的變革。傳統諮商重視的個體內在觀點已轉向關係—系統觀點，諮商目標也由當事人適應，轉而強調當事人的主體性與主動性。社區諮商則主張優勢理論，重視增權，透過人和場域的相互作用，發展更多元的諮商方法和目標。如表 2-1 所示。

表 2-1　傳統諮商與社區諮商的比較

向度	傳統諮商	社區諮商
諮商師角色	專家、中立、客觀	與當事人互為主體
當事人角色	被動等待	主動參與
人性觀	問題取向、病理觀點	關係—系統互動
治療觀	診斷評估，恢復健康，符合常模	參與、理解個案，激發潛能

註：作者自行整理。

第二節　社區諮商與社區心理學並肩而行

諮商心理學做為應用心理學的一個學門，其所承續的心理學觀點，很難逃脫個體主義（individualism）的心理學思維與模式。這種以個體為出發點、忽略社會因素的主流心理學觀點，被視為是反歷史、反文化、反社會脈絡的心理學論述。早在 20 世紀的 1980、1990 年代，即有學者批評心理學的邏輯實證主義所採用之去價值、客觀中立、實驗控制取向，忽略了社會脈絡和歷史文化對人類心理的影響力（Orford, 2008）。大多數心理學家在解釋人類心理與行為層面時，採取的是一種本質論與去脈絡化的觀點，以試圖找出人類的心理結構與行為模式。

雖然 Hofstede（1994）提出的個體主義與集體主義（collectivism）之文化分類觀點有些過度概括，然此觀點仍引領跨文化心理學的發展方向，例如：Hofstede 指出，個體主義認為自我是獨立個體，情緒是以自我為焦點，重視個人需求、權利與能力，強調信念和情感脫鉤，重視愉悅、成就、競爭、自由、自主、公平交易等價值特徵；而集體主義則傾向認為，自我存在於團體關係中，自我建立在情境中，情緒是以他人為焦點，重視團體內的需求和責任、信念和情感相互依存，強調安全、順從、責任、團體內和諧、為團體犧牲是自然的等特徵（引自 Triandis, 1994）。而以美國為主的西方心理學發展受到個體主義的影響，諮商心理學也依循此模式，順著個體主義的角度出發，從病理診斷到醫療模式皆無法倖免於西方個體主義，而自然朝向個體主義發展，奠定了心理諮商的人性觀與成長觀。

相對的，社區諮商強調「脈絡中的人」（person in context），和主流心理學強調實證的「抽象個體」有著不同之觀點。社區諮商仰賴的理論乃源於社區心理學，兩者間很難清楚切割，社區諮商採取的整體分析策略亦是社區心理學的一環（Lazarus, Seedat, & Naidoo, 2017）。社區心理學的發展，反映出心理學從個體主義轉向集體主義、社會因素，這樣的轉變具體呼應了傳統諮商工作轉向社區諮商取向的風潮，將當事人內在問題的觀點轉向社會文化的脈絡觀點，社區諮商不再視當事人的問題為個人問題，而是社會和關係脈絡的共構問題。近代著名的社會心理學家Gergen（2009）即以「關係的存有」（relational being）和「關係的責任」（relational responsibility），將傳統強調個人特質和能力缺陷的心理學概念重新框架，而 Prilleltensky（2012）也從政治心理學的角度，解析個人福祉受到整個社會、政治、經濟所影響，皆可見歷史、社會文化脈絡在人類心理行為的重要性。

社區心理學在各國具有不同的發展特色。以美國為例，社區心理學的核心價值為：多樣性、生態分析、批判觀點、方法學的多元主義、跨科際合作及社會行動（Angelique & Culley, 2007）。因此，社區心理學的發展過程，可彌補社區諮商的理論缺口，對社區諮商進行概念化與實務策略具有重大的啟示。

一、重視歷史、社會和文化脈絡

社區心理學有別於傳統的心理學觀點，要歸功於跨文化心理學的研究。社區心理學從傳統的量化研究觀點，轉向行動參與的質性研究，甚至走向批判社區心理學，皆根植於人的心理受到歷史、社會和文化影響之觀點。跨文化心理學認為，人類心理現象的解釋須放在文化脈絡中，因此將心理學研究從傳統實驗室帶回人類生活的場域，讓心理學脫離抽象／去脈絡的觀點，而以文化觀點看待個體，就不只看到個人的想法和情緒，還能看見社會、群體裡人與人之間的論述交換（discourse exchanges），以及人際間共識而形塑出來的想法和情緒（Monk, Sinclair, & Winslade, 2008）。易言之，社區心理學的理論與實務，已從個體內在角度轉向歷史文化脈絡，更重視社會脈絡對心理的影響，相關的研究和介入也轉向社會因素取向。

二、重視權力、賦權與社會正義

由於社區心理學重視社會與文化脈絡、社會結構與權力對人類成長的影響，因而主張個人心理並非完全由個人自主決定。西方文化強調個體主義、成就、自決、物質上的成功等心理健康概念（Spence, 1985），故諮商目標受到個體主義的影響，強調自我實現、獨立、創意、能力和自主的治療法（Monk et al., 2008）。

社區心理學強調權力、賦權觀點，認為當事人擁有參與社會、改變自身的能力；諮商師採取參與式的觀點進行諮商工作，並非站在較高的「介入」與「治療」位置，而是「參與」及「與當事人共構」的過程，此有別於傳統強調「專家vs.外行人」觀點所形成的「心理學家vs.當事人」的上下關係，轉向一種攜手解構與共構、為少眾族群發聲和行動、採取「專業心理學家（professional psychologist）vs.素樸心理學家（naive psychologist）」的平等關係。因此，社區心理學強調權力解構、賦權理論與行動理論，社會正義成為社區心理學的核心價值，重視少眾族群的弱勢處境之議題研究與介入。

三、重視跨領域合作

社區心理學重視跨領域的合作關係，重視社會地位、經濟結構不平等現象，應用社會資本理論、社會分層理論、性別理論等跨專業領域，研究貧窮、性別不平等、失業、遊民等現象，而非單純的從個人內在心理或精神層面探討人類的心理與行為問題。因此，對話、參與是社區心理學重要的方法，透過對話促進社會改變，以及重視兼顧個人、社會層次的預防、處遇措施。

四、重視多樣性

社區心理學從社會議題的多樣性（diversity）發展出多元化的研究策略，從純粹「客觀研究」的社區心理學立場，轉向參與、改變與介入的社區心理學，其研究方法也從傳統的量化研究，走向質性研究的方法多元化。社區心理學不再固守研究對象與研究者保持距離、圈外人研究圈內人的「客觀」角度，而是愈來愈採取研究者和研究對象同處一個範疇、圈內人研究圈內人概念的「主觀」立場。因此，社區心理學的研究方法、對象、範疇趨向多元性，它們採取參與式行動研究、互動論、詮釋學與批判理論的質性研究取向。

五、重視轉化甚於適應

社區心理學以賦權（empowerment）為介入的手段，有別於傳統以個體為主的賦權，社區心理學強調社會結構與自我的關係，認為現代生活讓人們失去對社區的認同和危機感。認同解放（emanicipatory）的行動是一種生命政治（life-politic），主張人應該要為自己發聲；故社區心理學家對賦權的定義具有多樣性和特定脈絡，重視對不同族群、不同性別在不同場域的賦權；如果不從社群本身、個體自身來發聲或透過自己的社區認同抵抗社會結構，就無法達到真正的社會轉化。社區心理學家呼籲：不應順應社會既有的結構，而應採取一種行動與實踐（praxis）的賦權，以獲得權力感。

六、重視多層次與生態系統觀

社區心理學將人置於社會脈絡之中，強調人與人的互動、重視情境中的意義建構，故常以生態系統觀點解釋人類的心理與行為。社區心理學主張，解釋人類的心理與行為須同時兼顧個人和社會層次，著重個人間、組織間、社會間及國家間之網絡對人的影響，反對抽象的心理學研究，認為人的心理議題和概念須以生態、動力觀點詮釋，以發展多樣性的心理學知識，避免落入抽象、普同的心理學。

基於以上社區心理學的幾項特徵，我們不難發現它對諮商心理學有重要的啟發與呼應，倘若社區心理學已進入跨專業、跨研究法、跨場域、跨對象等方向，那麼社區諮商做為有別於個體傾向之傳統諮商，就有必要以社區心理學為基礎，發展社區諮商的工作方法。

第三節　社區諮商的理論基礎

從前述心理學與諮商發展背景，可以看到社區（群）諮商是典型的跨科際專業，或者更精準的說，諮商本身就是跨科際的學科。社區諮商隨著社會脈絡變化和心理學知識發展逐漸形成，理論基礎包含了心理學和社會學相關之論述，說明如下。

一、社會建構理論

心理健康領域中的社會建構理論有兩個取向：一為社會建構論（social constructionist），另一為社會建構主義（social constructivism），兩者同時發展。學者們對於社會建構主義的定義並無共識，簡單的說，社會建構主義指的是人們所知道的（知識）是從社群中獲得，而非從個人獨立的心理實體而來，亦即Maturana（1978）所說的「共識範疇」（consensual domain），我們所知（what we know）是人際歷程的知識，也就是在人際互動或彼此對話中習得。但對於什麼是真理，Matunara 提出「括號中的客觀」（objectivity-in-parentheses）和Cottone（2001）的「口袋中的客觀主義」（pockets of objectivities）一樣，採取的是一種社群的共識歷程，客觀則是在特定的群體中相互定位而達成。社會建構主義另一個重要的特徵是強調「如何結構性的改變」（how change is structured），而非「結構如何改變」（how a structure is changed），重點即在系統性的改變。

社會建構論興起於1960～1970年代間，社會心理學家Gergen（1985）曾在《美國心理學家》（*American Psychologist*）期刊撰寫了一篇〈現代心理學的社會建構運動〉（The social constructionist movement in the modern psychology），指出主流心理學長期受到外生性觀點（exogenic perspective）的影響，服膺於實用主義和實證主義的科學論點，忽略內生性觀點（endogenic perspective）的知識觀，此觀點認為人的知識建構——「人類如何認知世界，而非世界本來即如此」，即是社會建構論的關鍵之處。社會建構主義奠基於對實證和自然科學後設思維的批判，對於人類心靈和世界的解釋採取了不同觀點，指出人的心理和世界是經由人和人之間的互動以及語言的使用，而形成個人的主觀世界。心理學受到Lewin場域理論（field theory）的影響，該理論挑戰人類心理具有和大自然一樣的本質論，認為人和環境互動建構出心理現象；社會建構論也基於這樣的論點，提出人的自我和心靈會受到文化和社會環境的影響，人和人互動共構了心理實體，而非存在著一客觀之心理實體。

社會建構理論提出這樣的詮釋——我們對世界的描述和解釋形構了我們的社會行動，故自我概念和自我認同是一種社會論述，而非自然或本質上的生成。這些論述提供社區諮商重要的理論基礎，一直以來我們習以為常的當事人問題，例如：家暴、心理異常、自閉症、自殺等名詞或意涵的建構，也都有社會主流論述的影子。

二、生態理論

1980～1990 年代的學者曾反對個體心理學之論述，轉而強調心理學是一種「社會的心理學」（societal psychology），人是生活和行動於社會文化中，故採取多層次系統的觀點，兼顧鉅觀和微觀的研究（Himmelweit, 1990）。法國著名的心理學家 Doise 與 Mapstone（1986）就曾經以內在一個人的（intra-personal）、人際間／情境的（inter-personal/situational）、位置的（positional）、意識型態的（ideological）等四個層次分析人類心理。

Bronfenbrenner（1979）的社會生態模式是另一個大家熟知、在諮商中廣被應用的理論，他將人類發展分為微視層次（micro-level）、中介層次（meso-level）、外視層次（exo-level）與鉅視層次（macro-level），強調個人和社會環境的交互作用，人和人、人和團體、組織、社會體系間會相互影響，以此解釋人類發展的歷程。Bronfenbrenner後來將此一理論擴大為「生物生態理論」（bioecological theory），以解釋人類發展歷程受到生物和情境脈絡的影響（Bronfenbrenner & Ceci, 1994）；之後，有學者將文化因素納入生態理論，認為文化是人類發展的核心歷程，無時無刻影響著人類發展，並主張生物生態理論應從鉅視（macro）觀點轉向探討微視系統（microsystem）的文化觀點（Vélez-Agosto, Soto-Crespo, Vizcarrondo-Oppenheimer, Vega-Molina, & García Coll, 2017）。

生態理論已廣泛用於心理健康領域，例如：Cohen 與 Fish（1993）很早就用其來發展校園諮商工作；Stormshak 與 Dishion（2002）也將生態觀點運用在兒童與家族治療、概念化兒童與家庭問題，並以生態系統觀點做為專業培訓的重點，重新設計評估與介入策略。多元文化諮商亦使用生態觀點，Roysircar 與 Pignatiello（2011）提出多元文化─生態式的評估工具，運用生態評估向度，例如：個體系統、微視系統（文化與環境系統）、中介系統（生態系統間的互動）、外視系統（間接影響之外）、鉅視系統（社會）與時間系統等向度提供諮商服務；Bemak 與 Chung（2008）則參考生態理論提出多層次模式（multilevel model, MLM）來進行移民諮商服務，強調心理健康教育、文化賦能、整合東西方治療，以及社會正義、人權議題等五個層次發展諮商介入策略。Hoffman 與 Kruczek（2011）將生態理論視為分析大型創傷與社區災難事件之個人、社區與社會介入的概念架構，提供諮商心理學一個完整服務與研究的架構。

以上這些生態理論的應用，都以Bronfenbrenner提出的理論為基礎，強調個人、社會和文化的動力關係。近年來，Lehman、David 與 Gruber（2017）將 Bronfenbrenner 的觀點融入「生物心理社會模式」（biopsychosocial model），強調生理─心理─社會（人際和文化）三層面的動力對健康之影響，指出生理動力、心理動力和人際動力會隨著個人和歷史之時間開展，還將人際動力分為微視系統、中介系統和外視系統的動力，也相當值得參考。

三、多元文化諮商

多元文化諮商的發展已有數十年的歷史，自 Wrenn（1962）指出諮商領域的「文化膠囊化」（cultural encapsulation）現象後，諮商心理學也隨著美國1960～1970 年代的社會與政治變遷，逐漸重視少數族群的權益和文化。1980年代之後，美國諮商領域對少數種族心理健康的重視，催化了多元文化諮商的實務、培訓與研究。到了 1990 年代，多元文化諮商已成為心理動力、人本主義與認知行為之後的第四勢力（Pedersen, 1991）。目前，多元文化諮商已具備完整的概念和實務框架，多位學者陸續提出了多元文化諮商的內涵與能力（Pedersen, 1991; Sue & Sue, 2012; Sue, Arredondo, & McDavis, 1992）。

最近二十年，多元文化諮商的內涵已擴大包含了社會正義的議題（Ratts, 2008; Toporek, 2006; Vera & Speight, 2003），展現出更多的社會行動與倡議。從多元文化諮商的發展軌跡看來，諮商和社會脈動的關係非常緊密，因此多元文化和社會正義被視為社區諮商的一環，其重視諮商師覺察自身文化的假設、價值與偏見，以了解不同文化案主的世界觀，並發展合適的介入策略與技術（Lewis et al., 2011）。

多元文化諮商強調諮商時要注意「文化多樣性」（cultural diversity），對於種族、族群、性別、性取向、社經地位、年齡、宗教等需有高敏感度，而除了對接受服務的當事人之文化敏感外，也強調諮商方法的反思與調整。Sue（2001）就提出「文化能力的多向度模式」（multidimensional model of cultural competence, MDCC），包含特定族群的世界觀、文化能力的內涵、治療性介入的焦點，其中具有療效的介入焦點包含個人、專業、組織與社會等四個要素，強調多元文化諮商整合系統的處遇。在個人層面上，諮商師需要檢視個人的偏見與誤解；在專業層面上，諮商師要檢視諮商方法的文化假設與心理健康的文化觀；在組織層面上，專業制度的單一文化易形成對其他文化或族群的壓迫；最後在社會層面上，需要對不利於少眾族群的社會政策進行倡議（Sue & Sue, 2012）。綜言之，多元文化諮商數十年來的發展，反映了諮商專業和社會發展間的密切關係，因此多元文化諮商及之後的社會正義諮商，皆被納入社區諮商工作的內涵。

四、社會資本、支配與權力論

（一）社會資本論與社會支配論

社會資本論（social capital theory）是一個跨科際領域的理論，廣泛出現在社會學、政治學、經濟學與人類學的範疇，近年來也出現在心理學領域，例如：針對社會資本與心理資本、社會資本與幸福感的研究。概括的說，所謂的社會資本是指人在社會網絡中，透過自身族群的關係而掌握的各種政治與經濟資源，而心理資本則從個人的內在資源，論述人的正向資源，包括了自我效能、希望、樂觀與韌力（resilient）（Luthans, Avolio, Avey, & Norman, 2007）。根據研究顯示，心理資本影響社會資本（Amirkhani & Arefnejad, 2012; Hashemi, Babapour, & Bahadori, 2012）。

社會支配論關注的則是不平等的社會權力與壓迫，此一理論用來解釋歧視、刻板印象、壓迫等議題，其論述範疇較廣，包含馬克思理論、社會認同理論、種族主義理論等。基本上，社會支配論將社會階層化為三個面向：年齡、性別，以及一組特定的權力體系；第三個面向是指一個特定的群體比其他群體擁有較高的地位和權力，這些群體可能由特定族群、社會階級、宗教等所組成。社會支配論表面上看起來是為了解釋社會現象，但其實不然，其認為社群之間的優劣，是靠個人支持所屬的族群所造成，這種以「群體」為基礎的社會支配傾向建立在個人的參與上，而非僅僅只是社會表象；制度性歧視即是一個明顯的例子，擁有高地位的群體，更能為自己的高階序位辯護，而低地位群體則無力反駁，容易將自己放在一種「從屬」（subordination）位置，而服從高地位群體、表現低地位群體內較強的自我削弱（self-debilitation）、缺少社會支配的價值觀。因此，社會支配論是一種「階序促進力量」，它們共享一組歧視的價值，包含了各種的國族主義、種族主義、性別主義、宗教主義等特定信念，例如：對貧困族群的高生病率或不健康現象採取一種「該族群要自我負責」的信念，以較高的姿態將結構性問題歸咎於個人，這種忽略社會結構，將體系偏差造成的問題以個人化方式詮釋，形成對結構性或制度性偏頗置之不理；有學者就認為，這種社會支配論的論述和後殖民論述相呼應（Orford, 2008）。

（二）權力理論

有關權力的社會心理學理論，最經典的就是社會心理學家French與Raven（1959）提出的六種權威（authority）途徑，亦即可透過脅迫（coercive）、酬賞（reward）、法定（legitimate）、專家（expert）、個人（personal）與資訊（information）等途徑傳遞權威；Wrong（1979）則分別對權力（power）與權威（authority）提出系統性架構，並認為兩者間具有高度的關聯性，並將權力形式分為說服（persuasion）、強制（force）與操縱（manipulation）三種，權威則有脅迫、法定、個人、專家和酬賞等形式（引自 Raven, 1992）。後來，Raven（1992）又提出「人際影響力的權力／互動模式」（power/interaction model of interpersonal influence），指出人際間基本權力的來源，包括了資訊的權力、酬賞的權力、脅迫的權力、法定的權力、專業知識的權力，以及參照的權力（referent power），還將使用權力背後的動機納入考量，認為個人採取何種權力形式去影響他人，是隨其動機及策略而有所不同。

Monk等人（2008）則以自由人文主義、結構主義和後結構主義等三個取向，論述權力與特權對諮商的影響。自由人文主義取向強調民主社會的自主和公民責任，認為人們透過自由努力獲得各種權力或特權；結構主義取向則多著重於資本主義、父權、種族主義的分析，因此結構主義取向認為，人會受到外在系統、社會結構與霸權的影響，認為權力是一種產品（product），是個人在有利的社會結構下所獲得之影響力；後結構主義則採取 Michel Foucault的觀點，強調權力與治理的關係，認為個人或群體並非擁有權力，主張權力存在於關係之間，例如：流行產品透過治理影響我們的流行品味、銀行透過信用卡治理財務的方式影響我們的用錢觀念。雖然我們受到有權力者的治理與論述所影響，但我們如何論述也會影響有權力者，這也意味著論述（discourse）和相互定位（positioning）是我們參與權力流動的一部分。

根據 Monk 等人（2008）的說法，傳統諮商主要是受到自由人文主義觀點的影響，認為當事人是自主、自決的自由個體，缺少結構主義的觀點；女性主義諮商則是屬於結構主義取向，認為傳統諮商建構出父權支配下的個人主義式諮商，過度強調男性角色，製造出男性拘謹、性歧視與束縛的性別角色；而後結構主義的權力觀點強調，諮商關係環繞著各種「論證實作」（discursive practices），主張專業實作需要「反—實作」（counter-practice）（White, 2002; 引自 Monk et al., 2008, p. 185）。也就是說，諮商師需要對當代權力運作如何影響案主生活，以及案主如何抗拒權力有更多的了解，也需要反思諮商關係的結構特權，例如：諮商師是否以淩駕當事人之上的專業診斷病理化案主？諮商師的處遇是否是一種主流心理論述？是否會和案主共享權威？這些都是後結構主義對諮商的提醒，認為當代的權力是一種「實作」（practice），所以權力是一種社會實踐，而實作創造了結構，強調個人的社會實作參與可以改變各種處境，而非臣服於固定的社會結構。

從這三種權力的觀點來看，後結構主義的論述相當程度可以做為社區諮商的工作方法，透過社區實作對話、論述與敘事，是可以同時兼顧個人力量與社會結構的改變，此一方法也可呼應前述社會建構主義之觀點。

五、社會正義理論

社會正義做為心理學最重要的趨勢，在近數十年來明顯可見，特別是美國心理學會（APA）第二十七個分支「社區研究與行動學會」（The Society for Community Research and Action, SCRA），將社會正義視之為核心價值：「SCRA 將以一種強力的、全球性的影響力，透過合作促進所有人類的幸福和社會正義，哪裡有壓迫，那裡就有分工和賦權」（SCRA, 2010, para. 2; 引自 Murger, McLeod, & Loomis, 2016）；「社會正義是社區研究的主要目標之一，投入行動、研究和實踐即是致力於提升所有人的資源分配正義與機會平等，對於邊緣群體免於被剝削、預防暴力、積極的公民行動、解放被壓迫的人們、包容邊緣族群及尊重所有的文化」（SCRA, 2010, para. 10; 引自 Murger et al., 2016）。不僅如此，社區心理學對於社會還具有一個特定的願景：認為一個理想的社會正義是社會融合（social inclusion）、自主、團結，並具有集體的幸福（Kagan & Burton 2001; Prilleltensky, 2001）。

因此，社會正義不僅僅是社區心理學的重要理論之一，也在諮商心理學領域裡大放光彩。Ratts（2008）指出，社會正義諮商會是繼多元文化諮商後的第五勢力，它影響了美國諮商學會（American Counseling Association, ACA）關於諮商師倡議的能力發展，呼籲在諮商師的能力素養中應具備更多對社會改變和情境脈絡調整的能力。不過 Smith 等人（2009）卻指出，社會正義在諮商心理學中的發展不過是種回鍋潮流（recurring wave），因為以美國為例，Cliford Beers 與 Frank Parsons 早在 20 世紀初就對社會心理衛生和失業現象進行社會倡議了。

此外，Crethar、Rivera 與 Nash（2008）則從 Rawl 的個人正義和分配正義理論為社會正義諮商指引出四個工作原則，即平等（equity）、獲取（access）、參與（participation）、和諧（harmony），並認為將 Rawl 的正義理論應用於心理健康領域，即預告了多層次諮商介入方法是必要的，特別是在涉及個人和社會資源的層面上（後者與社會結構、社會連結的權力有關）。因此，社會正義諮商關注的焦點，涉及壓迫、特權、歧視與剝削等議題，這些議題也與社會不公、不正義的發展有關。此部分呼應了著名的反壓迫（anti-oppression）心理學家 Bora 的自由心理學與 Fanon 的反殖民論述所強調的解放與自由；由於關於壓迫與反殖民的議題，社區諮商領域鮮少討論，但此一論述對於社會正義諮商的推展與理論建構極為重要。有關社會正義諮商的詳細內容，我們將於第三章再說明。

六、批判心理學的相關論述

批判理論對心理學的影響者，包括了 Charles Darwin、Karl Marx、Friedrich Nietzsche 與 Sigmund Freud，這些學者的闡述影響了心理學的相關論述（Walsh, Baydala, & Teo, 2015）。早年心理學家對自然科學化的心理學進行批判，他們反對科學化的心理學，例如：Gordon Allport 強調心理學是一種道德科學；Amedeo Giorgi 批判科學心理學缺乏整體觀，缺少對正義的敏感度；德國心理學家 Klaus Holzkamp 則從社會歷史的角度批判心理學，認為心理學應根植於歷史文化，他的批判觀點源於女性主義和馬克思主義的哲學思維，對批判心理學與自由心理學的發展產生了巨大影響。這些批判心理學的發展與後現代心理學、後殖民心理學相輔相成。

Teo（2013）認為，心理學被視為「一門問題的科學」（a problem of science），而將心理學問題化最大的三個原因，包括了：(1)對心理學主體和形上學的複雜性認識有限；(2)偏好狹窄的知識論和方法論；(3)心理學在倫理—政治層面的關懷與實踐缺少反思。Parker（2015）則在檢視諮商和心理治療行業的政治經濟問題後指出，諮商和心理治療在建置助人專業的過程中，將自身位置放在心理健康金字塔的頂端，決定了何者是好的行為、正確想法與感受，展現出一種優越的治理位階，亦即創造了一種諮商心理學比一般通俗心理學或另類心理學更專業的位置，因此 Parker 主張以「非治療」（non-therapy）解構這種「真正治療」（real therapy）的特權框架。此外，Loewenthal（2015）則批判國家對諮商的控管機制，特別是技術化和手冊化。這些批判心理學家強調諮商工作者和當事人之間的平等關係，提醒諮商需要更多的反身性（reflexivity），避免落入新自由經濟主義和資本主義的框架而失去了助人專業的彈性。

綜言之，批判心理學源於對傳統心理學偏重科學化、忽略社會歷史文化對人類影響的反動，希望可以為弱勢族群、受壓迫與被歧視者發聲，強調主動解決社會議題的社會行動。Hepburn（2003）認為，批判心理學透過以下五種方法處理社會問題與壓迫，包括：(1)公共政策的社會介入與改變（social interventions and changes in public policy），批判與改變公共政策；(2)修辭學上的介入（rhetorical intervention），以論述、研究分析意識型態對政策的支持與改變；(3)心理學的介入（intervening in psychology），挑戰個體主義與認知主義的偏誤；(4)實務的介入（practical interventions），站在受壓迫者或邊緣族群的立場提供服務；(5)後現代的介入（postmodern interventions），檢視主流思想的建構與真實。Prilleltensky與Prilleltensky（2003）則提出批判健康心理學，主張心理學應為個人、關係與集體幸福感提供服務，而非只著重於個人的病理服務。

這些論點，一再的指出以個人主義為焦點的心理學及助人方法並無法處理不平等與壓迫的社會議題，社會改變和政治行動應該才是心理學的核心（Fox et al., 2013）。從批判心理學的理論發展中，我們可以看出它強調心理學的社會因素，對被壓迫與歧視族群的重視，並提出對主流的批判與反思（當然也包含諮商方法的批判與反思），重視關係動力與社會行動，而這些都是社區諮商工作中的重要元素。

七、後殖民心理的相關論述

有關殖民和後殖民的論述源於強權國家對全世界的殖民，特別是歐洲國家對非洲、美洲、亞洲各國的侵占。殖民者將被殖民者視為一種「他者」（Other），所有被殖民者都被視為相同、沒有個別特徵，或被單一刻板的描述為「他者」；相反的，殖民者則是具有個人特徵的、獨特的個體，因此殖民者是文明、努力、先進、聰明、道德、慈善，而被殖民者則是懶惰、怪異、落後、不道德，或被視為不完整的人（Monk et al., 2008）。

傳統諮商以西方、白人為主的心理學觀點，同樣複製了前述相似的殖民過程，讓諮商變成了另一種「傳播福音」與「文明化」[1]，隱含著透過諮商讓

1　在此借用 Venn 的後殖民論點，有興趣的讀者可參見其著作《後殖民的挑戰：邁向另類可能的世界》（謝明珊譯，2011）。

「未開化」的當事人成為「文明健康」的人；而諮商則成為一種現代化的服務，透過專業和法定地位，規範了我們對心理健康專業的想像。後殖民觀點則認為，心理學理論應由全世界心理學家在其生活世界中挖掘出心理學概念，而非採取西方觀點，將不同文化和相異族群的心理視為「問題」。

在後殖民論述中，我們無法忽略 Fanon（1967）的觀點，他在著名著作《黑皮膚，白面具》（*Black Skin, White Masks*）一書中指出，種族歧視不是「白人如何建構黑人」，而是「白人如何透過建構黑人來建構白人自身」。他以精神分析的語言點出歐洲白人社會對黑人男性的陽剛特殊化，將黑人視為欲望與幻想。因此，種族主義不僅只是心理議題，也是對他者身體性（physicality）帶來的身體幻想，而「種族化體現」（racializing embodiment）是種族主義身心歷程的彰顯（Hook, 2012）。這種深層心理機制不僅僅是一種個人的心理機轉，它也顯現了社會生活中互動的優劣位階、對話與投射。

另外，著名的巴西教育學家 Paulo Freire 提出了受壓迫教育理論，指出受壓迫者需要從素樸意識（naive consciousness）轉化為批判意識（critical consciousness），強調透過受壓迫者教育學，讓受壓迫者可以發聲並建立主體意識，認為培育受壓迫者的批判意識與對話能力，可避免受壓迫者內化壓迫者的意識，解放受壓迫的自我，因此其主張社會現實是人的實踐，而社會現實又會反過來制約我們，這是一種「實踐的逆轉」（inversion of praxis）（Freire, 1970, p. 88）。拉丁美洲著名的心理學家 Martín-Baró（1994）應用 Freire 有關學習者是主體而非客體的概念，提出了自由心理學，主張透過實踐改變社會現實，呼籲心理學家或實務工作者應扮演社區資源的角色，重視經濟正義與心理幸福感，解放被壓迫的人群，並將這些觀點應用於諮商訓練中（Goodman, Liang, Helms, & Latta, 2004）。上述這些後殖民的論述可提供社區諮商開展多元、草根的介入方法，讓社區諮商工作者更具反身性與解構能力，避免以主流諮商的論述他者化社區個案。

第四節 結語：社區諮商理論的多元論述與多重方法

由於社區諮商和社區心理學的發展有著高度關聯，前述我們談到社區心理學的變革與特徵，以及諮商典範的轉移與發展，皆可清楚了解社區諮商有別於傳統諮商重視個別介入方法，而將歷史、社會與文化面向納入介入策略，偏向生態／系統觀點。

我們選擇了七個理論基礎，含括了心理學、諮商心理學與社會學領域等的論述，以豐厚社區諮商的理論。不僅如此，社區諮商隨著多元文化和社會正義諮商的發展浪潮，除了呼應社會建構主義的策略外，也應該納入批判心理學與後殖民的論述，以回應少數社區（群）與族群受到壓迫、歧視與偏見的心理健康議題，並開啟社區諮商工作者的反身性與實踐。我們從社區諮商多元論述中，可以看出社區諮商做為一個貼近社會脈動的諮商方法，需要多樣性的論述做為多重方法的基底，以因應複雜的現代社會問題；這些理論基礎的論述，也指引社區諮商工作者從多重角度概念化個案問題，發展多重方法與策略。

反思與討論

1. 請針對諮商典範的轉移，舉例說明和比較社區諮商與傳統諮商在諮商關係、個案概念化、問題分析、介入策略上有哪些異同之處？
2. 請從「人是生活於脈絡」的觀點出發，討論個人的心理如何受到社會和文化影響？
3. 批判心理學和自由心理學針對傳統心理學提出什麼批判？你同意嗎？為什麼？

Chapter 3

理論：多元文化諮商與社會正義

社區諮商做為諮商領域的典範之一，宜納入自由心理學與批判心理學的觀點，深化個案倡議與社會倡議策略。社區諮商師要具備批判意識以及反壓迫（anti-oppression）、反身性與實踐的知能，反思與批判傳統諮商的殖民性與限制，發展解構（deconstruction）與對話的能力，解放社會與文化造成的壓迫意識，並採取兼具微觀個體與鉅觀社會的處遇策略，賦能個體和社區，以促進社會行動與倡議。

早期隨著美國民權運動的腳步，心理學界對於採取單一白人文化觀點的理論出現了不同觀點，例如：黑人心理學、女性主義心理學、本土心理學等，諮商心理學也在1970～1980年代開始受到多元文化主義的影響，逐漸發展出多元文化諮商。諮商領域開始檢討美國多元種族／族群接受心理健康和諮商服務的缺失，接受多元文化主義的觀點和架構，將不公不義的種族主義、異性戀主義（heterosexism）及相關壓迫等論述，視為文化的基本現象，忽略社會安排（social arrangement）和權力結構的因素（Goodman & Gorski, 2015）。而在多元文化諮商出現數十年後，學者們開始質疑諮商心理學對社會正義的漠視，於是促成了多元文化諮商的社會正義工作（Ivey & Collins, 2003; Vera & Speight, 2003）。

本章即是立基於對多元文化諮商的批判，說明社會正義做為社區諮商的核心價值觀，必須從主流的多元文化主義邁向去殖民（decolonizing）和後殖民（post-colonizing）之論述，重新確立社區諮商的工作方向。

第一節 諮商去殖民化的重要概念

前面的章節已提過，在諮商心理學的典範發展中，心理動力、認知行為與人本學派為三大勢力，多元文化諮商被視為第四勢力，第五勢力則為社會正義諮商。概括來說，第一到第三勢力都是著重於個體內在的心理問題，第四勢力著重於脈絡中的個體，到了第五勢力，則重視社會結構和行動改變；諮商的發展從個人內在轉向情境中的個人，進而重視社群和社會結構的改變，「心理諮商」逐漸注意到「社會改變」的重要性。

其實，早年著名的精神醫療人類學家Laing（1967）就曾指出，個體的問題如果是情境造成，我們就需要改變外在情境。美國諮商界因為1960年代的民權運動，促使諮商領域從對被壓迫族群的冷漠，轉而重視案主背後的文化多樣性（引自Ponterotto, 2010）。1980～1990年代，有學者（如Levin, 1987; Sloan, 1995）開始將「現代性／資本主義」和「情緒／心理受苦」連結在一起，指出現代性是心理病理學的源起，亦即現代性殖民我們的生命世界（引自 Sloan, Arsenault, Hilsenroth, & Harvill, 1995）；後經數十年的專業發展，社會正義、社會倡議與社會行動等概念逐漸進入諮商領域，並受到美國諮商學會（ACA）和美國心理學會（APA）的重視。

從社會正義的觀點來看，多元文化主義強調的文化多樣性（cultural diversity）是不足以解釋為何多元文化主義盛行多年後，社會仍存在著膚色、性別、階級、工作、教育、年紀、經濟、國籍等各個層面的歧視、壓迫與剝削？無論是在地社會或全球各地，我們都可以看到各種歧視與壓迫現象不但毫無趨緩，反而日益加劇，值得諮商專業工作者深刻反思：諮商工作在回應這些議題時，是不是到位？諮商方法是否足以回應社會議題？諮商方法是否也成為了不公不義的社會裝置？諮商所展現的價值觀是不是也呼應了主流社會壓迫者的意識型態？諮商師在面對社區少眾族群時，其自身觀點是否具有足夠的批判意識與反思？因此，諮商領域中具有批判思考的學者，對於傳統諮商提出批判性的觀點，針對諮商採取的以歐洲為中心、白人、中產階級的文化價值觀進行反思，主張諮商心理學無論在學術或實務上都應該去殖民化（Goodman & Gorski, 2015）。

一、批判意識與反壓迫

相當多學者對以歐美為首的心理學進行反思與批判，他們將主流心理學視為是西方殖民的餘緒，例如：Monk 等人（2008）指出，西方從歐洲殖民美洲、白人至上的文化壓迫，對原住民的系統性壓迫、對黑人的種族主義，其殖民政策產生的心理效果，反映在少數族群強烈的感受到自身的錯位、隔離和疏離，甚至內化他人的貶抑，以至於少數族群呈現出較多的心理健康、藥酒癮與犯罪監禁的問題。

傳統主流的心理學強調個人內在調適與中立之科學價值觀點，造成心理學界對於社會結構、權力等議題，較少發展與批判性理論有關的工作方法，也不參與社會行動和倡議有關的工作。直到社會正義與倡議的概念逐漸受到重視後，有關批判心理學、自由心理學等領域的論述才逐漸出現在諮商領域之文獻中。批判意識的概念是由巴西教育學家Freire（1976）所提出，目的在協助被壓迫的勞工階級，從識字教育中發展反壓迫的教育學，讓勞工階級可以為自己發聲，以回應主流社會的壓迫與剝削。Freire認為，一般受壓迫的群眾需要從素樸意識（navie consciousness）轉化成批判意識（critical consciousness），學習對話、避免內化壓迫者的語言，重新面對自己和他者，進而透過對話改變壓迫的社會結構。

心理學家 Martin-Baro 受到 Freire 的影響，發展出自由心理學，使用的即是批判思考與實踐方法，對於個體在社會結構中受到的壓制與影響，採取行動改變與轉化社會，而非適應與順服社會。社區心理學家多年來聚焦於反壓迫（anti-oppression）的議題，Prilleltenky（2008）將壓迫的定義分為：政治壓迫（political oppression）和心理壓迫（psychological oppression），以釐清社區心理學可以工作的方向。政治壓迫是指以多重形式支配權力的代理人，讓某些特權人士獲得更多的利益，透過物質、法律、軍事、經濟和／或其他社會層面的力量阻礙那些較少權力者的自我決定、分配正義和民主參與；心理壓迫則是指支配社會的代理人，透過情感、行為、認知、物質、語言和文化機制，讓較少權力者內化負面的自我形象、覺得自己不值得獲得更多資源或參與更多的社會事物（如表 3-1 所示）。因此，解放壓迫須兼顧政治壓迫與心理壓迫，需要同時在個人和社會層次上進行論述，讓受壓迫者可以發聲與對話，提升受壓迫者的意識覺醒，避免內化壓迫者的聲音、內化自卑與負面自我。

表 3-1　政治壓迫與心理壓迫的比較

比較	政治壓迫	心理壓迫
支配項目	支配權利	支配社會
支配內容	物質、法律、軍事、經濟及其他社會層面的力量	情感、行為、認知、物質、語言和文化機制
支配目的	享有特權	內化壓迫與自卑

資料來源：整理自 Prilleltenky（2008）

Prilleltensky 進一步指出，要平衡個人、關係與集體領域的幸福感，需要運用兩種心理政治效度（psychopolitical validity），分別為知識的（epistemic）與轉化的（transformational）效度。前者（知識的心理政治效度）透過九大範疇（「福祉×壓迫×自由」×「集體的×關係的×個人的」）的社區心理學研究，來了解和掌握權力在幸福感、壓迫與自由之間所扮演的角色；後者（轉化的心理政治效度）則強調透過九大範疇的指引，展現社會政治的發展、意識覺醒與社會行動，認為健康和關係是受到不公平的權力所影響，更重視壓迫與剝削的社會結構之轉化（如表 3-2 所示）。

表 3-2　社區心理學研究中知識的心理政治效度指引

範疇			
關注	集體的	關係的	個人的
福祉	・探討在經濟繁榮與社會正義制度中扮演的政治和經濟權力之角色	・研究在社區中創造與維持平等主義關係、社會凝聚、社會支持、尊重多樣性、民主參與的權力角色	・研究心理與政治權力角色如何達成自我決定、賦權、健康、個人成長、意義與靈性
壓迫	・探討國家和社區所遭受的苦難中，全球化、殖民化與剝削扮演之角色	・檢視階級、性別、年齡、種族、教育、能力上的歧視與排除的政治心理角色 ・研究是什麼條件導致受壓迫群體間缺少支持、彼此間產生暴力及分裂	・研究習得無助感的無權力、絕望、自我貶抑、內化壓力、羞恥、心理問題與成癮的角色
自由	・解構大家默認的意識型態常模，以及研究抵制的心理意義	・研究團結行動和對受苦的壓迫者慈悲	・檢視優勢、韌力、團結的資源，以及行動主義和領導力的發展

資料來源：Prilleltenky（2008, p. 131）

綜言之，批判意識強調個體對於自身處境可以進行反思與理解，對於既有的社會主流觀點進行批判分析，重新詮釋並採取有別於主流觀點之社會行動。這種批判意識不僅僅只是對專業的思考，它也能應用在生活中的各個層面，從性別、年齡、族群、文化、社會歷史等多元向度重新反思自己的想法、感受、行為與行動。

二、反身性與實踐

和批判意識密切相關的是反身性概念。「反身性」（reflexivity）是由社會學家 Garfinkel（1967）所提出，指的是行動者在情境中是有意識的理解與詮釋，透過反思調整個人行動，而個人行動也是社會情境脈絡意義的一部分，這種雙重與辯證式的解讀社會情境脈絡與意義，即是反身性。

另一位社會學理論大師 Bourdieu 也發展出「反身社會學」（reflexive sociology），這種將研究焦點放在研究者自身，而成為一種無法截然劃分研究對象與研究者的界線，亦即研究者在詮釋研究對象時，即蘊含了研究者本身的觀點。Giddens（1976）也提出「雙重詮釋學」（double hermeneutic）的概念，即對研究對象的詮釋理解，以及這個詮釋背後所涉及的理論反思，亦即研究者的目光在投向研究對象之餘，也反身轉向自己進行檢視。另外，反身性涉及我們對理解對象不同層次的詮釋，以 Alvesson 與 Sköldberg（2017）提出的反身性方法論來理解，從經驗的建構、詮釋、批判性詮釋，以及自我批判與語言反思等不同層次，具有不同的反思，這些層次之間是相互作用和影響的。

雖然反身性不是一個定義清楚的用詞，但它涉及了反思與實踐過程中的意義建構，特別是對自身意義或認同的確立，也就包含了反思自己的思考與行動背後的觀點。就行動、反思、理論之間的關係，Argyris、Putnam 與 Smith Said（1985; 引自夏林清譯，2000）提出的行動科學，就具有高度的參考價值，他們提出「信奉理論」和「使用理論」的落差。前者指的是個人相信自己是應用某一套理解來行動，但實際上可能使用的是日常自己經驗累積的行動理論而非信奉的理論，這種不一致可透過「在行動中反思」，以及「對行動進行反思」這兩個路徑，促進行動的調整。

行動科學的概念，正是實踐的研究概念。根據O'Brien（1988）的觀點，行動研究是一種實踐（praxis）典範，這個研究典範重視主體的意義，實踐是一種視野和行動；這也是社區心理學討論最多的批判性—解放式（critical-emancipatory）和參與式行動研究（participatory action research）。雖然「實踐」一詞在哲學有不同思潮，但都指關於知識（the known）與知者（knower）之間的關係，在這個概念下，知識是透過實踐智慧（phronesis）而產生，而非存在於知者的外部客體，它是知者透過實作、批判與對話建立的德性或領悟的知識，也是知者和實務者一體的倫理（引自 Eikeland, 2014）。

在社會科學領域中，實踐是一組轉化和統整的原則，用於處理理論與實作之間的對立，發展批判意識、反思與行動，解放既有的意識型態，以行動回應壓迫的處境，心理學家即是透過「實作—理解—轉化」（practicing-knowing-transforming）的循環，促進知行合一（Osorio, 2009）。因此，實踐的知行合一概念除了提醒諮商專業避免成為一種專業異化——諮商成為工具，而與諮商師本身的德性無關；對社區諮商工作更重要的是，以理論和行動、反思和轉化提醒社區諮商師，從多重角度釐清工作對象的處境和脈絡，反思自身帶著的理論視角與位置，採取批判意識和行動，方能在介入過程中回應社會正義的議題。

我們從去殖民化角度探討多元文化諮商中的缺失，即是彰顯批判意識、反身性與實踐的重要性，例如：在諮商文獻中，我們可以看到「恐同症」（homophobia）的用詞是如何帶給酷兒（Queer）認同的負面影響。多元文化諮商在討論異性戀主義時，就是指某些人有恐同症，但是 phobia 這個詞是指個體的行為和情緒，因此當多元文化諮商在倡議異性戀主義的病態時，即落入一種異性戀或同性戀是一種「個體」（individual）的問題，而非異性戀的社會結構——即所謂的異性戀本位（heteronormativity）所造成的（Smith, 2015）。這種對自己立場的批判與反思，進一步揭露了我們的專業盲思，並重新解構主流助人方法的論述與實踐。

三、交織性

多元文化主義強調文化多樣性，影響了多元文化諮商的發展，也促進諮商對各種族群文化差異有更多的認識，讓諮商得以調整技術和策略，善用案主的文化認同與文化知識，而形成多元文化諮商的重要根基。但是，對於案主被邊緣化和壓迫的社會結構現象，多元文化諮商仍然顯得相當不足。

在探討壓迫的過程中，交織性（intersectionality）是一個重要的核心概念，它指出個體在壓迫過程中的複雜性。個體同時會受到多種變項之影響，這些變項包括種族、族群、性別、性取向、階級、年齡、教育、經濟的交織壓迫。因此，當我們在探討不同族群的文化議題時，需要留意過度強調族群的「同質性」而忽略「異質性」，諮商師在描述邊緣化群體時要保持警覺，避免過度類化或以普同的角度解釋各種議題。

交織性一詞是源自於女性主義和女性研究領域，著名的女性主義學者 Crenshaw 闡述此一概念時認為，壓迫和歧視是交織形成的，例如：她在早年的著作《種族和性別的去邊緣化》（*Demarginalizing the Intersection of Race and Sex*）（Crenshaw, 1989）中就以交織性做為隱喻，指出黑人女性被壓迫是「種族」和「性別」交織壓迫形成的，先是白人的壓迫，而後是黑人男性的壓迫。多元文化諮商對於種族與族群認同理論的批判也指出，認同過程中的壓迫是受到父權、異性戀本位、階級壓迫、能力主義（ableism），以及各式各樣的系統性、制度性歧視所共同交織影響的（Shin, 2015）。多位學者也指出，多元文化（multicultural）和多樣性（diversity）的教育風潮中一直忽略交織性的限制，只做文化的比較而未探討社會壓迫的系統。當代的多元文化諮商則重視社會正義，強調轉化社會結構（Toporek, Lewis, & Crethar, 2009）、重視壓迫結構和系統性歧視的支配網絡（domination of matrix）（Andersen & Collins, 2007）。

另外，Conwill（2015）鼓吹批判式的多元文化諮商，認為諮商師在處理種族議題時採取「黑人只是眾多族群中的一個族群」之文化論述，是將種族問題化（problematizing）和本質化（essentializing），主張在介入處理貧困黑人女性的家暴議題時需要運用交織性，並提出「後設科際模式」（metadisciplinary ecological model），強調低社經黑人社區的家暴認同與壓迫是受到性別、種族、階級的交織影響，諮商師的知識根基是統整自己的臨場經驗（後設），以及案主、相對人、服務者、衛生系統所共享的經驗和知識。這種多重交織的觀點，除了讓社區諮商工作者具有更多重的眼光外，也更具系統性、生態式觀點來概念化個案問題，避免以刻板化的思考模式簡化個案之問題，參與壓迫與歧視的社會支配網絡。

四、去殖民與後殖民論述

在心理學專業中，很容易看到美式心理學（Americaned psychology）透過國際化（internationalization）的過程，成為全球心理學（global psychology）；但在後殖民心理學的階段，心理學透過跨文化的研究逐漸將非西方的心理學觀點同化（assimilation）進入心理學領域，甚至調和（accommodation）到心理學理論裡，主張各種在地心理學（local psychology）彼此之間需要相互學習（Teo, 2013）。

多元文化諮商強調文化的多樣性，亦需檢視全球化的西方觀點，並在西方助人觀點與方法席捲全球之際兼顧在地觀點。學者們對於全球心理健康與幸福感受制於西方白人中產階段的偏誤診斷已關注多時，專業關係在資本主義潮流下被商業化，多元文化諮商領域即注意到並非所有文化都可以接受商業化的關係，也提醒當事人的文化支持系統與在地另類療法的重要性（Lorelle, Byrd, & Crockett, 2012）。

心理學的知識論和實務假設受到西方殖民主義和種族主義的影響是不爭之事實（Bhatia, 2002），雖然心理學和諮商領域花了數十年的時間，試圖釐清西方觀點透過全球化和資本主義系統進行全球化的殖民，但這樣的聲音仍然受限於特定領域。大部分的諮商專業仍聚焦於傳統主流的個人主義立場，主張諮商工作的重點是個人的適應與調節，而非社會結構的行動與實踐。我們主張社區諮商工作應納入臨近學科（如社會學、政治學、文化理論等）的論述，特別是在殖民與後殖民論述中，有關殖民政治的西方白人至上主義（White supremacy）、東方主義（orientalism）、從屬化過程（subalternization）等問題，值得諮商心理學者學習，例如：傳統諮商理論根源於西方白人中產階級的價值（白人至上），諮商師是否也透過諮商工具同化和壓迫其服務的邊緣化族群？使用個體主義或單一理論觀點概念化當事人問題，對當事人來說是不是另一種馴服（從屬化過程）？中立的諮商關係是否意味著附和主流心理學的「真理」（Truth）本體論？

此外，在殖民與後殖民的論述中，可以看到西方殖民者如何透過軍事、經濟、文化與宗教，在全球性的殖民入侵過程中，明示／暗示著被殖民國家的「落後」、「野蠻」。歐洲人在殖民過程中，征服這些他者，並將「他者（the other）他者化（othering）為他者（the Other）」，亦即將被殖民者做為一個獨特的他者，殖民者用各種規訓將被殖民者變成一個沒有主體的他者（Venn, 2006; 引自謝明珊譯，2011）。Said（1978; 引自王志弘、王淑燕、莊雅仲譯，1999）提出「東方主義」一詞，說明西方殖民東方過程中展現和暗示文明人與野蠻人的分野，將東方民族視為異己、認為歐洲人比非歐洲人更優越；殖民者透過文化統御、支配著被殖民者的文化形式，形成一種霸權。從後殖民論述中，Venn（2006; 引自謝明珊譯，2011）清楚的指出，新自由經濟主義造成的新殖民型態，滲透在生活的各個面向，新自由主義所形成的全球化現象挾著資本主義、帝國主義、單一文化主義、父權制與白人優越論，在現代化與發展的概念下，透過全球化的方式繼續殖民。

後殖民的論述即是要拆解殖民主義，透過整體全球環境、敘事與權力之間造成不公正的社會形式，來批判西方殖民主義與帝國主義。所謂後殖民的「後」（post-）並不是延續殖民，而是拆解殖民的政治、經濟、社會結構與價值（Venn, 2006; 引自謝明珊譯，2011）。這些後殖民的論述，提供心理學在回應社會結構和系統議題很好的方向，批判心理學和自由心理學汲取這些學術觀點，對於種族主義和殖民主義所造成的心理健康問題，提出解放和解構的概念。這些觀點，提醒社區諮商是以轉化社會結構為導向，需要面對主流社會系統壓迫少眾族群的各種議題進行反思，解構壓迫觀點和解放壓迫社會結構，更須對諮商方法根植於殖民主義的白人中產階級文化、新自由經濟主義、資本主義與商業主義進行檢視，發展出更多社會正義的論述。具體而言，社會系統對於個人的「羞辱、排除、噤聲與窒鬱、客體化與隔離」，需要重建「尊嚴、納入、發聲與自由、主體性與整合」的敘事（李美賢，2019）。

第二節　諮商中的社會正義理論

諮商心理學的社會正義理論多依據政治哲學家所提出的正義理論，我們主張諮商的社會正義可以採取自由心理學、批判心理學與社區心理學的相關論述，為社會正義諮商提供理論和論述基礎。以下將簡介政治學的社會正義論述和心理學的社會正義，以做為社區諮商操作社會正義時的理論依據。

一、社會正義的論述

正義可溯源到柏拉圖和亞里斯多德的倫理哲學，正義被視為是社會整體的德性，也是政治哲學的重要議題，以探討如何建立一個公平正義的理想社會。近代著名的哲學家Rawls（1971）就指出，社會正義所關注的焦點是社會中的資源分配、人和人之間是否平等。「平等自由」和「差異原則」是分配正義的兩大原則，亦即，社會正義強調個體正義中的平等與自由，以及分配正義中的資源、利益和機會的平等分配。古典自由主義的哲學家Locke強調，財產土地的擁有權與使用權是社會正義的基礎，對於資源分配不均及制度不公有諸多批判。

Miller（1999）指出，社會正義是基於一個連結的社會，重視正義制度與分配正義，其認為資源需要由國家和機構執行分配，因此社會制度的正義是關鍵。但社會正義的概念相當繁雜，它涉及了社會中的個體是否獲得公平之資源分配？在 Miller 這樣的論述下，變得只有社會中才有正義問題，而忽略私領域中的家庭也會面臨正義問題。近代有關分配正義的概念，則包括社會中每個人都值得尊重、都擁有確切的權利和受到保護、擁有一組權利和保護規則來保障物質資源的共享、權利和保護的法令條文、個人可以獲得想要的資源、強調國家要為資源分配負最大的責任等內涵（引自 Fleischacker, 2005）。

無論是社會正義或分配正義，強調的依然是制度、國家或公共決策等公領域之正義；然值得一提的是，女性主義學者提倡「個人即政治」（Okin, 1989），挑戰公私分野的概念，認為家庭生活中充滿權力議題，女性在父權規範下的婚姻、家庭及法律約束，使婦女受到傷害，也是社會正義的問題。當然，後來的學者們提出了多元觀點的社會正義，包括文化正義、全球正義、修復式正義等，從正義的理論來看，社會正義較多關注分配正義，以及社會結構是否能在自由、平等、民主下回應個體可否公平獲得其所需的資源。雖然社會正義的定義沒有一致的結論，但多數學者都同意社會正義是重視個體在社會中可以受到尊重、有尊嚴、公平、基本權利與機會（Maschi, Baer, & Turner, 2011; North, 2006; Rawls, 1971）。

二、心理學的社會正義

從前述的正義概述中，可以發現正義重視社會結構所造成的資源分配不公平外，對於個人在分配過程中因權力結構而受到不平等的對待，也是社會正義關注的重點之一。此外，個體在社會中能否公平、公正的獲得內在與外在資源分配，也是影響心理幸福（psychological good）的關鍵因素（Maschi et al., 2011）。

因此，諮商如何回應社會的公平正義議題，需要同時處理社會變遷中的心理議題與社會結構。事實上，諮商心理學在發展初期，已有諮商工作者試圖回應社會結構造成的議題，例如：職業輔導之父 Frank Parsons 提供移民族群職涯輔導，Clifford Beers 對精神疾患者的協助，皆是為社會變遷中的少眾族群提供協助，也就是回應社會結構的不公義。但是，諮商心理學在近二十年才呼應批判心理學、社區心理學與自由心理學的論述，將社會正義列為諮商工作的重點之一（Ivey & Collins, 2003; McWhirter, 1998; Sue, 2001）。

因此，自由心理學和批判心理學的觀點可做為諮商中的社會正義理論，以下分別簡述這兩門心理學的重點，以做為社區諮商開展社會正義的指引，而兩者如何透過心理實作和社會行動的方法去除社會不公義，則可做為社區諮商實踐社會正義的策略。

（一）自由心理學

自由心理學起源於拉丁美洲，其知識論源自拉丁美洲在 1980 年代反對霸權的社會科學典範，主要是在反對歐美於 1960～1970 年代的民族誌社會科學（Osorio, 2009）。在這樣的氛圍下，著名的心理學家 I. Martín-Baró 提出了新的實證主義方法，以對話與批判的方式進行參與式研究，認為心理學家要從研究對象的觀點，與研究對象一起分析受壓迫的情境與意識型態，共同針對壓迫與被壓迫進行去殖民化和轉化工作。自由心理學重視以下幾個觀點（引自 Montero & Sonn, 2009）：

1. 參與轉化社會中的不公平與社會排除，應用心理學方法協助被壓迫者。
2. 強化民主與賦能公民社會，促進個人和社群的社會參與。
3. 對學術和常識提出批判性觀點，指出需要改進的意識型態。
4. 重新定位心理學家的任務，認為心理學不僅要解讀社會，而且要參與和貢獻社會的公義與平等。
5. 同時重視文化知識與大眾發聲，採取對話取向（dialogic orientation），讓個人與他者間的對話相互尊重；心理學並非將服務對象視為一個受試者，而應視之為社會行動者，強調知識是雙方共構的。
6. 透過實踐（praxis）建構一門學問，意即透過實務實作產生知識，而知識是在行動中展現，也是一種意識的實作（conscious practice）。

（二）批判心理學

批判心理學是在心理學史的發展脈絡中，對主流心理學的反抗。反對中立客觀的心理學認為，應以歷史文化脈絡重建心理學的內涵與方法，反對過去以自然科學為觀點的心理學理論與方法，並藉用文化、歷史、女性主義、社會建構論及後殖民的批判論述，強調以下觀點（Teo, 2013）：

1. 反對機械論、原子論與化約主義的心理學，強調人類的主體性是整體性（totality）的經驗，亦即認知、情緒、意志等並非分開的各個部分，而是與生活情境結合在一起的經驗。
2. 強調人的心理內涵（psychological subject）是社會歷史文化的產物，因此當前主流心理學的理論和觀點是西方文化觀點，但卻被視為是心理學的普遍性理論，忽略其他文化的心理學觀點，被視為是一種西方殖民主義。
3. 由於前述兩種觀點，批判心理學的方法學採取一種質性研究的參與式觀點，重視參與者的觀點與聲音，例如：以Foucault的論述分析（discourse analysis）來了解人類的語言嵌入意識型態、壓迫與剝削的社會實作過程；又如主張以Martín-Baró（1994）的參與式行動研究，針對受壓迫和邊緣族群進行解放的研究，其方法可稱之為受壓迫者方法學（引自 Sandoval, 2000）。
4. 重視倫理—政治的關懷（ethical-political concerns）與心理學的實踐（praxis）。有別於傳統心理學，批判心理學重視研究對象的解放，且認為心理學的實作是由本體論與知識論交織而成，人類是意義的代理人，心理學實作是要讓這些代理人發聲與解放，心理學要從「是」（is）什麼的研究（亦即實證研究），回到「應該」（ought）怎麼做（亦即參與式行動研究）的研究方向，是一種針對社會不正義的研究。批判心理學認為，價值、研究、知識、行動、個體與社會是不可切割的，因此要針對資本主義、父權階級、殖民主義與西方意識型態進行分析，以消彌社會不正義。

另外，Prilleltensky（2008）提出了三個向度的福祉（wellness）：個人、關係與集體福祉。他認為平衡個人、關係與集體福祉涉及社會正義，因此提出福祉的生態與階層結構，如圖 3-1 所示。

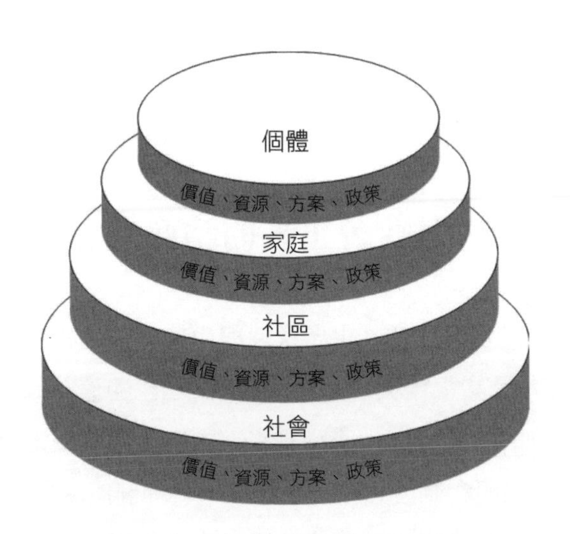

圖 3-1　福祉的生態與階層結構

資料來源：Prilleltensky（2008）

從圖 3-1 來看，由低層往上堆疊，依序為社會、社區、家庭與個人，每個層次都具有該層次的價值、資源、方案和政策。理想的福祉必須包含這四個階層，他也指出許多研究證據已說明社會經濟、文化與脈絡因素強烈影響兒童、成人、家庭與社區。從這個觀點出發，當個人和群體權力不對稱時，就會產生壓迫現象。重要的是，心理和政治壓迫是共存和不可切割，當個人面臨系統與制度壓迫時，他也會面臨如Fanon（1967）所說的「精神上的疏離」（psychic alienation），受壓迫者也會內化壓迫（internalized oppressive）和「內化暗示的自卑」（internalization of intimations of inferiority）（引自 Bartky, 1990）。

心理諮商強調個體主義，將個人的不幸際遇歸咎於個人內在的心理問題，忽略系統因素，造就傳統的心理助人工作。而由前述自由心理學、批判心理學的論述觀點中，可以將之視為諮商中的社會正義理論，從其對主流心理學方法和對象的反抗，以及重新以人與社會做為主體和整體，透過心理學的方法提升人類的心理健康和福祉。社區諮商可以透過上述社會正義的論述發展工作方法，包含批判性思考、問題分析、去意識型態、社會行動與轉化、實踐與解放等策略。諮商心理學需要從這些批判性的角度，重新檢視諮商心理學受到主流心理學的影響，發展同時針對微觀個體與鉅觀社會的介入方法。

第三節 多元文化與社會正義的諮商能力

多元文化諮商是基於一種文化多樣性與生態理論的觀點，提醒針對少數族群諮商時，要考量文化差異、族群認同和文化適應（acculturation）的問題；就像前述提到的，強調文化適應是將案主心理健康個人化、內在化與問題化，而忽略系統歧視和制度性壓迫所造成的心理健康問題。

有鑑於此，近代的多元文化諮商著重於少數族群受壓迫與歧視的議題，強調社會正義、社會行動與實踐，同時兼顧個人、群體與社會層面的交織性，而非將少數族群的心理健康議題歸究於個人，因此諮商師的任務須具備多元化角色（Lewis et al., 2011; Ratts, Singh, Nassar-McMillan, Butler, & McCullough, 2015）。諮商師的教育也從「科學家—實務工作者」模式（scientist-practitioner model）轉向為「科學家—實務工作者—倡議」模式（scientist-practitioner-advocate model）（Fassinger & Gallor, 2006），以強化諮商師回應社會系統議題的能力。諮商服務對案主議題的概念化，受到諮商服務者的觀點所影響，當諮商師以主流心理學觀點將當事人的問題視為個體內在之問題，卻忽略社會扭曲下的心理反應，則其工作的方向、方法與重點，就會以主流心理學的客觀、中立、不涉入的立場概念化個案問題，反而會成為社會不公義的共謀。

因此，社區諮商師需要具備前述的理論觀點，了解個人的心理議題是在社會歷史文化脈絡中形成。心理學方法做為一種介入手段，應主動呈現自己的立場與價值，為邊緣化和受壓迫族群發聲，以轉化社會結構所造成的不公義。美國諮商學會（ACA）和美國心理學會（APA）將多元文化和社會正義的諮商能力列為重點，其中社會正義的能力強調諮商師對不正義與不公平的敏感度與倡議的能力、重視個體與組織之間的倡議能力，以及社會系統的改變（Fouad et al., 2009）。美國的多元文化諮商與發展學會（Association for Multicultural Counseling and Development, AMCD）在 2015 年時，曾提出多元文化諮商能力（Multicultural Counseling Competencies, MCCs）的更新版，諮商師需要具備更寬廣、理解多樣性和文化的能力，特別含括認同的交織性因素，以及擴大諮商師的角色、提倡個別諮商與社會正義之倡議。

有關諮商中的社會正義能力，學者們多提出多元文化、女性主義與社會正義諮商派典之間的共同性：賦能與倡議。Crethar 等人（2008）提出了四個社會正義諮商師的關鍵性原則，亦即：

1. 平等：諮商師要能夠覺察到環境脈絡對案主的不平等，需要同時兼顧關注個體和環境的壓力因子。
2. 獲取：社會正義指人們是否可以公平的獲得知識、權力、資源和服務，以便更能展現自我實現和自我決定。
3. 參與：個體是否可以公平參與社會事務，擁有同等的權力，社會上的制度性歧視、種族主義、性取向主義、階級主義都是阻礙個體參與社會的因素。
4. 和諧：社會上不同的群體需要競爭有限的資源，諮商師在倡議邊緣少數族群的權益時，也要致力於賦能所有案主，建立一個更公正和更健康的社會。

社區諮商學者 Lewis 等人（2011）在美國諮商學會（ACA）提出的諮商師倡議能力方塊則較有系統（請見第六章圖 6-3），其能力方塊包含三個領域（當事人／學生、學校／社區與公共領域）vs.兩個層次（微觀和鉅觀）vs.兩種策略（行動和代理行動）。因此，在倡議的行動策略上有兩類：(1)當事人／學生賦能、學校／社區合作及公共資訊；(2)代理行動有：當事人／學生倡議、系統倡議和社會／政治倡議。綜言之，這組能力包含針對微觀的案主倡議到鉅觀的公共政策倡議，預示諮商師需要兼顧個人賦權和倡議，以及社區系統倡議（至於 Lewis 等人進一步提出倡議導向的諮商師倡議能力，請詳見第六章）。

另外一個社會正義的能力架構是 Ratts 等人（2015）所提出的「多元文化與社會正義諮商能力」（Multicultural and Social Justice Counseling Competence, MSJCC），他們以「特權 vs.邊緣」（privileged vs. marginalized）和「諮商師 vs.當事人」（counselor vs. client）為向度，形成了四個象限的工作架構（請見第六章圖 6-1），其理論基礎包含了認同的交織性、壓迫、心理健康、社會生態的觀點，以及平衡個別諮商與社會正義倡議（social justice advocacy）。在每一個象限中，諮商師的多元文化諮商能力需要具備態度與信念（attitudes and beliefs）、知識（knowledge）、技巧（skills）、行動（action），其核心圈為多元文化與社會正義實踐，逐步向外圈擴展為諮商師自我覺察（counselor self-awareness）、當事人世界觀（client worldview）、諮商關係（counseling relationship）、諮商和倡議服務（counseling and advocacy interventions）。

Ratts 等人（2015）提出這個架構考量的重點是基於美國的白人和有色人種，其中的特權是指社會群體的認同、特權與邊緣的地位、權力與特權、限制與優勢、假設、價值與偏誤。諮商師的自我覺察需要透過終身的學習，結合專業發展、自我反思、批判分析、閱讀、投入於服務的社區等方法來發展自我覺察；諮商師要透過不同的階級、權力了解當事人的世界觀，理解不同特權和邊緣化如何影響當事人的認同；諮商師要能了解刻板印象、歧視、權力、特權與壓迫如何影響當事人；諮商師需要具備反思和批判性思考的分析能力，才能有能力了解權力、特權與壓迫如何影響諮商關係；最後，諮商師需要具備個人內在、個人之間、制度的，以及社區、政策與國際／全球層次的倡議能力。

綜上所述，我們可以了解社會正義諮商之能力包含了個人、系統兩層面的倡議能力、自身文化與價值觀覺察與反思的能力、分析問題與對話的能力、參與社區行動與賦能的能力、實踐與轉化社會系統的能力，以及共享權力與共構助人知識的能力。

第四節　多元文化諮商的社會正義處理策略

上一節已說明諮商中的社會正義能力，可以發現進行社會正義諮商需要花費大量的時間和精力，相較於傳統的諮商工作，需要更多的社會行動策略。事實上，社會正義取向的工作架構，根基於一種社會正義認同模式，諮商師不僅需要敏感於社會中關於壓迫、歧視、剝削與不公義的現象，也願意承諾投入社區與當事人共同進行倡議；因此，服務過程中可能較易出現強烈的情緒起伏、對社會系統和結構不易撼動而感到絕望、工作成效不易彰顯、缺少驅動或參與社區的技術等困境（Goodman, Wilson, & Greenstein, 2008）。因此，相對於傳統的諮商工作，社區諮商需在諮商中處理社會正義議題，同時兼顧個人內在和社區系統工作，需要發展更多賦能、催化、對話、行動的社區倡議策略。

一、解放與反壓迫的策略

社會正義的處理策略大多放在社區脈絡之處理，Lewis等人（2011）提出社區諮商模式（community counseling model）的社會正義，而 Chavez、Fernandez、Hipolito-Delgado 與 Rivera（2016）則導入自由心理學的概念進行社會正義諮商，自由心理學是一門探討系統性壓迫、社會政治與社會正義取向的心理學。相對於傳統心理學的病理化和問題化觀點，Martín-Baró（1994）更強調邊緣族群的優勢和資源，並與社區在地工作者合作，以解放貧困與受壓迫族群。他們使用的方法是去除日常經驗中的意識型態（deideologing daily experiences），去除日常中將信念視為一種理所當然的假設，此稱之為去自然化（denaturalization），以提升受壓迫者的覺醒意識（conscientization），覺察自己社群的受壓迫與不公義，並在社區參與過程中認同自己的族群、覺察自身的責任與義務，發展公民社會與民主能力。

從這個發展過程中，自由心理學採取一種提升批判意識與問題分析（problematization）的能力，從批判意識的立場分析自身所處的情境與角色如何形塑自己的生命事件。在心理學界，西方學者將西方的概念架構和方法學強加在本土社群，將西方主流文化的意識型態視為是一種美好人性的代理人，進而病理化其他族群的生命議題，而無法自覺自身即是殖民者（Smith & Chambers, 2015），這再次提醒了諮商師需要反思和檢視使用的方法是否符合社會正義的重要性。著名的自由心理學家Montero（2009）指出，問題分析是一個整體的歷程，它涉及內部代理人與外部代理人，前者指的是受到傷害的人，後者指的是專業人員。外部代理人是利用「觸發裝置」（triggering devices），包括對社區的信念、表徵、刻板印象對特定議題的想像、問題、情境、機構、關係或想法，透過雙方協作的過程轉化當事人的意識。整個問題分析的過程需要具備以下條件：

1. 傾聽：專業人員（外部代理人）需要傾聽當事人（內部代理人）在日常情境中的特定問題，以了解這些問題帶給當事人什麼樣的想法和心情。
2. 對話：專業人員透過和當事人對話，讓當事人對此一問題發聲，表達受壓迫、歧視或受傷的感受和觀點。
3. 以關照的方式參與對話：專業人員在對話過程中，要顧及對話方式是否可以讓當事人自在表達、談話節奏和速度是否合宜、當事人是否需要其他輔助方法等。
4. 對話代表著溝通：專業人員和當事人的對話不僅是對議題的討論和推理，也是一個溝通過程，需要注意意見的雙向交流。
5. 謙遜與尊重：專業人員要能尊重當事人的在地觀點，避免強加專業觀點在當事人的議題上。
6. 批判：在專業人員和當事人的討論過程中，需要針對當事人受壓迫的主流意識型態和結構進行推論分析。

7. 本著雙方的意識分析問題：問題分析是為了催化當事人的意識覺醒，以及可採取的行動和權利。
8. 具體化日常生活情境：問題分析必須是具體的、日常的、真實的生活事件，若當事人開始懷疑這些事件解釋的合理性，即稱之為「觸發效應」（trigger effect），包括分析此事件產生的知識可如何應用在該情境中。
9. 反身性：問題分析過程蘊含著批判檢視這些有問題的行動或情境。
10. 意識轉化的可能性：改變的可能性即是社會轉化的一部分，當事人在一個有限的情境中，很容易接受這些限制，專業人員要催化當事人改變的動機、尋求可能的資源。

二、敘事與解構的應用

在此借用Foucault（1980）對現代權力的描述，他指出現代權力透過論述主宰主流觀點，主要是來自權威論述，這些論述會在不知不覺中影響社區當事人對自身處境或困境的解釋。社區諮商師在面對當事人的主流觀點或內化壓迫，以至於自我貶抑時，需透過個別諮商的對話，重新讓當事人對自己的問題開展新的論述。敘事治療的技術則有助於社區諮商師引導當事人從主流壓迫所形成的微弱、蒼白且充滿問題化的故事裡，給予新的豐厚描述——敘說新的故事與開展意義。敘事治療運用 Foucault 的微視權力觀點，指出權力並非穩定不變，而是一種充滿可能性的流動，論述在敘事中是以問題外化、傾聽開放的故事、發展獨特故事、把故事擴展至未來，甚至將社區相關的重要他人帶入案主之敘事（引自 Comb & Freeman, 2012），形成滾動而有意義的社區故事，這就是一種解構過程。

Monk 等人（2008）運用 Foucault 的「論述」（discourse）和「定位」（positioning）概念，協助受壓迫案主解構內化的壓迫思考，讓其重新論述自己的問題，奪回論述的主導權，對於自身議題採取能動性，而不再讓主流定位自己的問題，形成另類論述（alternative discourses）以對抗主流論述，案主就在互動過程中展現其主體性（subjectivity）。這類似個別的小敘事對抗大敘事的實務作法，即是Goodman（2015）所說的反敘事（counter-narratives）技術，用以挑戰社會主流觀點中的負面、刻板、狹窄之故事。

另外，White（1992）曾經介紹法國哲學家 Derrida（1978）的「解構」（deconstruction）概念，主張「語詞」（word）存在於社會和語言學的脈絡中。語詞是在語言史發展過程中的眾多對話所形成的，其意義是長期累積而來，這就是一種論述。解構並非將所有東西都變得無意義，而是針對一些受壓迫而產生的「固著的思考」（rigidities of thought）進行解構，我們可以參考 Borradori（2003）整理自 Derrida 的解構方法（引自 Monk et al., 2008, p. 129）：

1. 確認一個特定論述的概念建構，找出其中影響改變或認同的關鍵詞。
2. 找出論述的二元對立概念，正向意義依著負向意義，反之亦然，兩者是一組二元關係（binary relation）；這樣的配對堆疊出特權與階級，例如：在美國，白人特權大於黑人；在亞洲，男性特權大過女性。
3. 我們可以倒置的手法擺弄這種二元對立，讓一個依順的意義轉為特權，例如：黑人就是特權，那麼黑人會是什麼樣貌？
4. 由於我們容易受限於二元對立的觀點，要試圖找出更多的意義和可能性，即可突破二元對立的架構，讓我們可以產生新的選擇以回應情境。

這樣的解構觀點有助於常陷入二元對立觀點的當事人，而且這些觀點多來自主流文化或主流壓迫的意識，當事人也生活於這樣的脈絡中。這些二元對立觀點包含：異性戀與同性戀、身體能力與身體障礙、資賦優異與智能不足、正常與異常、守法與犯罪等。諮商師在運用上述的解構技術時，要帶著一種好奇與暫時的口吻和態度探問當事人，而非批判的態度。這一類論述式的諮商方法需要聚焦於問題的情境脈絡，諮商師可邀請當事人一起探討：這些論點或意義從何而來？誰在這種論述下受益？是什麼論述讓大家都將這些權威視為理所當然？這些掩飾了什麼偏好或能力（Monk et al., 2008, p. 130）。綜言之，這樣的技術相當符合社區諮商師的多元文化和社會正義取向，能協助社區當事人了解自身問題的文化意義，探討突破主流文化的單元和權威論述，讓敘事開展案主對問題概念化的多元性，才有可能發展多元解決方法。

三、社會正義倡議的原則與策略

除了前述自由心理學和批判心理學的策略外，諮商心理學領域多年來亦發展了社會正義倡議的論述。Goodman 等人（2004）提出諮商師需要參與社會正義工作，他們從女性主義和多元文化觀點指出，諮商中的社會正義包括以下幾個原則：

1. 持續的自我檢視：諮商師在社區工作時要能了解社群成員的權力動力關係，探討成員彼此之間的權力關係為何？在和社區成員合作的過程中，諮商師的角色需做哪些調整？諮商師並非以客觀的立場進入社區場域，故諮商師有必要檢視自身對邊緣族群問題的價值與假設。
2. 共享權力：諮商師在工作時，需要和工作對象共同合作，提供合作的社區成員更多的賦能，並鼓勵諮商師採取集體式的賦權，而非個人式的賦權觀點。共享權力並非只是替邊緣化的少數群體發聲，諮商師還須重新檢視主流社會強加在這些族群的各種價值和假設。在共享權力之下，擁有較多特權的社區助人者要能賦能較少特權的社區求助者。
3. 發聲：在個體、關係與社會層面上，少眾族群常被社會主流視為較不具價值，甚至被壓迫、噤聲，因此諮商師要能去除這些噤聲，讓少眾族群可以發聲，並共同敘事社群的生活、問題與目標，讓個體的故事可以影響集體的故事。因此，諮商師要站在少眾族群的立場，以他們想要探討的問題和需求為出發點，透過各種研究和發表的機會替少眾族群發聲。
4. 促進意識覺醒：諮商師要協助少眾族群確認各種社會上的阻礙，意識覺醒是一項重要的技術，它可以促使少眾族群重新解釋自身處境，了解自身的解釋是整體社會意識型態的一部分。諮商師需要協助這些少眾族群抗衡主流論述，催化社會行動和改變社會系統。

5. 聚焦於優勢：諮商師在案主被壓迫的過程中，要能發掘其內在資源、韌力與優勢，賦能其文化和語言的重要性。
6. 讓案主獲得自助工具：諮商師要能讓少數族群的案主可以自我決定，促進自我支持、在地支持系統和文化優勢；在社區推動同儕培訓模式，賦能社區成員自強自立。

第五節 結語

多元文化和社會正義諮商已發展多年，「去殖民化」的議題卻是最近十年才受到諮商領域的重視，但諮商相關教科書對此的著墨依然不多；而傳統的多元文化諮商雖然提倡種族、族群與文化的多樣性，但仍缺少對社會結構影響心理健康的論述，這也催化了第五勢力——社會正義與倡議的出現。因此，社會正義諮商的論述逐漸出現自由心理學與批判心理學的微弱聲音，相關的諮商教科書卻仍未撰寫這兩個領域的知識。由於社區諮商與社區心理學並行發展，但臺灣在談論社區諮商時，仍然追隨美國諮商學界的腳步，忽略社區心理學早已納入批判心理學的方法。批判式社區心理學對於社會行動的研究和介入已行之有年，社區諮商採取多元文化與社會正義取向，主張採取生態系統導向的工作方法，更應該廣納自由心理學與批判心理學的論述，當社區諮商汲取這些理論觀點，則可更清楚呈現出社區諮商和傳統諮商是兩個不同的諮商典範。

由於社區諮商強調社會面向對個人心理健康的影響，社區案主的議題充滿多樣性，其工作方法和策略需要兼顧個體心理的處遇與社會結構的轉化，社區諮商師則需要具備更加多元化的服務角色與發展各種倡議策略。因此，社區諮商工作者需要敏感和關注社會中的種族、族群、宗教信仰、性取向、性別認同、階級、教育、年紀等相關因素，探討這些因素相互交織影響之下所產生的壓迫與歧視、特權與剝削、資源分配正義等議題。社區諮商師不只需要具備個別諮商的知能，更有必要培養批判思考與問題分析能力，學習和社區組織合作行動，甚至擔負帶領者角色進行系統倡議。

反思與討論

1. 諮商心理學的典範發展有幾個代表勢力，試想哪一些典範的觀點是你喜歡的？哪一些又是你不太認同的？這些喜歡與不認同的價值觀點來自哪裡？它又會如何影響你的諮商學習？
2. 請試著從你曾經接過的案例中選擇一至二個做練習，循著反身性與批判意識，分析當事人的個人與社會結構問題可能為何？
3. 試回想個人曾感到的受壓迫經驗，以自由心理學問題分析的過程（見第 52 頁），重新分析這個經驗背後的脈絡。

Chapter 4

核心：社區諮商的核心精神與操作模式

本章說明社區諮商的核心精神、實務操作的理念，並介紹三個社區諮商模式，包括：三級預防取向、RESPECTFULL 取向，以及多元文化與社會正義取向。我們也修改 Lewis 等人的社區諮商模式，除了強調社區諮商服務是兼顧個人和社區的工作向度外，更需要重視兩者之間的動力關係與加乘效果，以呼應本章陳述的實務操作程序。

助人專業的發展與社會變化息息相關，不僅理論觀點會反映社會脈動，服務方式與策略也會回應社會需求，社區諮商當然也不例外。第二次世界大戰之後，協助退伍軍人創傷復原、重新適應社會的服務讓諮商觸角延伸至社區，1960 年代重視少數族群、女性權益的民權運動，以及反貧窮、去機構化的呼聲，讓關注關係（relationships）及個人和社會脈絡互動（interactions between individuals and their social contexts）的社區心理學應運而生。概括言之，社區諮商是社區心理學的實務取向，是「心理服務輸送的轉變方式」，是「一種系統的、預防的、健康促進的介入策略，關心影響個人和社區福祉的社會因素，並期許所有人都能平等的獲得所需要之心理健康服務」（Lazarus, 2007; 引自 Lazarus, Baptiste, & Seedat, 2009）。

第一節　社區諮商的核心精神

一、爭議與釐清

（一）community 一詞同時涵蓋社區和社群

在定義社區諮商之前，我們先釐清 community 一詞。根據 Paisley（1966）的觀點，community 是指「一組或一群具有共同興趣和需求的人」，Lewis 等人（2011）據此將 community 視為一個由個體、團體和組織所組成的一個相互依存之群體，具有一體性、持續性與可預測性的體系。因此，英文的 community 在諮商中同時兼具兩種意義：一為社區，另一為社群。因此，community counseling 一詞在中文應可譯為「社區諮商」或「社群諮商」，國內目前常用的譯詞是「社區諮商」，但這樣的用詞很容易忽略「社群」的概念。

社區諮商能廣泛使用在任何場所（setting），推動社區諮商服務的地點可以是診所、醫生的辦公室、圖書館、購物中心、學校、社區大學、教會、俱樂部，甚至是街道上，或者應用於人群服務、教育、商業等機構，也可以針對特定社群，如家暴婦女、遊民、中輟生、毒品成癮者等，藉由方案的設計與執行促進個人及環境的改變，使個人及環境能同時受惠。而為了鼓勵潛在、高危機的社區成員使用諮商服務，增加服務的可及（access）和效用（utility）十分重要，投入外展（outreach）和倡議工作將對問題的辨識和及早介入有所貢獻。另外，因缺乏基金和一些無法突破的障礙，削弱了社區機構未來發展的機會，以家為基礎（home-based）的社區諮商服務，未來將會逐漸的增加。綜言之，社區諮商的服務範疇涵蓋社區與社群。

（二）社區諮商和傳統諮商的差異

在第二章中，我們談到社區諮商在諮商演變過程中的典範轉移。社區諮商並非「在社區或社區機構進行諮商」的概念，它是一組有別於傳統諮商理念，不以「個體內在」觀點分析個案問題，而是採取「脈絡系統」的整體觀，認為社會文化、社會體系、結構動力這些「外部現象」與個案問題是不可切割的。因此，諮商的方向和方法不應只顧及當事人內在心理的微觀處遇，更要改變個案問題的系統。這樣的概念有別於「傳統諮商」強調個別諮商，重視以一個理論框架解讀個案的心理問題，並依據單一諮商理論提供處遇策略，將當事人的問題歸咎於個體的「精神內在問題」，因此傳統諮商的工作重點是一種「單一當事人」的概念，彷彿當事人是「獨立自我」（independent self）的自存，而忽略「相依自我」（interdependent self）和「脈絡自我」（contextual self 或 social selves）的存在。

在這裡，我們要澄清的是，社區諮商並非排斥微觀的內在觀點，亦非採取二分的微觀與鉅觀的兩種處理策略，它是一種內在與系統、微觀與鉅觀的辨證觀點，認為人的心理問題是在脈絡中所形成，心理問題和社會脈絡是一體兩面的動力關係。我們主張的社區諮商觀點並非傳統三級預防概念的延伸，因三級預防的概念仍是一種從分層結構的處理，缺少層級間的動力關係。

以個案自殺未遂的處理為例，初級預防的概念大多就是到社區或組織中進行心理衛生推廣或教育，例如：宣導自殺徵兆之辨識、培育自殺守門員；

次級預防可能是針對發生自殺事件的機構人員進行座談或團體輔導；三級預防則針對自殺未遂者或自殺遺族進行諮商，三個層級間並不強調彼此之間的動力關係，層級之間的處理效果較少相互流動運用，也分屬不同的工作者執行。

反之，社區諮商的作法並非是採如此層次分明的處遇，反而是以一種動力式、滾動修正的方式進行。首先，社區諮商工作者會和自殺未遂者見面並進行個別諮商，了解其問題與系統之關係，並與當事人重新概念化自身議題（特別重視社會結構與權力壓迫形成的心理議題），將系統中的相關重要他人納入處理體系。由於當事人的本身生活在系統關係中，其在個別諮商中所學到的因應方式，要能回到生活脈絡中發揮，不僅如此，系統中的相關重要他人也需要學習如何回應當事人自殺的議題，因此社區諮商工作者也要和系統中的重要他人或利益相關人聯盟或進行諮詢、教育或賦權，促進系統動力，再進行下一步處理。社區諮商這種同時針對系統中的不同個體工作，操作系統動力，需要面對多重當事人（multi-clients），並非如傳統諮商的三級預防作法，只將自殺未遂者列為諮商當事人，反而是透過系統工作的方式，賦權系統（社區／社群）的相關當事人，改變系統動力與權力結構，讓系統的力量成為當事人復原的動能。

因此，將社區諮商視為三級預防的擴大版，是混淆了社區諮商的知識論述與方法學，從第二章和第三章中，我們已經很清楚的交待了社區諮商的另類典範；而在第四章、第六章、第七章，我們也要分別針對工作模式、倡議和外展的社區諮商內涵進行說明。社區諮商工作具有多種模式，特別是兼顧個體和社區層級的工作時，我們特別強調社區諮商的動力。

二、社區諮商的核心精神

（一）社區諮商是基於批判、反身性與實踐的精神

社區諮商的核心精神乃在於反思傳統諮商的不足，重新檢視傳統諮商奠

基於主流心理學的知識論，指出諮商心理學附和主流心理學的實證主義和實用主義，強調個體主義和專業客觀的研究與介入方法。社區諮商轉向社會建構主義、參與式的研究與互為主體的介入方法，採取迥異於傳統諮商客觀中立的觀點，主張諮商師應採取參與式的實踐；諮商師需要具備反身性，敏感於社會歷史文化脈絡對當事人心理問題的影響，並能夠針對日常生活中的意識型態或主流思考提出批判。諮商師並不需刻意和當事人維持專業距離，反而是應該投入當事人的社區脈絡，參與當事人的改變，透過社區參與，進行集體賦能。

（二）社區諮商重視反壓迫與社會正義

社區諮商關注服務族群受到主流社會的壓迫、歧視與剝削現象，因此社區諮商師重視社會中的低收入、健康不平等、教育不均，以及伴隨著性別主義、異性戀本位、文化壓迫、階級壓迫、勞動剝削等所造成的社會不正義，能夠了解資源分配不均與個體的自由受到各種限制。在提供特殊族群服務時，諮商師要能從交織性的角度理解和分析當事人問題，例如：服務性侵相對人和倖存者時，社區諮商師除了要能從父權結構與權力關係的社會結構觀點分析外，也要從親密暴力、家庭動力、性別角色刻板化等向度去理解，整體性的探討每一個當事人之族群、階級、教育、性別、文化所交織出來的影響，留意社區或社群中的個別差異。

（三）社區諮商強調個體和脈絡的相依

社區諮商認為，個體的問題必須被放在社會和文化脈絡中解讀，故強調多元文化和社會正義，主張當事人的改變是將社會文化制約的意識轉化為批判意識。當事人對自身受壓迫議題的覺醒，在諮商師的協力下採取行動，以回應主流社會的結構或壓迫，甚至與社區重要他人合作進行社區倡議。因此，社區諮商中的個體改變是社會結構改變的一部分，這種強調人和脈絡的相依，使得個人的心理問題不再是獨立於脈絡之外，而是生活情境與社會脈絡的問題，引導社區諮商邁向社會行動與實踐。綜言之，社區諮商的核心精神包含以下數點（Goodman et al., 2004; Lazarus et al., 2009）：

1. 社區諮商對社區一詞具有多重層面的理解：它可以是地區性的社區，也可以是共享同一組信念的群體（如青少年、老人），或者是遭受相似經驗的族群（如受暴婦女、遊民），因此社區諮商將個體、家庭、鄰里及社會視為一個整體的社會體系。
2. 發展有意義的社會關係：社區諮商師敏感於社區中被噤聲和被壓迫的議題，故著重於權力的影響、各種利益關係與社會排除等現象，協助社區當事人提升韌力，重視個體優勢與社區賦能，建立健康導向的社區關係。
3. 社區諮商整合運用社會學與心理學知識：社區諮商重視鉅觀的社會現象，也重視微觀的個體議題，故結合社會學理論與心理學理論。社區諮商師對當事人的福祉和心理健康的影響因素高度敏感，可透過批判分析社會的主流觀點，為邊緣化族群發聲。
4. 社區諮商是多元文化和社會正義取向：由於社區諮商強調社會因素，重視社會系統的轉變與改變，故強調文化多樣性、個人與政治的賦權、反壓迫與社會行動。

第二節　社區諮商的實務操作

一、社區諮商的工作理念

社區諮商反對傳統諮商的客觀中立觀點，其工作理念和假設在於：

1. 強調批判意識覺醒，解構意識型態與解放受壓迫的心靈：社區諮商需要處理各種形式的歧視、壓迫與不平等現象，故對於社會主流的異性戀本位、父權結構、能力主義（ableism）、階級主義、種族主義等，社區諮商的工作重點在於分析社會中被邊緣化族群的不平等和不正義之結構和權力，以解構主流觀點。

2. 強調社會結構的轉化，重視邊緣化族群的發聲：社區諮商展現的社會行動與實踐，反思帶出的行動就會形成一個持續性的循環。社區參與（engagement）是社區福祉（wellness）和實踐之間的連結（Prilleltensky, 2001），即是社區諮商師的實踐（praxis）。
3. 強調賦權與倡議：重視當事人參與社區，與社區相關的重要他人共構與當事人有關的議題，賦權當事人，讓當事人了解其個別故事是整體敘事的一部分。社區諮商並不強調現代性的專業，反而採取哲學家Illich（1977）所提出的「後專業」（post-professional）觀點，Illich批評專業分工產生了一種無所不知的權力位置，專業決定社會的需求是什麼，過度使用權力控制社會，因而倡議專業權力應該回歸到芸芸眾生。社區諮商師透過社區參與，協助社區和當事人尋找自身的優勢、資源和能動性，是挽起袖子進入社區生活脈絡的同行者，而非袖手旁觀的專家，諮商師、當事人與社區相關的重要他人是一種合作伙伴關係。
4. 強調公平正義與人權，主張透過各種行動，倡議社會正義：傳統諮商強調個人內在的療癒與適應，忽略社會結構造成的不公平與不正義，社區諮商師則敏感於社會系統的權力關係，對社區事務具有「政治的—倫理的」關懷，關注受壓迫族群的人權，參與社會行動。

二、社區諮商的工作方向

社區諮商做為一種整體觀（holistic）的諮商取向，汲取多元文化諮商的文化多樣性觀點，也採取生態系統觀，重視系統和個人之間的動力所造成之心理問題，因此社區諮商重視生態系統觀的工作觀點，傾向以生態系統觀點概念化社區當事人的心理議題，重視當事人產生心理問題有關的情境脈絡，主張人的心理問題具有其歷史、文化與社會背景，特別關注社會正義議題，重視社區邊緣化族群當事人的心理問題與系統壓迫、制度歧視與剝削的關聯性。因此，社區諮商在評估當事人的心理問題時，是以生態系統觀點概念化當事人的問題，故其工作方向須兼顧當事人個人心理與社區系統。我們主張以Bronfenbrenner（1979）的生態觀點做為指引發展社區諮商的工作內容，說明如下。

（一）個體系統

社區諮商師要了解當事人如何建構其問題，當事人所表述的問題觀和社會主流觀點的關聯性為何。帶領當事人探討其問題與文化脈絡的關係，協助當事人全面性了解自己的困擾，當事人在此一層次上了解自己的主觀觀點，以及重新認識自身問題與情境脈絡的交互作用。

（二）微視系統

社區諮商師透過環境與文化系統評估當事人的家庭結構、同儕關係、在地社群與文化活動。帶領當事人了解自己的問題脈絡、自己如何受到家庭和同儕的影響。社區諮商師也評估當事人參與社區活動與社區組織的程度，以了解當事人的生活圈與活動面向。

（三）中介系統

此一部分指的是生態系統間的互動。社區諮商師與當事人共同探討自己在工作或學校的問題時，也了解家庭成員們如何看待其學校或工作中的同學或同事，藉此了解兩個系統如何相互影響，家庭成員如何看待當事人的學習成效或工作成就。反之，當事人在學校或工作場合的同學或同事又是如何看待當事人的家庭，以了解系統之間的壓迫與歧視。

（四）外視系統

此一部分著重於當事人如何受到家庭成員的工作與教育水平之影響，亦即帶領當事人探討如何受到父母或家族觀點的影響，例如：社區諮商師會和當事人討論當事人之孩子如何看待其工作、當事人自己又是如何受到父母影響。最重要的是，社區諮商師要讓當事人了解到這些外系統如何影響其個人意識？當事人是否受到社區主流觀點的壓迫？當事人是否內化這些壓迫觀點，而自我貶抑？

（五）鉅視系統

社區諮商師要了解社區的常規、信念與法律對社區當事人問題的影響。不僅如此，也要了解當事人的問題是如何被主流社會文化的觀點所論述？社區文化如何形塑當事人在家庭和社區的角色？當事人的家庭文化為何？當事人的族群文化如何影響當事人的認同？當事人的問題與其文化適應的關聯是什麼？

（六）時間系統

社區諮商師需要了解當事人問題在個體生命歷程中的重要性，不僅要從個體生命軸的觀點探討其問題，也要從家庭史、求學歷程或工作經歷的角度切入，去了解當事人的問題受到哪些外在事件所影響？當事人從過去帶著自己的問題走到目前，面臨到哪些不同困擾？當事人對未來的期待為何？

社區諮商師可運用上述的生態系統觀點，協助當事人與社區共同面對問題。當事人的問題不只是個人問題，也跟社區系統中的強勢文化、特權與壓迫有關，社區諮商師要很小心評估當事人與社區兩個層面的動力，一方面與當事人共同重新敘事問題，對抗主流意識型態，另一方面則透過社區參與，與社區相關工作者同行，共同發展出行動計畫。

三、社區諮商的操作程序

從前述的社區諮商理念和工作方向，可以看到社區諮商的工作面向包含了個別諮商、社區工作者和相關當事人諮詢、個案工作目標的共識、發展合作式的處遇、賦權社區與當事人等。但是社區諮商該如何進行，卻是一個充滿複雜、彈性和動力的過程，以下的操作步驟並非固定程序或靜態階段，而是動態、動力與循環的步驟（請參見圖 4-1）。

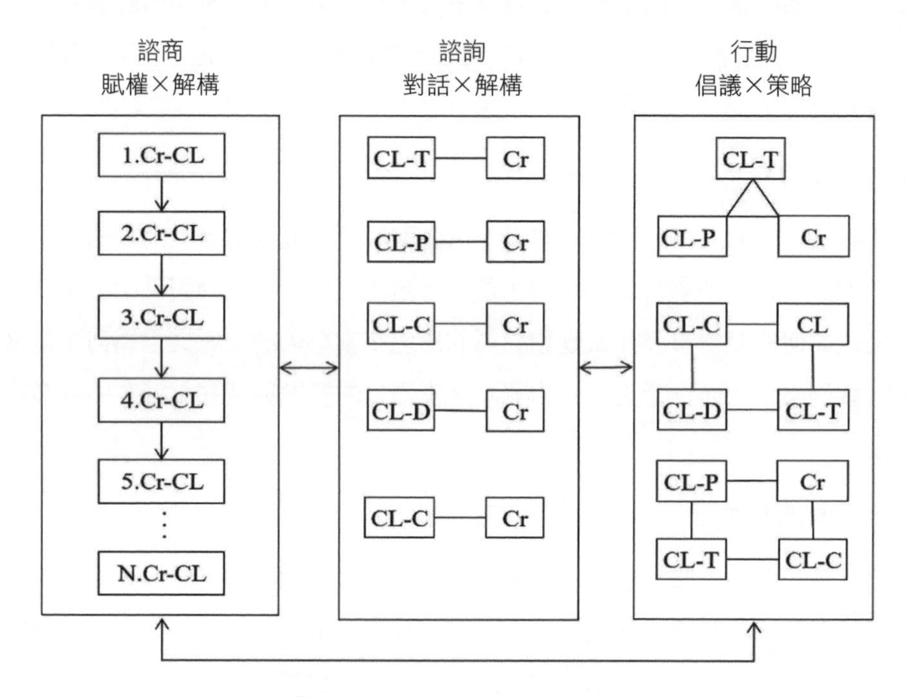

圖 4-1　社區諮商的操作程序

註：作者自行繪製。

社區諮商的操作程序圖說明如下：

1. 諮商（賦權與解構）：左邊的諮商師（Cr）與右邊的主要當事人（CL）進行個別諮商，由上往下為諮商次數。
2. 諮詢（對話與解構）：中間為諮商師與相關重要他人（亦為次要當事人），例如：CL-T（老師）、CL-P（父母）、CL-D（主任），一對一會談。
3. 行動（倡議與策略）：右邊為諮商師或當事人參與多邊會談。
4. 雙箭頭為雙向影響。

（一）問題概念化（系統工作）

前述已提過社區諮商服務「多重當事人」，因此在提供服務時，需要發展各種方法和策略提供不同當事人服務，故需要先了解不同當事人（例如：學校教師、家長、主任、社區重要他人、合作伙伴等）的問題觀點。社區諮商師的個案來源可能是轉介或自願前來求助，不管是屬於哪一類個案源，其對於主要當事人帶來的主述困擾，需要透過生態與文化概念化當事人的主述問題，與主要當事人共同進行問題概念化。

1. 了解「轉介者」的觀點：諮商師要了解轉介者如何陳述當事人問題、當事人所處情境，以及和當事人議題相關的重要他人等。再了解轉介者處理當事人的困擾為何。轉介者通常熟知當事人的問題與處遇發展過程，了解有助於諮商師掌握不同工作者對當事人問題的概念化。
2. 確認轉介方式：了解轉介者如何向當事人說明需要諮商師協助，特別需要了解轉介者如何與非自願當事人溝通，以及當事人的意願如何。
3. 與當事人初次見面：蒐集當事人的主述問題，了解當事人如何看待與其問題相關的重要他人、主述問題反映系統中的什麼問題（此一部分可參考前述的生態觀點）。
4. 繪製問題生態關係圖：諮商師蒐集轉介者和當事人的問題觀點後，以當事人為中心，外圈畫出跟主述問題有關的重要他人，並初步標示出這些重要他人的觀點。諮商師可以參考前述生態觀點的工作方向，先確認其他相關當事人、諮商師和主要當事人共同探討主述問題的脈絡、當事人在關係中的重要他者，以及與跨專業合作者進行對話，了解彼此之間對當事人問題觀點的異同。

（二）一對一諮商（個別工作）

社區諮商師與當事人進行會談，除了解當事人的主述問題外，也要能夠使用解構與對話，讓當事人對自己的問題有更多層面之認識（可參考第三章第四節提到的解放、敘事與解構策略）。

1. 諮商師可以和當事人共同畫出問題的生態圖：針對當事人的主述問題重新以脈絡和生態的角度概念化，探討曾經使用過的解決策略、感受與想法，這部分作法即是讓當事人探討其問題如何受到文化和系統的影響，例如：當事人內化哪些壓迫觀點？當事人可以接受和不可以接受的文化觀點有哪些？在諮商室內進行對話（這也是個體與系統對話），以做為準備進入當事人場域的系統處遇。
2. 一對一諮商進程與系統合作處遇並行：一對一諮商之主要目的是釐清當事人的感受和想法，以及在情境脈絡中的行動和策略，因此一對一諮商是搭配後續的系統合作處理進程，無論是諮商師或當事人，只要進入系統中與其他重要他人合作，事後都會回到諮商室內對話討論，以便讓諮商室的學習和情境脈絡中的行動可以形成加乘效果（請參見圖 4-1）。

（三）一對一諮詢（系統工作＋個別工作）

接下來是脈絡與系統中的工作，諮商師需要與相關當事人聯繫，進行一對一對話，取得問題與策略共識。

1. 了解重要他人的觀點：為確認相關當事人的問題概念化，諮商師需要進一步了解相關重要他人和當事人之間的互動經驗，以及彼此的關係變化，以做為之後介入策略的資源。
2. 賦權與解構重要他人：在與重要他人一對一的諮詢工作中，諮商師要找出重要他人的優勢與潛能，並與其進行對話，從生態角度讓重要他人可以清楚自己的位置，討論雙邊認知的目標和工作方向。
3. 列出重要他人可以採取的行動或回應：由於重要他人和當事人可能在生活、工作或社區有交集，與重要他人達成目標共識後，諮商師需要協助其列出具體行動。另外，諮商師需要在系統和脈絡中與多位重要他人合作，因此諮商師有必要在自己的紀錄中列出生態圖中每位重要他人的工作方向和目標。

（四）多方對話（系統工作）

當系統中有多位重要他人或工作者時，多方會談和對話是有必要的。多方會談涉及較多權力關係的判斷，因此諮商師要能辨別社區中的文化，何者權力較大？何者特權較多？彼此之間的關係為何？另外，在多方會談中，諮商師必須是重要的協調者與催化者，要促進與會者的意見交流。諮商師在會談工作中要掌握「個案問題論述」，盡可能朝「解方」（solution）的方向進行，系統中的合作分工需要目標一致，避免將問題與責任個人化。

1. 非正式的討論會：在社區諮商服務過程中，非正式討論是一項很重要的方法。諮商師可以視需求，隨時聯合數位與當事人有關的重要他人一起討論（以大學為例，可以是導師、指導教授、系主任；以社福單位為例，可以是社工、學校老師、生輔員；以學生諮商中心為例，可以是個管師、社工師、學校輔導老師），以保持多邊處遇資訊的一致性。
2. 正式的個案聯繫會議：該會議通常屬於跨系統合作重要的方法，特別是涉及不同組織的合作，例如：學校單位、社福單位、政府單位、警察保安單位、醫療單位等，通常需要召開正式的個案聯繫會議。

（五）行動（系統工作＋個別工作）

當事人的主述問題在經過前述的處理流程後，其問題即會被概念化成不同的行動策略，這些行動策略可以是當事人個人的調整或改變，也可以是當事人與重要他人的互動改變，或者是系統本身的改變。

1. 當事人的行動：諮商師要協助當事人為自己發聲，與系統中的重要他人對話，或者採取可能的行動。但這部分仍需要回到一對一的諮商中，進行行動策略，討論與模擬可能遇到的困難。
2. 系統的行動：系統的行動包含諮商師對系統或制度造成當事人困境的相關因素，與系統中的組織進行協商或倡議，跟相關單位倡議修改不合理或壓迫的制度或規則，例如：與當事人就讀的研究所討論修改研究生找指導教授的規則。

（六）促進步驟 1～5 的循環對流（系統工作）

社區諮商師在進行前述工作時，需要善用「個人」、「關係」與「組織」的動力，促進「諮商—諮詢—行動」三者的循環，強化促進當事人或系統改變加乘效果。當事人在系統中的行動，可以回到諮商室內討論，進一步鞏固自己的調整和成效。可以分為以下三部分進行：

1. 促進當事人與系統中的重要他人互動。
2. 催化組織與組織之間的動力。
3. 操作個別諮商與系統之間的效果循環。

四、社區諮商師的角色

社區諮商師需要的工作方法不是傳統諮商技術，而是講究「對話」與「實踐」，一如前述提及的社區諮商工作方向，社區諮商師需要同時兼顧系統工作意識覺醒，故諮商師需要具備多元能力與多元角色。

因此，以下角色的陳述並非傳統諮商的觀點——對當事人使用諮商師角色，對家長使用諮詢師角色，對社區人士則使用倡議者角色，這種清楚對應的關係。社區諮商師的角色混雜，是以全人觀點的當事人中心為基礎，對多重當事人發揮多種功能，而不應受限於特定哪一類當事人使用哪一類角色。這樣的觀點，和社會正義諮商的專業契合——重視本土知識（indigenous knowledge）、在地發聲（local voices）與社會參與（social engagement）。

（一）諮商者的角色

社區諮商師所扮演的諮商角色超越傳統個別諮商，他們不會和當事人維持諮商室裡的專業關係，例如：傳統諮商師須避免和當事人產生雙重關係，但社區諮商師反而需要運用社區參與跟當事人維持多重關係，以發展更多介入策略與方法。

（二）諮詢者的角色

社區諮商師提供社區相關的重要他人諮詢，除了有助於協助其取得心理健康專業觀點外，也更有機會與社區壓迫與歧視的主流意見者溝通。特別是提供家長和學校工作者不同的觀點，例如：參與學校個案研討，讓學校了解當事人家庭的動力關係，提供學校如何和家長合作的專業意見。

（三）教育者的角色

社區諮商師也要針對某些議題進行心理健康教育，例如：提供親職教育方法、協助改善親子溝通、教導溝通技術、提供心理健康自助方法等。社區諮商師的教育者角色可以透過網路媒體提供專業的心理健康資訊，或不定期推出因應社區與社會議題的心理健康講座。

（四）領導者的角色

必要時，社區諮商師要帶領社區相關的重要他人共同發展社區介入，針對社區重要的心理健康議題擬定行動計畫。社區諮商師在處理相關議題時，有時需要跟多重當事人合作，結合社區相關人士共同行動，這都需要社區諮商師居中穿針引線、合縱連橫，領導社區行動。

（五）倡議者的角色

社區諮商師要能協助當事人或社區，針對社會正義相關議題進行倡議，特別是反壓迫與反歧視的推動。社區諮商師在倡議過程中，需要具備分析社區文化與社會主流觀點之能力，並需要有步驟的規劃培育社區倡議工作者，發展行動倡議計畫，提升社區意識。

（六）催化者的角色

在社區諮商個案的服務過程中，社區諮商師有時需要與社區相關人士合作，因此社區諮商師要能促進社區工作者之間的合作伙伴關係（partnership），在各種協調過程中擔任催化者的角色，發展與執行行動合作計畫。社區諮商師對系統的工作中，亦需要催化系統的動力，促進當事人、家庭、社區組織及政府單位等合作過程中的分工與合作。另外，社區諮商工作是以社區做為一個整體，故社區諮商師有必要催化社區一體感，以提升社區凝聚力。

（七）賦權者的角色

社區諮商的主要工作方向之一即是賦權個體和社區，重視個體和社區的優勢。因此，社區諮商師要能夠分析與整合社區資源，帶領當事人或社區工作者建立相關的合作網絡，推展行動計畫。社區諮商師需要在過程中，以優勢觀點賦權當事人和社區工作者，讓當事人和社區可以產生自主力量，展現個人與社區的主體性和能動性。

（八）組織者的角色

社區諮商重視系統工作，組織動員是核心能力，社區諮商師需要具備組織能力，聚合社區的志同道合者，組織心理健康知識分享平臺與心理健康推動團隊，培育議題導向的社區倡議工作團隊。

第三節　社區諮商模式之一：三級預防取向

1963 年，美國通過了對諮商有重要影響的《社區心理衛生中心法案》（Community Mental Health Center Act），改變了不當對待的醫療機構化現象，以及傳統心理衛生服務輸送系統管道有限的缺點，除了成立各社區心理衛生中心、規定心理衛生的五項基本服務（短期住院治療、門診服務、部分住院治療、危機處理、諮詢與教育訓練）外，1968 年還加入了酒精與藥物濫用服務，1970 年再增加兒童心理衛生服務。此法案促成了以社區為基礎的機構服務，讓非臨床取向訓練的諮商師逐漸被認可，而成為社區心理衛生工作的服務提供者（Gerig, 2007; 引自蕭文、鍾思嘉、張曉珮、蔡翊桓譯，2009）。

《社區心理衛生中心法案》推動社區心理衛生工作，以特定人口數（約 75,000～200,000 人）區分責任區，並在各區設立社區心理衛生中心，結合社區精神醫學之理念，並和各心理衛生專業人員組成團隊，以預防勝於治療的方式進行三級預防工作，且根據各地區的特殊人口背景和狀況推動各項心理健康工作，為今日社區醫療建立工作模式或典範（陳正宗、吳榮鎮，2000；楊聰財等人，2004）。

一、三級預防之內涵

此一公共衛生模式成功運用在教育、犯罪防治、公共衛生等領域，五十年前的慢性疾病委員會（Commission on Chronic Illness, 1957）先從公共衛生觀點引進和定義預防性介入（preventive interventions），提出了包括初級、次級、三級介入的公共衛生預防模式（public health prevention model）（引自 Myers & Farrell, 2008）（如圖 4-2 所示）。

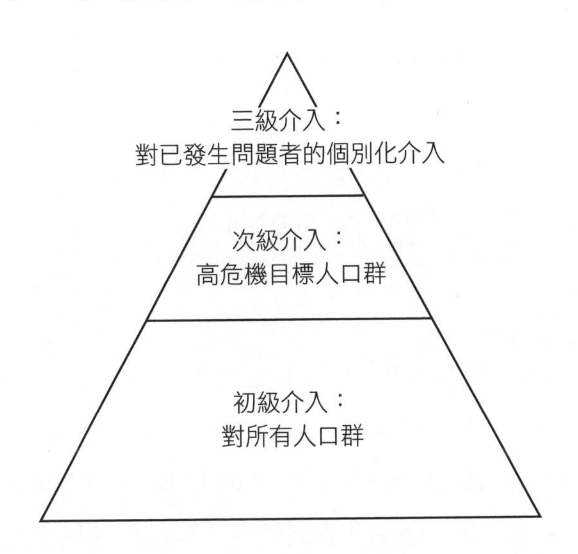

圖 4-2　公共衛生預防模式
資料來源：Myers 與 Farrell（2008, p. 1161）

（一）初級介入

初級介入（first level interventions）是使所有人都能獲益的普遍性介入，透過預防降低未來發生健康問題的可能性，例如：施打疫苗、菸害教育、健康檢查等服務，目的在預防疾病、降低健康問題新增案例的發生。

（二）次級介入

當初級介入還不足以回應此一群體的需要時，即需針對處於危機之目標人口（targeted interventions）提供介入服務，此即次級介入（second level interventions），例如：對可能有遺傳之高危險乳癌婦女提供每半年一次的乳房攝影檢查、小兒科醫生增加對哮喘兒童的訪視、對有藥物濫用傾向者提供團體諮商等，以關注危機、增加專業人員的監控。在公共衛生領域裡，次級介入是用來反轉（reverse）、暫停、減緩問題情境的進展。

（三）三級介入

當初級、次級介入策略均無效、沒回應時，就得進一步提供三級介入（tertiary level interventions）。此種介入是個別化、密集式、整合、即時啟動，且服務持續時間與需求相稱的服務，包括：醫療照顧、個別的身體治療、心理治療等，目的在降低異常、失能的狀況。

二、模式應用

美國學者 Myers 與 Farrell（2008）即以前述的公共衛生預防模式，發展少年司法工作、解決少年犯罪問題。澳洲學者 Waugh（2011）則以三級預防模式協助牧羊人青年與家庭服務機構（Good Shepherd Youth & Family Service）發展兒少保護工作，強調此模式能有效降低社區兒少虐待發生的可能性；該模式以結果目標（outcome goal）——減少兒虐發生為依據，整合家暴、心理衛生和酒癮治療等相關服務，除可對居住、貧窮等初級問題發展策略，還需要次級、三級服務，以回應處於危機的兒少，提供治療性支持、改善（ameliorate）虐待或疏忽的影響（Waugh, 2011）。

Waugh並參考Prilleltensky、Nelson與Pierson（2001）提出之「促進—預防—保護的連續性」（promotion-prevention-protection continuum）架構（如圖4-3所示）（引自Waugh, 2011），發展如下的兒少保護三級預防工作：

1. 一級／初級介入（primary/universal interventions）：在問題尚未發生前，提供所有家庭支持性、教育性的服務。
2. 二級／次級介入（secondary interventions）：對有需要的家庭提供額外支持、減輕影響的服務，以預防問題的複雜化。
3. 三級介入（tertiary interventions）：當虐待、疏忽發生時，對兒少提供法定的保護與服務，使其得到安全、良好的照顧。

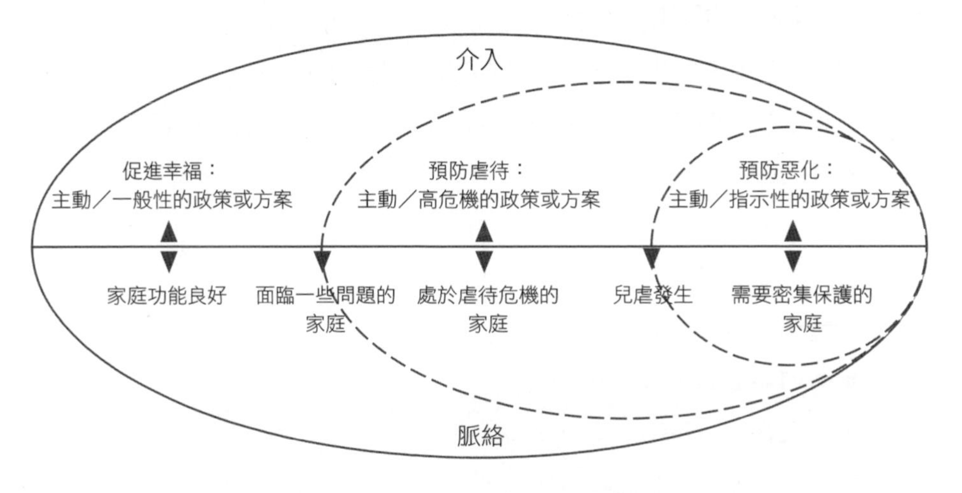

圖4-3　促進—預防—保護的連續性

資料來源：Prilleltensky等人（2001）（引自Waugh, 2011, p. 12）

由於初級、三級兒少保護的服務對象較易確認，因此次級（高危機兒少及其家庭）的辨識與發現反而成為其工作的重點。為讓「早期發現、早期治療」之次級工作的目標能落實，以下特徵即成為服務對象辨識與指認的指標：

1. 高危機父母或家庭，涵蓋以下特徵或狀態：(1)具有會降低親職能力、導致疏忽或虐待的心理健康問題；(2)處於社會孤立狀態，缺乏連結服務的能力；(3)無適當住所；(4)貧窮或經濟困難；(5)家庭解組；(6)缺乏親職知能；(7)因藥物、酒精濫用而降低親職能力的父母或家庭。

2. 生活於危機處境的兒少，包括：(1)社交能力的發展不符年齡階段；(2)有身心障礙／需要醫療照顧；(3)拒學（school refusal）；(4)有藥物、酒精濫用危機等的兒少。

為了推動此一兒少保護三級預防服務，牧羊人青年與家庭服務機構結合數個機構形成服務網絡，目的都在達到其機構理念——「不論年齡、性別、文化或區域，每個人都有權利享有基本的生活品質、足夠收入、庇護、教育和雇用機會，以及有品質的醫療、營養、健康關係、買得起的產品和服務；且為了達到這些使命，提供倡議與服務」，以落實以下之服務弱勢（vulnerable）兒少及家庭的原則：

- 採取最佳利益（the bests interests）之治療行動。
- 掌握產生正向結果之最早介入時機（at the earliest opportunity）。
- 彈性的創新能力。
- 考量成本效益。
- 整合、連結跨系統的服務。
- 透明和責信（accountability）。
- 平衡利益衝突、管理所有風險。
- 融入家庭（inclusive of families）。
- 傾聽兒少聲音。

此外，國內各級學校亦採用三級預防模式建構的學校輔導體制。1950 年代即開始的學校輔導工作，歷經六十年發展輔導工作模式，於 2014 年通過的《學生輔導法》已成為學校輔導工作最高的法源依據，三級輔導體制更是法定的運作方向（第 6 條）。其中，WISER 運作模式（practice model）則是學校輔導生態合作取向的核心工作架構（如圖 4-4 所示）（王麗斐等人，2013；王麗斐、趙容婢，2018）。

所謂的三級輔導體制，根據《學生輔導法》（2014）第 6 條與第 12 條的

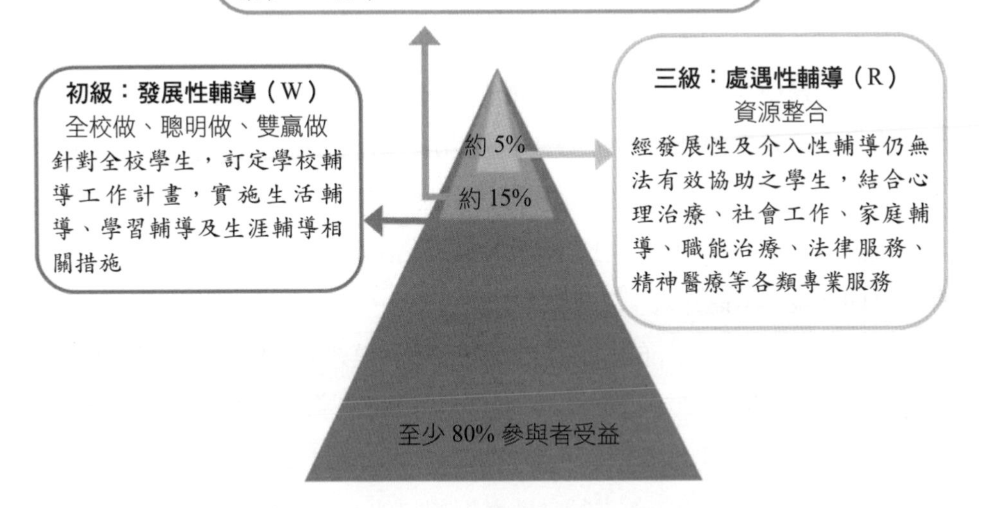

圖 4-4　WISER 學校輔導三級模式架構圖

資料來源：王麗斐等人（2013，頁 6）以及王麗斐、趙容婵（2018，頁 31）

定義，以及 WISER 的運作模式，說明如下（王麗斐、趙容婵，2018）。

（一）初級預防：發展性輔導工作

《學生輔導法》（2014）第 6 條規定：「發展性輔導：為促進學生心理健康、社會適應及適性發展，針對全校學生，訂定學校輔導工作計畫，實施生活輔導、學習輔導及生涯輔導相關措施。」發展性輔導工作需發揮至少照顧到 80%的全校學生，故由學校教師負責，最好的作法就是從日常運作的活動中注入輔導的元素。運作發展性輔導工作可依據 3W 的核心原則——全校性原則（Whole school）、智慧原則（Working smart, not working hard）、做得來與雙方得利原則（Workable and mutual benefit），設計讓全校都能參與的發展性輔導工作方案，且讓他們都能從參與中受惠，以達到推動一項發展性輔導工作，便能減少至少兩項二級或三級預防輔導的工作量效果。

（二）次級預防：介入性輔導工作

《學生輔導法》（2014）第 6 條規定：「介入性輔導：針對經前款發展性輔導仍無法有效滿足其需求，或適應欠佳、重複發生問題行為，或遭受重大創傷經驗等學生，依其個別化需求訂定輔導方案或計畫，提供諮詢、個別諮商及小團體輔導等措施，並提供評估轉介機制，進行個案管理及輔導。」由於持續出現就學適應問題的學生，已超出一般教師輔導知能的範圍，因此主要由輔導教師提供介入性服務，但一般教師亦需提供協助。輔導教師會運用個別諮商、小團體輔導、班級輔導，以及諮詢服務等方式協助學生，以發揮「早期發現、早期介入」之功效。

推動介入性輔導工作的核心原則是 WISER 模式中「I、S、E」原則——個別化介入（Individualized intervention）、系統合作（System collaboration）、持續性評估（on-going Evaluation），透過對受輔學生進行個別化的介入策略，並對其狀況和成效進行動態歷程的評估，以確認輔導目標與策略進行的妥切性，同時也能有利於適時調整，以提升輔導效能與效率。此一介入性輔導強調與受輔學生的系統合作（system collaboration），特別是進行雙師合作（諮商師與導師合作）、輔特合作（輔導教師與特教教師合作）、學輔合作（輔導與學生事務人員合作）、親師師合作（家長、導師與輔導教師合作），以及個案會議（與受輔學生相關之重要師長一起開會研議輔導策略與分工合作）等，以提升輔導成效，讓接受介入性輔導的學生能更快改善問題，成功就學適應。

（三）三級預防：處遇性輔導

《學生輔導法》（2014）第 6 條規定：「處遇性輔導：針對經前款介入性輔導仍無法有效協助，或嚴重適應困難、行為偏差，或重大違規行為等學生，配合其特殊需求，結合心理治療、社會工作、家庭輔導、職能治療、法律服務、精神醫療等各類專業服務。」此類需要處遇性輔導的學生估計約有5%，依 WISER 模式認為處遇性輔導工作最關鍵的運作概念，就是將多元資源加以整合（Resource integration），也就是 WISER 模式中「R」（資源整合）的概念，不僅代表有「引進」資源的意義，更重要的是要具有「協調整合」資源的想法，以建立一個跨專業分工且具有共識目標的團隊合作，來共同執行處遇性輔導工作。此類需處遇性輔導的學生，由學校或主管機關所設置的專業人員負責（目前主要由各縣市政府教育局／處下設的「學生輔導諮商中心」之諮商師或社工師負責），而其除了負責處遇性輔導工作外，尚需協助發展性及介入性輔導措施。

三、反思：三級預防取向未觸及社區諮商的核心概念

從前述三級預防的觀點來看，Myers 與 Farrell（2008）以及 Prilleltensky 等人（2001; 引自 Waugh, 2011）提出的三級預防工作，只是針對不同對象進行預防介入工作，其工作多屬平行層級之進行，較少進行層級之間的垂直流動，也較不強調整體處遇的動力，與傳統諮商的三級預防工作模式相似。而王麗斐等人（2013）的 WISER 三級預防之特色，是在二級預防中強調學校內的個別化、系統合作與持續性評估，三級預防則強調組織或跨專業間的整合，其模式已具備社區諮商的部分特色，但僅著重於系統中工作者的合作，並未觸及改變系統和倡議社會正義的核心理念。社區諮商除了工作方法擅長運用系統合作與動力外，更重要的是在具備批判意識之問題概念化與方法，強調社會正義與社會結構的改變。

第四節　社區諮商模式之二：RESPECTFUL 取向

在 Lewis 等人（2011）有關社區諮商的著作中，曾引用 D'Andrea 與 Daniel 於 1997 年和 2001 年所提出的 RESPECTFUL 諮商架構（RESPECTFUL Counseling Framework），期使問題評估和諮商能在具有廣泛、深度的多樣性（diversity）、多元文化主義（multiculturalism）和社會脈絡（social context）的架構下進行。

一、模式內涵

RESPECTFUL 的評估和諮商架構，包含了多元文化的廣泛、融入（inclusive）特性，這個具整體的、多樣性的架構由十個因子（10 factors）所組成；雖然這十個因子以許多不同的方式影響當事人的心理發展和個人幸福感（well-being），然需提醒的是，這個架構並不排除影響人類發展的其他因子。有關RESPECTFUL這十個因子的項目及重要內涵，說明如下（D'Andrea & Daniel, 2001; 引自 Lewis et al., 2011, pp. 53-62）：

R—Religious：宗教、精神上的認同

E—Economic class background：經濟上的階級背景

S—Sexual identity：性／性別認同

P—level of Psychological maturity：心理成熟度

E—Ethic/racial identity：種族／族群認同

C—Chronological/development challenges：年齡／發展上的挑戰

T—various forms of Trauma and others threats to one's sense of well-being：各類創傷及其他威脅幸福感的因素

F—Family background and history：家庭背景和歷史

U—Unique physical characteristics：獨特的生理特徵

L—location of residence and Language differences：居住位置和語言差異

（一）R—宗教、精神上的認同

第一個因素指的是個人對超越身體本質、靈性、生命特殊意義（extra-ordinary meaning of life）的信念。由於不同的宗教信仰、精神認同會影響當事人的生活方式、人際範疇，也會在其面臨困境時扮演重要的角色，而影響其個人對困境的解釋及壓力因應方式。因此，了解諮商師自己、當事人的宗教信仰、精神認同，不僅能深入其內在世界、認識其對困境和壓力的想法，也會影響諮商師思考諮商目標時的資源使用和介入策略。

（二）E—經濟上的階級背景

不少研究證實，經濟條件會影響個人的態度、價值、世界觀和行為，因此諮商師應注意經濟條件所造成的優勢和限制，且由於諮商師對不同其背景的當事人會出現不正確、負向的觀點和偏見，所以心理健康專業人員須先評估自己與階級有關的觀點、偏見、刻板印象，如此才能與許多不同階級的社區成員工作。此因子提醒諮商師須深入檢視經濟因素如何影響貧窮當事人的心理健康和個人幸福，並謹記傳統諮商理論源於中產階級，因此可能忽視貧窮對當事人所造成的影響。

（三）S—性／性別認同

性別認同（gender identify）的發展與個人心理發展有關，涵蓋了性別認同、性別角色（gender roles）和性取向（sexual orientation）等部分。一個人性別（gender）角色的發展，與其成長脈絡中有關男性、女性角色認同之社會化密切相關，而性取向也會影響性認同（sexual identify）。由於不少人對女性主義者、男同性戀者、女同性戀者持有較多的負面觀點，因此為讓不同性別認同者都有健康、尊嚴的處境，諮商師就須超越個別諮商的情境脈絡、運用不同的服務策略，例如：教育、倡議、外展等方式來服務當事人。

（四）P—心理成熟度

心理發展是個過程，隨著成長，人們會對自己、對自己生活經驗的認知呈現從簡單到複雜的變化。不同心理成熟度的人，會在衝動控制、領悟力、自我覺察、人際互動等面向表現出不同的行為，也會在思考、感受和行為上呈現「質」的差異（qualitatively difference）。因此，為讓評估工作符合當事人的現況，諮商師除須掌握當事人的心理成熟度，也須運用符合當事人心理成熟度、功能的方式來服務當事人。

（五）E—種族／族群認同

雖說多元文化是目前社會的現況，多元文化主義也是社會發展的方向，然不可否認的是，歧視、偏見仍充斥在我們的生活中，因此諮商師需要了解自己、當事人自身的族群經驗如何影響自身或當事人的發展、建構世界的方式，以及對其他族群的看法。因為這些在團體內（within-group）產生的相似經驗，以及與不同團體產生的差異看法將滲入我們的生活，形成諮商師對自己、對他人的刻板印象，甚至是歧視和種族主義的來源。此因子提醒諮商師，評估時應以有效、尊重的方式了解當事人的種族／族群認同，以及此認同如何影響其生活及與他人的互動。

（六）C—年齡／發展上的挑戰

人的發展有其順序，依年齡順序排列的發展階段則有其特定的特徵及社會、心理發展任務，若順利發展，則進入下一階段；反之，則將面臨可能出現的成長僵局或挑戰。由於不同年齡層有其發展特徵和需求，因此諮商師須熟悉不同生命週期者的發展任務，以發展符合不同年齡層（如兒童、少年、老年等）的發展特徵和需求之介入策略。

（七）T—各類創傷及其他威脅幸福感的因素

壓力情境會讓人們處於心理危機和傷害的處境中，而當生活中出現或持續存在的壓力超過人們的處理能力、個人資源（如因應技巧、自尊、社會支持、權能感等）時，人們就會在心理健康上呈現脆弱狀態。由於諮商師常會服務遭受自然災害、疾病〔如後天免疫缺乏症候群（HIV）及愛滋病（AIDS）〕侵襲，以及面臨貧窮、無家可歸、失業情況，或是受到許多歧視、偏見、文化壓迫的受害者，和目前仍舊承受著代間創傷（intergenerational trauma）的少數族群們，因為這些壓力會威脅他們的幸福感，諮商師有必要了解這些壓力和創傷事件對他們心理發展可能產生的立即和持續之影響性。

（八）F—家庭背景和歷史

美國快速的文化多樣性，讓不同的家庭型態逐漸增多，也挑戰著一般人對「家庭」的傳統觀念。長久以來，多數諮商師使用「正常家庭生活」（normal family life）、「健康的家庭功能」（healthy family functioning）來評估當事人，然在面對不同家庭型態之機會逐漸增多的情況下，本架構鼓勵諮商師面對自己對「家庭」的假設和偏見、挑戰自己對傳統家庭的價值。面對 21 世紀的現在，諮商師應具有了解不同家庭獨特優勢、發展促進健康家庭功能之介入策略能力。

（九）U—獨特的生理特徵

本架構強調心理健康工作者應敏感於我們社會理想化身體「美」的形象（idealize images of physical beauty）之負面影響，並對不符合主流文化狹隘審美觀者可能造成心理發展上的影響。當面對生理特徵可能成為其壓力或不滿來源的當事人時，諮商師必須了解有關美麗的理想化迷思，如何影響當事人內化自己的負面觀點和刻板印象；而諮商師也須檢視這些理想化的迷思，對自己的評估工作可能產生的不準確和誤解。而當與這類型的當事人工作時，諮商師應協助他們了解在性別社會化過程中，可能對自我價值產生的非理性想法（irrational thinking）、敏感及認識與「身體障礙」（physical disabilities）有關議題對生活帶來的挑戰，以及對其個人潛能和幸福感所帶來的影響等，以便必要時能為當事人發展完整的協助模式。

（十）L—居住位置和語言差異

由於每個區域都有其特殊的氣候、地質／地形，因此會造就特有的語言發展、商業環境和職業型態，故了解一個人的居住位置，包括它的地理區域和環境，將有助於了解一個人。而當諮商師與來自不同地理區域的當事人工作時，需注意互動過程中可能反映出當事人對某些人、事或區域存在的刻板印象和偏見，而其使用的語言也可能代表不同的意義。因此，對來自不同區域、使用不同語言之當事人的自我評估（self-assessment）應做深入的了解，以免其在潛意識中出現誤導，或對諮商結果產生無效的、負向的結果。

二、重要提醒

RESPECTFUL 架構是在多元文化觀點下用來進行諮商評估的架構，其對社區諮商工作有四個重要的提醒：

1. 諮商師應持續強調人類發展的多向度特質（multidimensional nature）；如之前所提，RESPECTFUL 架構雖提出十個因子，但影響人類發展的特質可能還有更多，此十個因子只是在鼓勵諮商師，當和不同背景、族群的當事人工作時，應注意人類發展的多向度特質。
2. 諮商師應利用多元的助人取向（multiple helping approaches），促進不同當事人群的心理健康和個人幸福感。雖然多數諮商師總是運用個別諮商協助面臨生活困境的當事人，然愈來愈多的研究發現，單憑個別化、治療性諮商並不足以滿足多樣的心理需求。
3. 諮商師也應利用 RESPECTFUL 這十個因子進行自我評估，因為如同其他人，諮商師也有脆弱的時刻，也會對特定人、事出現不正確的信念、刻板印象、偏見等，因此若未仔細自我檢視，這些信念、刻板印象、偏見就會在無覺察的狀況下影響著諮商師，而干擾助人工作的進行。
4. RESPECTFUL 的諮商評估模式具備社區諮商的重要觀點—交織性—將性別、宗教、種族、階級、居住地區和語言等因素納入個案問題的評估，提醒諮商師和當事人在進行問題概念化和工作時，需要保持高度的批判意識，才能免於主流意識的壓迫。

第五節　社區諮商模式之三：多元文化與社會正義取向

社區諮商是「植基於多元文化能力（multicultural competence）和社會正義（social justice）導向，為促進個人發展和社區福祉（wellness）的整體性、綜合性之助人架構」，Lewis等人（2011）曾依此定義提出「社區諮商模式」（the community counseling model），並強調該模式具整體特質（comprehensive nature），會影響方案設計及諮商師協助當事人的方式。不過，不論諮商師在哪種機構服務，他們都能針對此模式的每個面向設計介入方案，並反映社區諮商樂觀、主動和積極的特質。

一、模式內涵

社區諮商師了解他們直接服務當事人和滋養、建構環境的專業責任，會針對不同對象進行催化——催化人類發展（facilitating human development）或催化社區發展（facilitating community development），並據此發展出針對特定對象的焦點性策略（focused strategies），或針對一般人口的廣泛性策略（Broad-Based Strategies）。統整這些概念而形成四個象限的社區諮商模式，如表 4-1 所示（Lewis et al., 2011, pp. 14-18）。

表 4-1　社區諮商模式

對象＼類別	催化人類發展	催化社區發展
焦點性策略	在脈絡中諮商 為痛苦和弱勢個案進行外展	個案倡議、社區合作
廣泛性策略	發展性／預防性介入	為鉅視層次進行 社會／政治的倡議

資料來源：Lewis 等人（2011, p. 15）

（一）催化人類發展：焦點性策略

雖然 21 世紀的諮商師重視社區環境，但並不意味著他們不提供個別、面對面（person-to-person）的服務，而是強調他們運用的助人技巧能反映他們對環境的覺察。為了展現整體感（sense of wholeness），社區諮商師傾向以脈絡的、優勢為基礎的觀點，且不僅能在辦公室提供服務，也能採取不同面向在其他社區場地、組織提供服務。

舉例來說，外展服務是催化人類發展的焦點性策略，當人們面臨危機、壓迫、邊緣化時，諮商師會運用外展方法主動確認正在受苦的當事人和團體，以得到支持的和賦權的（empowering）協助；而提供危機服務的諮商師會直接進入社區服務，而非等待倖存的當事人來找他們諮商。在理想情況下，透過教育、外展服務能幫助個人和社區了解他們正面臨的挑戰、學習處理問題的新技巧，投注於教育上的努力也能強化當事人壓力處理的能力，並預防危機事件對其心理健康造成的長期影響。

（二）催化人類發展：廣泛性策略

催化人類發展的廣泛性策略是指，針對尚未形成問題意識、還無覺察的社區民眾進行教育性、發展性和預防性的介入服務，此可幫助社區民眾獲得新知識和新技巧、增加對生命潛在挑戰的覺察與發展。有助於社區民眾增加知識、技巧和覺察的方案或課程，可包括：價值澄清研討會、自我肯定訓練、練習做決定、擬定生命計畫之課程、放鬆訓練，或是參與跨文化理解的工作坊、跨文化活動等。

這些社區諮商預防方案是持續、主動提供的，不應被動等待下個任務、下個問題或危機出現時才進行；參與者會持續注意情境變化，以便能依情境變化設計，形成能滿足當事人和其社區的新方案。廣泛性策略強調預防，社區諮商模式比那些僅提供直接諮商（direct-counseling-only）的傳統典範，更能提供不適應或不信任諮商的社區人士一個更可行的工作架構。

（三）催化社區發展：焦點性策略

雖然許多時候，諮商師會運用賦權取向讓當事人成為自我倡議者，但有時個別當事人或其家人會需要外來的聲音代表他們說出心聲，此時「倡議」就成為諮商中不可或缺的部分。特別的是，當諮商師覺察外在因素阻礙當事人發展時，即可透過倡議來反應，當個別的或弱勢的群體缺乏得到服務的路徑時，為當事人／學生的倡議者角色就很重要。

當諮商師找到正在阻礙當事人或學生發展的系統性因素時，諮商師會希望他們能改變日常的生活環境，並主動預防一些問題，將自己視為改變媒介（change agent），並能了解系統改變原則才能達到「改變系統」。在催化改變方面，諮商師需要找出負向影響當事人的因素，並且採取與其他人合作的行動，方能帶出重要的改變。

（四）催化社區發展：廣泛性策略

廣泛性策略的第一步是在當事人的社區內進行「倡議」，以推動社區改變。這些經驗將有助於他們辨識出哪些是值得關心的社區議題，故當這些議題出現時，諮商師可繼續進行社會／政策的倡議；而對一般性、廣泛性的公共範圍，諮商師應聚焦在「找出能透過社會／政治路徑解決問題的最佳方法」，以及能表達這些問題的適當機制。社區諮商師應具備以下獨特的辨識和行動能力來促進社區改變：

1. 諮商師能敏覺影響人類發展的環境問題，並具備相關的諮商實務能力。
2. 諮商專業本身即意味著，諮商師具有關於「改變」的溝通知識和技巧，並能在團隊合作下採取行動。

Lewis 與 Arnold（1998）曾說，我們必須擴大倡議的願景（vision），如此才能將影響政策的行動視為廣泛策略的一部分，而此一願景，將有助於我們主動參與各種改變壓迫型式的行動，以帶來社會、政治、經濟上的變革（引自 Lewis et al., 2011）。

最後，Lewis等人（2011）還強調，其所提出的社區諮商模式四個元素為一整體架構，同時具有程序性（programmatic）和專業性（professional）意涵，並表示此模式建議，社區諮商師應發展遍及四個象限的服務、準備多面向的角色。

二、動力式社區諮商模式

此模式提出後，國內不少學者、研究生即針對不同對象、議題，以此模式提出了服務方向和策略建議，例如：張高賓（2004）的兒少保護社區諮商模式；林怡光、陳佩雯（2009）的老人服務等。不過，我們認為 Lewis 等人（2011）所提出的社區諮商模式之呈現方式，導致了一些概念上的誤解：

1. 誤認此一模式的四類服務策略是不同的、互相區隔的。
2. 誤認諮商師只要選擇其中一類策略，發展固定角色、固定服務內容即可。
3. 誤認諮商師選擇其中一類服務後，即與其他類服務無關、無互動。

為了減少此一誤解，我們將 Lewis 等人（2011）的模式進行以下修改，如圖 4-5 所示。

修改的想法主要是認為，諮商師的角色、服務內容不只會因本身所屬機構的宗旨、規模、定位，或者是資源、網絡完整性而隨之調整，也會受到合作社區、機構之規模大小、資源多寡而影響。因此，社區諮商師的角色、界線、服務內容（人類發展或社區發展）、策略運用（焦點性策略或廣泛性策略）並非全有全無，而是或多或少的差異、主要或次要的不同，需依其所在社區或個案問題之危機、複雜程度及專業資源的多寡而定，各策略間的界線模糊、具相互滲透性，因此建議：

1. 以多元文化和社會正義為核心理念，修改後之社區諮商模式的四類策略彼此間是流動的、互有相關的。
2. 社區機構至專業資源在合作時應進行盤點，機構間的服務應進行協商和討論，相互形成一互補的、合作的網絡關係。

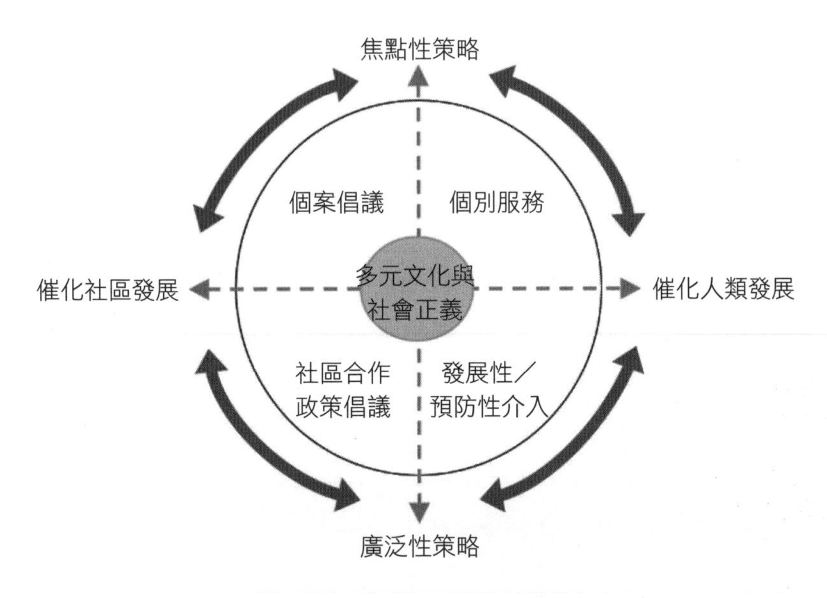

圖 4-5　動力式社區諮商模式

註：作者自行繪製。

3. 諮商師所屬機構應確定其主要定位，諮商師的角色、服務內容與策略須視其定位進行調整。
4. 「當事人中心」（人類發展）、「社區中心」（社區發展）雖為機構專業合作的依據，但與網絡互動時須時時檢視其運作的成效，以進行動態式調整。
5. 社區諮商師應將此圖形內化為助人服務的參考架構。

第六節　結語

在諮商專業發展與社會變化快速的情況下，諮商不僅應關注社會議題，也應積極回應民眾需求。社區諮商是社區心理學的實務取向，植基於多元文化能力和社會正義取向，鼓勵諮商師能以更彈性、多元的策略，發展較具整體性、綜合性的助人架構，最終目的除了希望能有效解決個別當事人的問題，還期待能強化環境助力，預防問題的再發生。

反思與討論

1. 請舉例說明和比較社區諮商與三級預防工作的異同。
2. 如果你是社區諮商師，依據本章的實務操作程序，你覺得會面臨什麼樣的挑戰？你會如何因應？
3. 依據本章所提出的社區諮商工作方法，你會如何進行「校園霸凌事件」的介入工作？請參考下列兩則代表性的新聞事件：

(1)桃園市八德國中校園霸凌事件

https://reurl.cc/a9gk94

https://reurl.cc/og6egM

(2)高雄市鳳山霸凌事件

https://reurl.cc/GmvobW

Chapter 5

合作：社區諮商的專業合作

生態系統的問題分析已被多數的諮商專業工作者接受，因此與當事人有關的不同體系、專業之工作者合作，已成為諮商師重要的助人策略。本章除了簡述專業合作的重要性、類型與重要概念外，也透過合作困境的呈現，提醒諮商師應做好專業合作的準備。最後則以美國衛生醫療學會（Interprofessional Education Collaborative, IPEC）培養醫療人員專業合作核心能力之架構，鼓勵諮商師應培養及建立的專業合作能力。

有關助人領域的跨專業合作概念相當多，常見到的有伙伴關係（partnership）、合作式助人（collaborative helping）、整合式服務（service integration）、協調式服務（service co-ordination）、機構間的專業領域合作（inter-agency interdisciplinary collaboration）、多重專業領域（multi-disciplinary）、專業領域間合作（interdisciplinary collaboration）、跨專業領域（trans-disciplinary）等，這些概念反映的是專業領域（disciplinary）之間的不同合作形式，在不同場域的不同專業工作者之間可以有不同之合作程度、強度、範疇與界線（Vagios, 2017）。

這些概念長期以來受到助人領域的重視，特別是在社會急遽變遷、個案需求和問題日趨複雜的狀況下，學習與不同專業工作者形成團隊、共同合作的能力，已成為專業助人工作者執行助人工作的基本要求（Brown, 2006; Milbourne, 2005）。

第一節　實務現場的專業合作

國內助人實務現場的專業合作行之有年，以不少諮商師投入的學校輔導工作為例：2005 年，教育部推動「友善校園總體營造計畫」，中央補助地方聘用專業輔導人員協助國民中小學推動學校輔導工作；2006 年，臺北市在國中小推行「駐區諮商心理師專業服務方案」，讓學校輔導教師與諮商心理師合作，將校外資源帶入校園（王麗斐、杜淑芬，2009）；2011 年，則依《國民教育法》第 10 條修正案，於各直轄市／縣市陸續設置學生輔導諮商中心，正式將專任專業輔導人力引入校園，建立學校教師、輔導教師、諮商師的合作機制，亦是專業合作的表現（王麗斐、杜淑芬，2009；王麗斐、杜淑芬、趙曉美，2008；趙文滔、陳德茂，2017）。這些輔導工作的變革，已經指出系統合作的重要性。

此外，不少專業合作的團隊工作在多種實務場域中也持續出現，除了學校諮商輔導團隊、家暴防治網絡外，還包括了早期療育與特殊教育的團隊服務（呂一慈，2006；張翠娥、鈕文英，2007；楊廣文、成戎珠，2013），以及結合醫師、護理師、諮商師、社工師、宗教師、志工等主要成員之安寧緩和醫療科技整合團隊（魏書娥、林姿妙，2006）、親職教育團隊（沈慶鴻，2017）等，另在《優生保健法》的修法工作上，也有專家倡議在人工流產部分，應積極促成婦產科醫療人員、諮商師、社工師等專業合作的修法方向（李玉嬋、高美齡、蔡育倫、黃俊喨，2007）。

法務部在2009年核定「法務部推動修復式正義：建構對話機制、修復犯罪傷害計畫」的司法方案，結合了檢察、觀護、矯正人員，以及從事法律、心理諮商、社會工作、犯罪預防、被害人保護、更生保護及社區服務等專業團體或專業人士，協助犯罪被害人、加害人、雙方家庭或社區進行對話、表達需求，再經由對話完成犯罪傷害之修復工作（黃曉芬、張耀中，2012）；其中的法律、心理、諮商、社工等專業人員擔任的傷害修復促進者，不僅能展現不同專業間協同合作的表現，更是助人領域實踐社會正義的具體作為。

但其實早在1998年《家庭暴力防治法》通過時，就已確認了家暴防治是不同專業體系、網絡合作的工作，此法並要求直轄市、縣（市）主管機關應整合所屬之警政、教育、衛生、社政、民政、戶政、勞工、新聞等機關、單位的業務及人力，辦理相關服務、宣導和訓練；其中的責任通報、安全網會議、保護扶助等都是公私協力、專業合作及共同參與的結果。根據衛生福利部（2020）的統計，2017～2019年每年提供被害人約5,000人次的心理諮商服務（依序為5,854、6,545、4,798人次），依使用人次計算居十六項保護服務項目中的第七位，次於諮詢協談、其他扶助、法律扶助、目睹服務、子女問題、經濟扶助；顯示諮商師已是家庭暴力、兒童少年保護服務團隊的一員（張淑芬，2015；張曉佩，2020；游淑華、姜兆眉，2011）。

另外，衛生福利部於2018年推動的「社會安全網計畫」，再次強調公、私部門協力合作的重要性，並認為公、私協力合作模式應回到各自的職責角色與強項來規劃，例如：公部門具有公權力並掌握強大的行政資源，對於案件調查、資料蒐集與強制介入具有高度的不可替代性，因此適合處理需要緊急保護安置和調查的工作；而私部門具有的多元彈性與自主優勢，則適合處理非緊急、個別化服務期待的案件。

可見在個案問題愈見複雜、生態系統愈受重視的專業場域裡，不同系統、專業間的協同合作已是專業服務之趨勢所在，系統、專業合作的順暢與否不僅會影響問題解決的成效，更攸關當事人的權益與福祉（D'amour, Ferrada-Videla, Rodriguez, & Beaulieu, 2005）。不僅如此，專業之間的合作也促使專業交流，讓各個專業在服務同一個社群時具備更多元的處遇觀點，且有愈來愈多的研究肯定專業合作的成效，例如：王麗斐、杜淑芬（2009）認為心理健康專業人員進駐校園的成功，其關鍵就在於互助合作的專業合作模式；趙曉美、王麗斐、楊國如（2006）等人的評估研究也發現，結合體制內的輔導人員和體制外的諮商心理師之互補、分工合作模式，比諮商心理師或學校輔導人員單一方面進行的諮商輔導效果更好；王麗斐等人（2008）則進一步探究諮商心理師進駐國小的成功諮商策略，亦發現駐區諮商工作成功的策略是一種具有生態觀的諮商工作模式，也就是諮商師除須與受輔兒童工作外，同時還需具備能與兒童生態系統中的重要他人工作之概念，當諮商師與輔導室合作、整合校內資源進行輔導時，其所發揮之效果是加乘的。另外，沈慶鴻（2017）接受教育部委託負責規劃、執行之國中適應不佳學生家長的親職教育團隊運作經驗亦發現，學校的參與合作，特別是導師的加入是服務成效達成的最佳助力。由上述可見，與不同系統、專業協同合作已是諮商師具體、可行且重要的策略（王麗斐等人，2013）。

張淑芬（2015）在有關諮商師提供家暴與性侵害案件的社區諮商研究中也表示，專業合作有助於降低兒少問題的嚴重度、提升兒少或其他服務使用者的身心功能、減少服務碎片化的發生，並能減輕經費負擔、增加服務滿意度，以及提高服務使用者與其生態系統間的關係連結。張翠娥、鈕文英（2007）則在早療團隊的合作中發現，所有參與者都在合作中付出很多，也都能從互動中獲得學習與成長，而形成互助互惠的關係，不僅實際負責的帶班老師覺得透過物理、職能、語言、心理等治療師的諮詢、臨床指導能學到許多有效的教學策略，治療師在帶班老師的協助下入班觀察，則能看到孩子在不同情境中的表現、了解孩子的更多面向。這些專業實務合作充滿了社會建構主義的影子，不同專業共構個案問題的分析和解方，各種對話在專業工作者之間、專業與個案之間、組織之間，甚至彼此的文化之間展開對話，這些系統合作的動力均可促進服務成效。

第二節　服務整合與專業合作

雖然不同專業間的合作愈發重要，也受到許多實務研究的肯定，然而相關名詞在使用上卻顯得紊亂。「專業合作」一詞，有學者使用 interprofessional collaboration、professions collaboration，也有研究者使用 interdisciplinary collaboration 或 interdisciplinary cooperation，強調不同學科專長共同參與的合作；不過，也有研究者將 interprofessional collaboration、interdisciplinary collaboration 或 interdisciplinary services 稱為「跨專業合作」、「跨專業服務」，但也有學者認為 trans-disciplinary collaboration 才是跨專業合作。故為釐清不同名詞之意涵，依序說明如下。

一、服務整合與協調合作

整體而言，服務與助人工作的合作可分為以下三大類。

（一）機構間的合作

此類合作有三種取向（King & Meyer, 2006）：

1. 以體系／部門為基礎的服務整合取向（system/sector-based service integration approach）：指的是同一系統或部門內、不同機構間，為服務同一群當事人所做的合作，此服務整合強調的是系統層次的規劃與管理。
2. 以機構為基礎的服務整合取向（agency-based service integration ap-

proach）：指的是機構針對服務對象的多樣需求提供不同方案之服務，強調的是同一機構內、不同方案之整合服務，通常適用於較大型的機構。

3. 以當事人／家庭為基礎的服務協調取向（client/family-based co-ordination approach）：指的是同一區域內、不同機構對其服務之當事人、案家所提供的不同服務，強調的是協助家庭獲得符合其需求之不同服務。

上述三種類型的機構間合作，涉及兩個概念：整合（integration）和協調（co-ordination）；根據King與Meyer（2006）的看法，前者屬於由上而下的目標設定，由組織的觀點提供個案服務，著重鉅視的服務層次，其目標在減少服務的片斷化、填補服務間的空隙、減少重複及不當的服務使用；後者則強調由下而上的個案需求考量，目標在協助家庭獲得服務、取得資源，以滿足案家的需求。兩者的用詞雖然不同、概念有異，然其目的都是為了讓個案獲得符合其需求的服務，也都強調機構間的協調和合作。

在此三種取向中，衛生醫療、司法或社會福利等個別系統內不同機構間的合作，屬於第一種取向，例如：醫療體系內不同醫院、醫療機構間的合作，或社會福利體系內危機處理、安置或家庭處遇機構的合作，皆屬「以體系／部門為基礎的服務整合取向」；而家暴防治網絡中警政、社政、醫療、學校間的合作，以及英國不少教育方案為因應學童輟學與拒學問題，有效整合不同機構間的服務（inter-agency work）（Milbourne, 2005），則皆為「以當事人／家庭為基礎的服務協調取向」。另外，在一個有不同部門的較大型機構中，例如：醫院、心理衛生中心或較大型的基金會，其機構內不同部門、單位間的合作，則屬於第二種「以機構為基礎的服務整合取向」。

（二）助人者間的合作

此處的合作則聚焦於服務提供者間的合作，包含以下兩種：

1. 專業工作者的合作：指的是這些參與合作的專業工作者可以是相同專業，也可以是不同學科專長的工作者，例如：醫院精神科中結合精神科醫師、護理師、心理師、社工師、職能治療師等的精神醫療團隊，或者是結合警察、醫療、社工、教育等的家暴防治網絡，或者是學校輔導教師、諮商師、社工師、特教教師、導師等的學校輔導團隊，皆是近年以醫療、學校、家庭和社區為範疇的心理衛生方案或個案服務團隊。

2. 專業與半專業工作者的合作：指的是除了前述的專業工作者外，還納入半專業工作者（paraprofessional）（如輔導志工、親職教育志工）的合作。不少的國內、外社區服務方案皆將志工納入成為服務團隊的成員，例如：英國的「融入小學生方案」（Including Primary School Children, IPSC）（Milbourne, 2005）、美國的「學校正向學習態度方案」（Positive Attitudes for Learning in School, PALS）（Frazier, Abdul-Adil, Atkins, Gathright, & Jackson, 2007），以及沈慶鴻（2017）接受教育部委託的「建構最需要關懷家庭輔導網絡方案」。

以美國的「學校正向學習態度方案」（PALS）為例，是一種建基於學校的心理衛生服務方案，除了諮商師、教師外，還訓練社區家長擔任志工成為服務諮詢者，提供郊區弱勢家庭服務，其主要任務在增進弱勢孩童的學業成就、促進教室與行為管理，並提供教師、家長與學童的社會性支持，形成銜接學校—家庭—社區的服務模式；而根據方案的評估，將半專業志工納入服務團隊已獲得不錯的效果，志工在時間和服務方式上的彈性不僅符合受助家庭的需求，志工與家長具有相似經驗、自然式的同理、較少的距離感等，皆是其不同於專業人員的優點及能發揮半專業服務的效能所在，故能促進家長充分合作而改善學童問題（Frazier et al., 2007）。

Barlow 等人（2003）也認為，應用志工提供家訪的服務方案，是有別於專家模式（expert model）的一種合作伙伴模式（partnership model），強調提供服務的志工與案家一起討論的平等關係，而志工則以尊重、真誠、同理、謙遜的態度提供服務，持續和案家協調溝通，此種助人者與受服務者之間的合作、真實了解案家需求及促進案家投入的方式，皆是能讓服務輸送更契合案家需求、提升服務效能的原因。

（三）助人者與受助當事人間的合作

助人者與受助當事人之間的合作，是指專業人員與接受服務的當事人、家庭成員或照顧者間發展出「伙伴關係」的合作形式；此種將家庭成員納入（family-inclusive）的服務或訓練，已成為心理衛生方案的普遍作法（Stanbridge & Burbach, 2007）。其中，Madsen（2009）提出的「以家庭為中心」發展「合作式助人工作」，其重視文化與尊重家庭智慧、相信家庭具有資源和機會、與家庭成為伙伴，並依當事人需求調整服務、增權等的作法，已在助人領域裡受到重視；而根據 Summers 等人（2005）推動服務方案的經驗指出，專業工作者和家庭成員間的支持性互動，展現出能力、承諾、平等、正向溝通、尊重及信任的方式，即是一種伙伴關係；Stupak、Hook 與 Hall（2007）的研究也證實，助人者和當事人發展良好的合作伙伴關係，有助於心理衛生工作的執行，且家庭的支持和投入有助於完成諮商服務，並能降低服務過早結束的不成熟結案率。

此外，與當事人建立合作關係的重要性早已獲得不同學派的支持（Spencer, Goode, Penix, Trusty, & Swift, 2019）。近年來，合作取向治療（collaborative therapy）、合作取向實務（collaborative practice）持續受到重視，此觀點認為合作關係會激發積極而有意義的同盟（alliance），而同盟本身就是當事人的康復之源，因此建議治療師可運用以下三個策略：(1)指出當事人在治療方面的優勢（recognizing the client’s expertise），以促進當事人對自己的信心和信念；(2)了解當事人的喜好（inquiring about preferences），邀請當事人參與治療決策；(3)幫助當事人認識治療師可能有的侷限性及會犯的錯誤（recognizing that the therapist may make mistakes），以維持關係的平衡，來催化與當事人合作關係的建立與深化（Spencer et al., 2019）。

從前述這些合作內涵來看，可以更清楚了解助人的專業關係已從「治療關係」轉移到「伙伴關係」，其意義即是本書所主張的社區諮商核心概念：

以系統觀點展現助人策略、主張助人者參與社區合作與倡議、重視當事人的聲音與在地知識、賦權當事人與社區。

二、專業合作的類型

除了前述有關服務整合的概念外，在專業發展多元、合作型態複雜的狀況下，D'amour 等人（2005）以及 Morley 與 Cashell（2017）都以專業自主（professional autonomy）的連續性（continuum）概念說明三種不同專業合作的狀態。連續性的一邊是各專業較能自主或平行的多專業團隊（multidisciplinary team），另一邊則是較限縮個別專業的自主性，但較重視整個團隊決策的跨專業團隊（transdisciplinary team），說明如下。

（一）多專業團隊

多專業團隊是指，幾種不同的專業人員在同一個方案（project）上獨立的、平行的工作狀況。基本上，多專業團隊裡的各專業人員和能力都很重要，但他們彼此間的互動是有限且短暫的，其合作不一定需透過面對面的協調方式開展工作；儘管如此，支持團隊（team）、促進協同合作仍是共同工作中不可缺少的部分（D'amour et al., 2005）。

Morley 與 Cashell（2017）以圖 5-1 說明多專業、多功能團隊的互動狀況，這些單位在整體的方案目標上雖有功能上之相關、工作上之交替，但在物理環境和心理上並沒有太多連結，也很少有資訊共享、創新的機會。

除了前述的說明外，呂一慈（2006）、李玉嬋等人（2007）以及傅秀媚（2002）也表示，多專業模式（multidisciplinary model）成員間的交換資訊，是為了將自己所訂定的目標與計畫呈現給其他成員，而非透過團隊合作來訂定計畫，因此成員或許了解其他成員提出的目標，但彼此間不會進行目標協商。此模式雖匯集了各專業領域之優勢，但成員間基本上是各做各的，較缺乏共識。

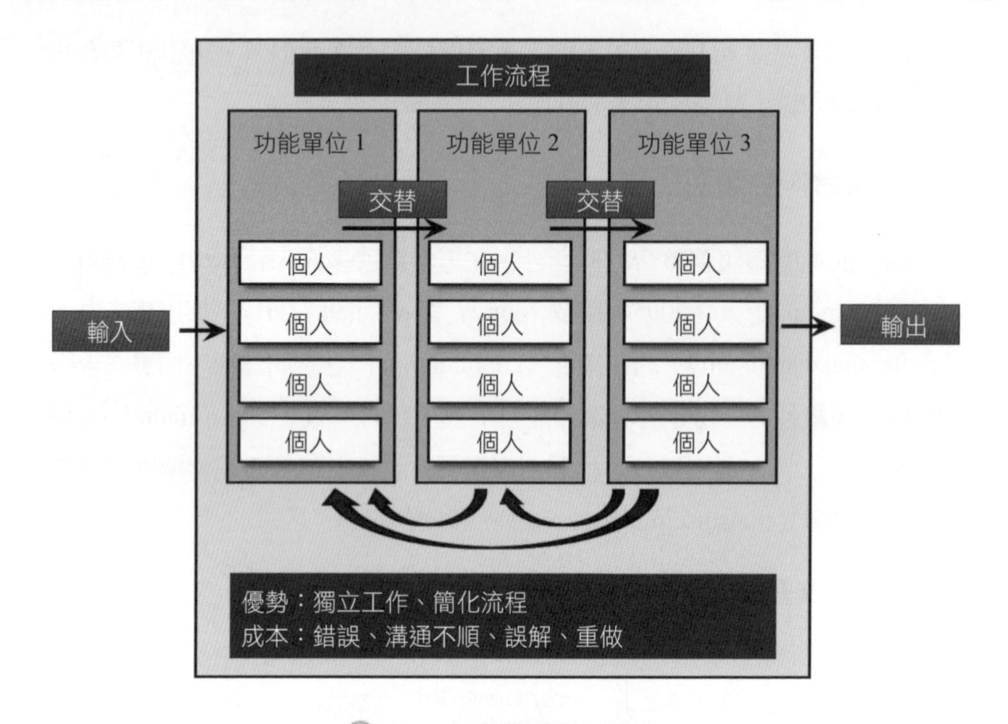

圖 5-1　多專業團隊互動圖

資料來源：Morley 與 Cashell（2017）

（二）專業間團隊

Morley 與 Cashell（2017）指出，在多專業團隊連續線的另一邊，則是專業間團隊（interdisciplinary team），他們以圖 5-2 呈現不同專業間共享目標、信任、開放、合作的互相依賴關係之專業團隊，雖然不同學科專長的專業之間仍會依功能區分成不同的單位，但整個輸出到輸入的過程，有共同的目標，彼此間還有很強的溝通、連結、了解過程，並分享所有權；長期而言，這類團隊在組織學習、過程進度都有較佳的能力，「整體大於部分的整合」是其關鍵的概念。

專業團隊致力於整合或推動由多個專業共享的主題和方案，因此團隊成員間的合作程度高。「inter」意涵的不只是專業的多元（plurality）或並置（juxtaposition），還涵蓋共同的空間、凝聚力、共享所有權（ownership）

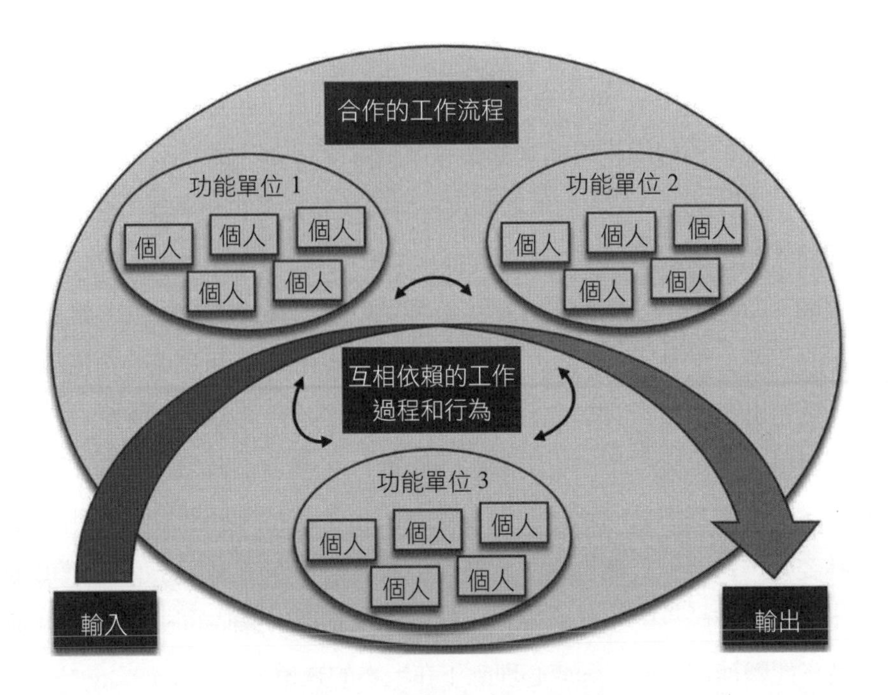

圖 5-2　專業間團隊互動圖
資料來源：Morley 與 Cashell（2017）

等。專業團隊是一個具有共同目標、共享決策過程的結構化實體，以彈性、開放的態度整合每個專業的知識和專長，有助於解決複雜的問題；然如何在複雜的系統中劃分專業領域之界線，則是團隊實踐過程中面臨的主要挑戰之一。因此，為了滿足當事人的需求，專業團隊間建立起相互依存的關係，從而開放自己的界線，能確保在專業責任的分擔上有更大的彈性（D'amour et al., 2005）。

在有關界線開放、責任分擔的彈性上，魏書娥、林姿妙（2006）於有關安寧緩和療護科技整合的團隊合作研究中即指出，雖然各專業有不同的專業分工，但因受照顧的病患是一個完整的人，在面對專業區分的各方照顧者還是會反映其整體的需求，因而每個專業角色應該兼具多出本身專業角色以外的期待，雖然這可能會讓專業工作者出現角色緊張或角色衝突的心理壓力。

不過，Cox（1980）卻給予此一「不可避免的角色跨界」（inevitable blurring of roles）現象正面評價，其認為專業角色間並非全然的壁壘分明，有時專業角色間的界線模糊反而是維繫專業團隊凝聚力、降低不同科室張力的特殊表現，才是可能營造出有效照顧臨終病患及其家屬的安寧緩和療護團隊，而此彈性才能在以病患為中心（patient-centered）的服務宗旨下，適時維持整體的照顧。Cox 還特別針對社工師、心理師的角色關係進行說明，認為在安寧緩和的照護工作中，社工師、心理師之間是會出現「不可避免的角色跨界」現象，因為社工師雖負責社會層面的照顧、心理師負責心理和靈性的照顧，然在面對病患或其家人當下的需求時，社工師、心理師有時須彈性的互為主、副角色，相互遞補與共同承擔病患在社會和心理層面的照顧工作（引自魏書娥、林姿妙，2006）；他也說明這些重疊並非是工作範圍劃分不清的認知狀態，反之，暫時越界的工作與服務，站在團隊立場，適時的、相互支援的團隊效益，能彌補當下社工師或心理師不在現場的缺憾。

（三）跨專業團隊

D'amour 等人（2005）還提到跨專業團隊的合作型態，這是實務工作中關於共識尋求和界線開放的另一種互動類型，此類互動會隨著時間形成專業界線模糊或消失的結果。此一超越傳統專業界線的知識、技巧和專長交流（exchange），是跨專業團隊的特徵。

不過，因 D'amour 等人以及 Morley 與 Cashell 在跨專業團隊此一合作形式的說明十分有限，為釐清概念與比較差異，再以下列三個圖（如圖 5-3、5-4、5-5 所示）以及表 5-1 比較不同類型的合作模式（廖華芳，1998），並簡要說明其各自特色（楊廣文、成戎珠，2013）。

如圖 5-3 所示，各領域專業人員在進行多專業合作時，評估、計畫和執行都是各自進行、各自完成的，彼此間也權責自負。各專業人員對當事人的評估或執行成效，並不會進行資料的交換和溝通。此模式的優點在於方便、直接、各專業間不會互相干擾，但服務未整合，各領域各行其事，極可能發生

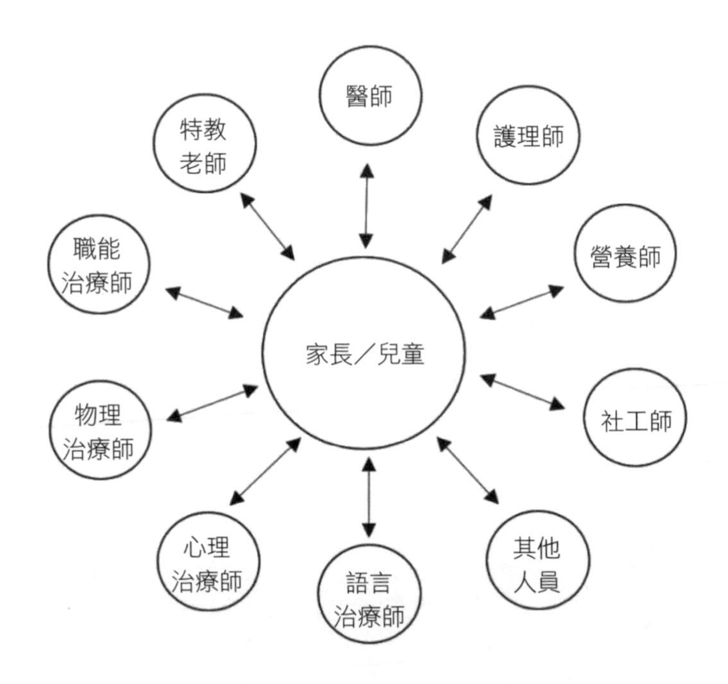

圖 5-3　多專業模式互動圖

資料來源：廖華芳（1998）

服務重複或遺漏現象。

如圖 5-4 所示，在專業間模式中，各領域專業人員在評估、計畫和執行時雖各自進行，但在每個過程中，都會進行意見和資料交換，以協調彼此建議、統整服務。因此，經常在各自評估之後，會有一個交流的平臺（如會議），討論對個案的意見和建議，並了解每個專業領域的工作方向，然後才各自執行計畫。此模式的優點在於各領域間之訊息得以互相傳遞、溝通，服務重複或遺漏的情形不易發生，但若當事人需求有先後順序時，較難協調各專業服務的先後，當事人仍需分別接受不同專業的服務。

如圖 5-5 所示，跨專業模式指在評估和計畫時，所有專業人員都是在同一個情境下進行，而計畫擬定後，會交由其中一位專業人員（如個案管理員）執行；也就是在評估和計畫過程中，所有專業人員打破彼此間的領域隔閡，經過溝通、協調共同產生一個計畫，再交由一個較符合當事人需求的專業人員擔任個案管理員，除了負責執行計畫外，也負責整個團隊的協調工作。跨專業模式的優點則是服務高度整合，各專業領域間彼此協助，當事人能在同一時間接受整合後的服務，不過各專業領域的整合需付出高度的行政成本，以及專業間的信賴和角色釋放。

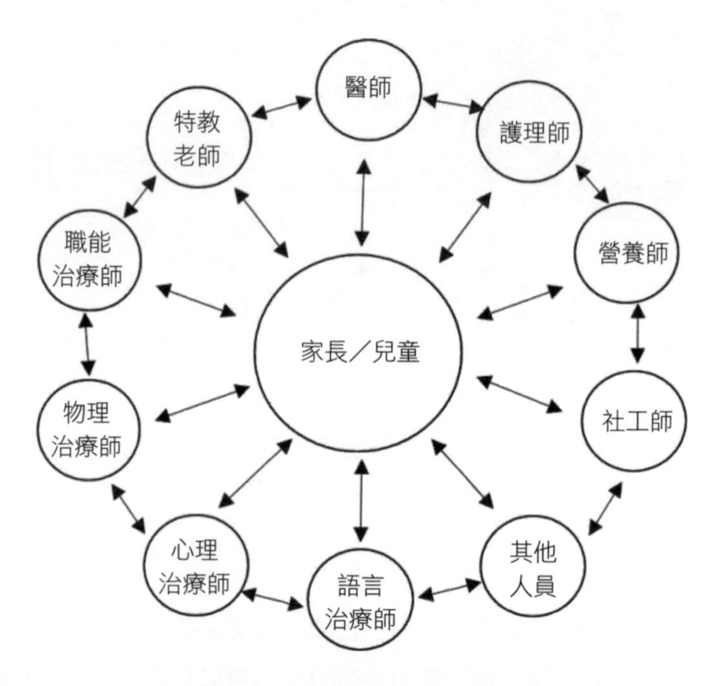

圖 5-4　專業間模式互動圖

資料來源：廖華芳（1998）

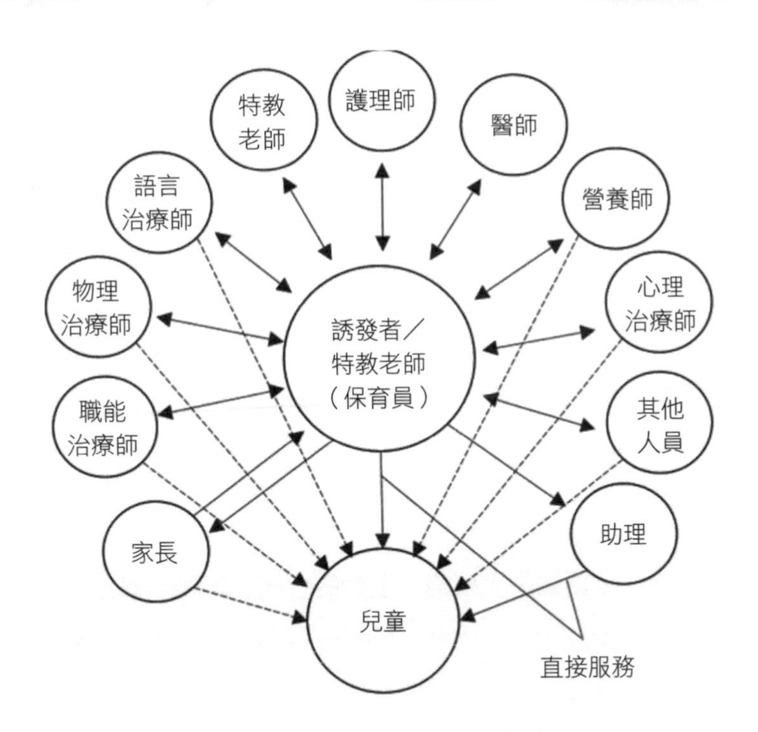

圖 5-5　跨專業模式互動圖

資料來源：廖華芳（1998）

表 5-1　團隊互動模式（models of team interaction）

指標	多專業模式	專業間模式	跨專業模式
評量	各成員自行評量	各成員自行評量	成員一起做評量
個別化計畫	各自擬定自己的目標	分享各自所擬定的目標	共同擬定服務計畫
計畫實施者	實施自己擬定之目標	實施自己所擬的目標，但融入、參考其他成員的意見	選定一位執行計畫的負責人
責任歸屬	負責自己專業內的目標	負責自己專業內的目標，但彼此交換訊息	整個團隊為過程與結果負責
成員溝通	非正式	定期個案討論	定期小組會議

資料來源：修改自廖華芳（1998）

第三節 專業合作的重要概念

「以病患為中心」的照護（patient-centered care）是專業合作的重要理念（魏書娥、林姿妙，2006；D'amour et al., 2005; Morley & Cashell, 2017），其相關概念與影響合作的決定因子說明如下。

一、重要概念

英文collaboration的中譯「合作、協作」，指的是「兩個或更多人（或團隊）一起合作，共同創造或實現同一個目標」，較英文cooperation的中譯「合作、配合、協助」，更強調「積極、主動的參與」；雖然概念上如此，為了再深入釐清「collaboration」之內涵，Morley與Cashell（2017）蒐集了許多相關文獻和定義，並指出：

1. 是達成目標的多人互動。
2. 包括社會性輸入（social inputs）和任務性輸入（task inputs）。
3. 是一個主動的、持續的伙伴關係；是由具有多樣背景和任務之工作者一起工作、共同提供服務之專業間和機構間的關係。
4. 是合作（cooperation）、溝通（communication）、協商（negotiation）、信任（trust）、尊重（respect）、了解（understanding）的過程，以建立一個能使參與者都有最大貢獻的綜效同盟（synergistic alliance）。
5. 牽涉到對病患之複雜需求，以及尊重、信任之專業間團隊（interprofessional team）關係建構的集體行動。
6. 是一起協商共識、管理衝突、追求價值和互相了解的工作過程。
7. 能形成一個權力共享的伙伴關係之過程，為有目的關注需求、問題和可能成功結果的動態過程。

8. 可為病患的照護需求，透過互相依賴的專業過程，達到有效率的（efficient）、有效的（effective）、滿意的健康照護服務之集體行動過程。

此外，D'amour 等人（2005）為釐清協同合作（collaboration）的概念，曾透過 Medline、CINAHL、Sociological Abstracts、PsycINFO 和 ABI/INFORM Global（ProQuest）等資料庫，蒐集 1990～2003 年期間醫療衛生領域內以 inter、multi、professional、disciplinary、team、occupation、agency、models 等為關鍵字的期刊或論文，先由三位獨立檢閱者初步篩選出 588 篇論文，之後再以「collaboration」為主題，從中篩選出 80 篇論文摘要供進一步確認。後由兩位獨立檢閱者以「合作式的照護」（collaboration care）為關鍵概念，考量研究內容（如團隊類型、參與者人數、專業類型及實踐領域）、方法論、概念框架、方法嚴謹性及解釋性變量等，最後選擇了 27 篇論文進行分析，其中有 17 篇與合作的定義或概念有關、10 篇與合作照護的架構有關。

經過整理之後，D'amour 等人（2005）提出了五個與協同合作有關的概念（concepts related to collaboration）（如圖 5-6 所示），說明如下：

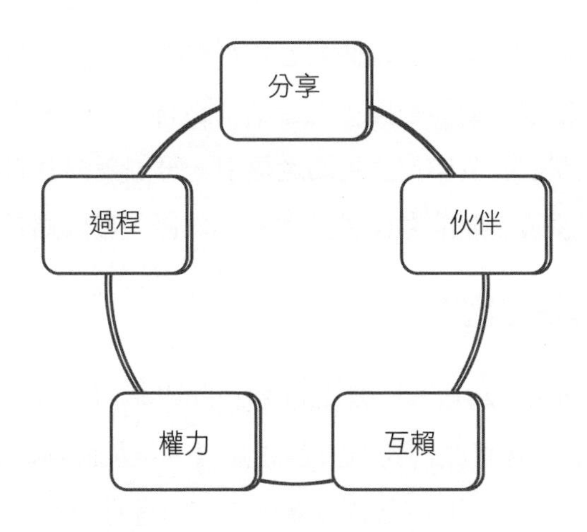

圖 5-6　協同合作之相關概念

註：根據 D'amour 等人（2005）的概念，作者自行繪製。

1. 分享（sharing）：強調責任的分擔，以及共享的健康照護哲學、價值、概念，以及共享的計畫和介入，亦有學者特別強調「不同專業觀點間的共享」之重要性。
2. 伙伴（partnership）：指的是兩個或更多成員加入合作的行動，成員間的關係是真實的（authentic）、有建設性的；這樣的關係需要開放和真誠的溝通、互相的尊重和信任，每個伙伴需要有相似的知覺、價值、貢獻，並且追求共同目標和結果的伙伴關係。
3. 互賴（interdependency）：由於病患健康問題的複雜性增加，基於其治療上的需要，因此要求團隊裡的每個專業人員透過參與貢獻自己的專業；不過，此一互相依賴強調的是合作而非自主，專業人員須知覺到彼此互賴、盡力貢獻並重視綜效（synergy），集體行動重視的仍是最後的結果。
4. 權力（power）：在合作過程中，團隊成員共享權力，彼此是具有真實關係的伙伴，每位參與者同時被增權、被認可、被尊重；成員的權力來源可能是功能（functions）或頭銜，也可能是知識或經驗，不論如何，權力和關係是分不開的，權力是團隊成員間互動的產物。
5. 過程（process）：合作是個動態和互動的過程，包括了形成合作、人際互動、集體行動等過程，也遵循了協商、妥協、決策、計畫、介入等步驟；在這些合作、互動的過程中，每個參與者的貢獻皆可強化對當事人的照護，並能考慮到其他專業伙伴、形成適當的專業界線。

二、合作行為與決定因素

Morley與Cashell（2017）以醫療照護中的協同合作（collaboration）為例發現，協同合作的團隊可改善醫療決策的品質、增加服務創新、改善患者的健康、縮短住院時間，並提高患者對藥物處方的遵守情況，同時也指出協同合作的實務會更敏感、有效、體貼患者及其家庭，並增加團隊成員在教育、行為改變、訊息傳遞，以及護理、醫療決策的參與度。因此，協同合作能達成以上的服務成效，Sullivan為深入探索醫療照護專業人員的學習行為、合作行為、分享行為間的關係（如圖 5-7 所示），歸納出四個關鍵的合作要素（four critical elements）（引自 Morley & Cashell, 2017），說明如下：

1. 協調（coordination）：為達成共同目標而有的動作。
2. 合作（cooperation）：對團隊的貢獻，也了解其他成員的付出，並認可其付出的價值。
3. 共享決策（shared decision-making）：做決策時，依賴成員間的協商、溝通、開放和信任，是互相尊重的權力平衡過程。
4. 伙伴關係（partnership relationship）：指隨著時間累積，所有成員一起工作之平等的、開放的、互相尊重的關係。

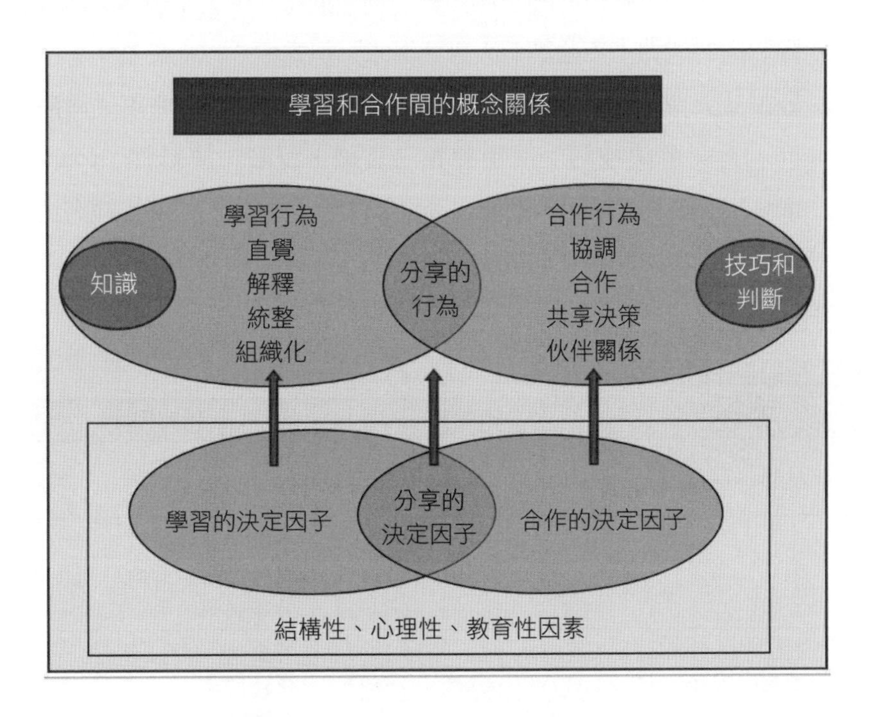

圖 5-7　學習和合作間的概念關係

資料來源：Morley 與 Cashell（2017）

之後，Morley 與 Cashell（2017）為促成合作、提升合作品質，再透過文獻找出學習的決定因素（determinants of learning）、合作的決定因素（determinants of collaboration），以及兩者交流形成之分享的決定因素（determinants of sharing），並整理出與協同合作有關的結構性、心理性、教育性等的三類因素（structural, psychological, and educational factors）（如表 5-2 所示）：

1. 結構性因素：指的是能影響團隊合作程度之結構性決定因素，包括與組織結構有關的建築考量、物理空間或位置安排；考量團隊關係的管理策略、行事曆規劃；正式和非正式的組織活動安排、溝通工具運用等，以創造凝聚力及團隊感的工作空間。
2. 教育性因素：是指透過教育、技巧訓練促進實務合作的教育性決定因素，例如：了解彼此的角色界線、角色期待；學習平衡專業認同和團隊認同的能力；不強調個人專業需求，但重視「以病患為中心」之照顧模式及團隊目標達成的技巧；能有效參與正式、非正式溝通之協商、衝突解決技巧；使用尊重、真誠、反映、連結性（connectedness）等融入式語言，期能在高度技術性、特殊性的環境裡有清楚溝通、相互尊重和信任的能力。

表 5-2　協同合作的決定因素

類別	次類別	特定因素
結構性因子	機會	時間、空間 工具、程序
教育性因子	能力	專業間合作技巧 以病患為中心的照顧技巧 共享式語言
心理性因子	意願	安全 伙伴關係 角色價值性

資料來源：Morley 與 Cashell（2017）

3. 心理性因素：包括與團隊、個人合作有關的態度、行為等心理性決定因素，例如：聚焦在團隊任務、共享目標而非個別角色、權力的心理安全感；對其他專業的信任及認可程度；與其他專業合作的意願、凝聚力、個人成熟度、尊重和信任感受等。

王麗斐、杜淑芬（2009）也認為，專業合作是互動的動態過程，合作的雙方具有共同之目標和價值，一起決定如何行動，並分擔行動結果的責任；而在為學校輔導工作找出影響諮商師、輔導教師合作成效的關鍵因素時，訪談了 9 位國小輔導教師、9 位駐區諮商師共 18 位國小輔導工作參與者，歸納出三個影響國小輔導工作跨專業合作成效的關鍵因素如下（王麗斐、杜淑芬，2009）：

1. 「合作共生」與「同理利他」的態度和行動：諮商師需抱持「合作共生」的態度，與校內輔導人員和教師合作，將有助於專業效能的發揮；另為彼此著想的「同理利他」行動，若能配合時間和環境、理解和順應學校生態，或做好行政協調等，都能促成合作。
2. 諮商師具備可補強學校輔導工作的專業能力與角色：諮商師補足學校教師不足、找出問題癥結的能力，是很必要也最被重視的功能，此一「外來專家」角色應有的能力是促成合作成功的因素之一。
3. 學校輔導人員具有輔導知能、行政協調與校內關係之能力：學校輔導人員具有輔導特質與知能有助於合作與溝通，輔導人員與校內相關人員的行政協調、聯繫、提醒，以及在行政上的積極溝通與校內關係，均有助於諮商師融入校內，專心於諮商室內的工作。

王麗斐、杜淑芬（2009）還強調，國小輔導人員與諮商師有效專業合作的成功關鍵，除了順暢溝通、明確角色分際、彼此支持與尊重外，研究發現的「合作共生、同理利他」之態度與作為係隱含了華人文化的跨合作觀點，其提醒學校輔導人員與他人合作時，應抱持「先義後利者榮，先利後義者辱」的觀點，同理利他於前、利己於後；懂得自律、主動替他人著想、願意配合，當有成效時，亦要記得肯定對方、不居功，才有利於雙方的合作。

張曉珮（2020）則為了探討兒少保護家庭暴力案件專業人員的合作共治模式，以及了解促成不同專業工作者專業合作的核心因素，而訪談了包括臨床心理師、諮商心理師、專輔教師、社工師，以及司法、警政人員共21位專業人員，最後發現：專業工作者的動能（energy）是影響專業工作者進行合作的核心因素，這個動能包括了採取行動的自主性和彈性、對問題的知覺、發展信任等三個核心因素，而在每個核心因素中，都還有其重要的內涵（如表5-3所示）。

表5-3　兒少保護家庭暴力案件專業合作的核心因素：專業工作者的動能

核心類別	概念
採取行動的自主性和彈性	對各專業權責的了解 法律倫理規範與實況問題間的彈性 個案複雜度與案量管控
對問題的知覺	訓練背景與專業知識、實務經驗 個人價值與風格、多元文化視框
發展信任	肯定多元貢獻 透明度與溝通、支持與相互性

資料來源：張曉珮（2020）

此外，張曉珮（2020）還發現，以案家為核心的網絡會議，是幫助案家從創傷中復原的重要機制，並認為兒少保護案件由「社政單位」擔任網絡會議的召集角色最為適切，而所有服務個案與案家的專業工作者，都有參與網絡會議的責任。在面對面的網絡會議中，展開有效對話、資訊分享、資源連結、形成處遇共識等，都是專業人員的角色責任，其並強調：為兼顧個案處遇的及時性與延續性，網絡會議的召集以二至三個月一次是較佳的期間。

第四節　專業合作困境

專業間的協同合作雖然重要，但要達到合作目標、產生正向結果，其實並不容易；合作是一個互動關係，當與不同專業互動時，除須開啟正向互動，並催化多方循環後，方能產生持續的互動關係，若一方開啟互動，但他方回饋弱化，或一方單向給予而未接收他方回饋，其合作關係即會逐漸停止（張淑芬，2015）。

一、合作困境的內涵

為了深入了解國中小輔導教師在跨專業合作中可能遭遇的困境，趙文滔、陳德茂（2017）訪談了來自全國平均服務年資 9.8 年、共 28 位的國中小輔導教師（國小 17 位、國中 8 位、高中 2 位、完全中學 1 位），所有受訪者都表示「系統合作很重要、有需要」，但仍會出現不少校內外的合作困境，說明如下。

（一）合作困境

受訪之國中小輔導教師在執行輔導工作時，面臨的困境包括：(1)彼此意見不合、衝突（32.4%）；(2)合作成效不彰（28.6%）；(3)對方不配合、不信任（22.9%）；(4)各行其是，未啟動合作（8.6%）；(5)怕破壞關係而退縮（4.8%）；(6)主管不支持（2.9%）。

（二）阻礙合作的脈絡因素

之後，再歸納出阻礙國中小輔導教師的五類、十五項脈絡因素（如表 5-4 所示）。

表 5-4　阻礙學校輔導系統合作之脈絡因素

類別	脈絡因素
缺乏合作意識	合作對象被動，無溝通討論、分享資訊的習慣 堅持保密原則，使資訊分享困難 態度消極，難以合作
抗拒合作	（合作對象）堅持己見 （家長）無法接受孩子狀況，與學校對立 情緒反彈、刻意杯葛
能力限制	（自己）對資源了解有限 （合作對象）的專業經驗與能力不足 學生家庭失功能（家長無力合作）
立場差異，導致觀點與期待衝突	看法歧異、各持己見 期待落差、未能針對需求提供服務 專業階級地位差異
制度與文化的限制與阻礙	制度導致的合作阻礙 校園文化不利合作 工作忙碌、時間不夠

資料來源：趙文滔、陳德茂（2017）

（三）困難合作對象

與輔導教師合作的對象包括了導師、社工師、其他處室同仁、輔導主任、醫師及家長等，受訪輔導教師提及合作困難對象的前四位是：

1. 社工師（27.6%）：在與社工師合作的過程中，最常出現的困境是「合作成效不彰」，其次是社工師提供的服務不符合輔導教師的需要與期待。
2. 家長（19.5%）：最常遇到家長不接受醫療診斷、不接受學校對學生的評估與建議，使得後續的輔導工作出現拉扯與僵局。
3. 導師（17.1%）：最常遭遇的困難是導師與輔導教師對於學生問題的解讀不同，導師不認同輔導教師而形成對立，使得輔導工作陷入僵局。
4. 心理師（10.5%）：常出現的困境是因資訊不流通而使合作未啟動，或心理師提供的服務不符合學校期待。

其他合作困難的對象還包括：學校其他各處室同仁（8.6%）、學務處及學校主管（4.8%）、醫師（3.8%）、少年隊（2.9%）、強迫入學委員（1%）等。

（四）困境內涵

主要包括以下幾項：

1. 資訊分享／保密原則是一個經常引發衝突的點，例如：社工師為了保護當事人，並未告知學校全部訊息；有些醫師基於保密原則，不願和學校教師討論學生狀況；還有受訪者曾遇到一位導師因和學生關係緊張，想調閱學生的輔導紀錄，但輔導教師覺得不妥，結果導師當場在輔導室拍桌翻臉的情況。
2. 不認同對方的理念、作法，甚至專業性，例如：其他處室同仁及導師可能認為輔導「太崇高、太理想、花太多時間」，覺得自己處理學生的方法比較有效；也有導師認為輔導組長只是教師兼任，不具輔導專業，故不接受輔導組長的建議等。
3. 家長不接受診斷或學校建議，例如：家長無法接受孩子有問題，不願帶孩子就醫、接受評估，或是就醫後不接受醫師診斷或學校評估；或有家長認為學校給學生貼標籤，不信任學校、將孩子轉學；有些高社經、高學歷家長不認同、不接受學校對學生的處理；有些則排斥孩子接受輔導，甚至提出各種「舉證」（如擲筊和籤詩等），阻礙輔導介入、延誤學生就學。

前述趙文滔、陳德茂（2017）係以國中小輔導教師為研究對象，此處的刑志彬、許育光（2014）則關注國中小學校心理師的合作經驗，訪談了臺北市、臺北縣、新竹地區、高雄市及高雄縣等平均輔導年資 7.7 年的 10 位學校心理師（8 位諮商心理師、2 位臨床心理師），其中有關「與其他專業人員溝通合作」之困境摘述如下：

1. 心理師與特教教師：受訪心理師提及與特教教師接觸的經驗不多，但在有限的合作經驗中，發現彼此在團體方案的溝通上出現問題，例如：特教教師期待心理師能在團體前提供團體方案，不過心理師希望能在團體中針對學生問題再做調整，由於期待上的落差導致團體方案的構想無法實現。

2. 心理師與輔導教師：心理師因有證照，使得輔導教師不敢接觸或輔導心理師已在服務的學生，或心理師評估不需再諮商的學生，輔導教師也不敢後續接手服務，導致雙方只有分工而無合作，讓學生的服務被切斷。
3. 心理師與社工師：由於學校社工師在協助學生取得資源、至精神科就醫後，心理師本想透過社工師得到更多與疾病、治療有關的資訊，但因溝通過程的不順暢與訊息傳遞的模糊，導致心理師無法獲得更多有用的意見。
4. 心理師與醫療人員：不少學校在進行個案研討時，會邀精神科醫師帶領並提供專業意見，然心理師卻感受到精神科醫師較著重藥物使用、疾病診斷，對心理服務能提供的建議和協助較少，甚至感受到醫師對心理治療的否定，這對提供諮商與治療服務的心理師會帶來不甚滿意的合作經驗。

張翠娥、鈕文英（2007）則針對早期療育中心的跨專業合作歷程進行研究，以早療中心主管、社工師、帶班教師，與物理、職能、語言及心理等治療師在早療課程中的合作經驗，發現早療團隊會出現七類合作困境，包括：(1)時間限制與壓力（不同專業人員的時間很難兜在一起）；(2)默契培養不易在短時間形成；(3)團隊成員的經驗背景不同，對事情的理解層面與使用的專業術語也不同；(4)分工不佳（角色、目標混淆）；(5)統整合作時花費的時間與預期相差太多；(6)在介入延伸與調整修正合作時，事先未能充分溝通；(7)兩組醫療專業團隊，教師不知如何整合等。

二、引發合作困境的可能因素

其中，上述第一、五類困境提及的不同專業人員很難兜在一起之時間限制、時間花費與壓力，在刑志彬、陳思帆、黃勇智（2020）有關學校心理師系統合作的文章中，也有心理師表示協調、分工、合作會增加額外的工作，因此抱持多一事不如少一事的態度；至於第三類不同專業術語、背景差異的合作困境，也在張曉珮（2020）針對兒少保護、家庭暴力案件合作共治的研究中提到，專業人員間鮮少對專業術語進行澄清，其分析可能的原因之一是感受到不同專業間的權力結構，不想讓自己在其他專業人員面前顯得不足；另一個可能是專業人員未覺察其他人員對溝通內容可能有不同的解讀，因此未再做澄清；故為避免誤解產生，其鼓勵參與合作者彼此間應建立澄清文化，讓溝通內容能更具體、清楚些。

此外，還有兩類合作困境是不少研究者都關注的：一是不同專業工作者協同合作時，出現與權力結構相關之「專業競合」；另一是與紀錄有關的保密衝突。比較前述研究可發現，專業競合的問題會出現在心理師與輔導教師之間、心理師與社工師之間，也會出現在心理師與司法人員、醫師等專業人員之間，例如：前述趙文滔、陳德茂（2017）的研究中提到，有學校處室同仁及導師覺得自己處理學生的方法比輔導有效，另有導師認為輔導組長不具輔導專業，因此不接受輔導組長的建議等；或者是刑志彬、許育光（2014）的研究中提到的，有輔導教師認為心理師比自己專業、心理師認為諮商專業被精神科醫師否定；以及游淑華、姜兆眉（2011）的研究發現，擔任家暴個案管理的家防中心社工師在與諮商師合作過程中，「不敢」要求諮商師按時繳交紀錄的現象；或者是陳金燕（2003）以及張淑芬（2015）都提到的，諮商與司法之間常見的專業權力極端傾斜之現象。

另外，在保密的衝突上，特別是個案紀錄與資訊提供，有學校輔導教師表示，社工師為了保護當事人，並未告知學校全部訊息；醫師基於病患權益，不願和學校教師討論學生狀況；導師想調閱學生的輔導紀錄，但被輔導教師拒絕的情況（趙文滔、陳德茂，2017）；此外，檢察官、法官也會要求心理師提供當事人資訊或諮商報告的狀況（張淑芬，2015；游淑華、姜兆眉，2011），因此保密雖是重要的倫理原則（ACA, 2018），然不同專業工作者服務同一位當事人時，究竟該如何保密？紀錄應如何書寫，才能符合合作對象的期待又兼具保密原則？然而，共識並不容易達成，需要更多的討論、對話才能避免誤解。

而值得肯定的是，在張淑芬（2015）的研究中發現，根據受訪心理師的經驗，在其撰寫諮商報告、擔任專家證人時，已能就諮商與鑑定的差異、諮商倫理向司法人員說明，顯見司法與諮商兩系統間的不平衡狀況已有改變跡象；其也建議除了原始的諮商紀錄外，心理師亦需思考如何在符合諮商專業倫理的原則下，針對不同用途、考量他方需求而繕寫報告。

其實，由於角色不同，專業間的差異是需要被看見的，例如：諮商師在與法界人士互動時，法官、檢察官因有傳喚等法定權力，諮商師往往需要配合法官、檢察官的時間與指令；而社工師在與諮商師合作時，也須迴避諮商師已事先安排與預定的諮商時間（游淑華、姜兆眉，2011），這些都需要相當多的討論與磨合。陳金燕（2003）也提醒，專業差異只是不同，不代表孰優孰劣，與其他專業合作時應用「理解差異」取代「忽略差異」或「抹滅差異」，諮商人員應嘗試在專業差異中，尋找並展開對話空間；唯有不同的專業助人工作者捐棄本位主義，以尊重專業、截長補短的心態充分的分工合作，才能真正的以各自的專業嘉惠前來求助的民眾。

第五節　專業合作能力

因此，為與不同專業合作，與合作有關的信念與能力應提早於專業養成的教育過程中建立；不少研究者（王麗斐、杜淑芬，2009；張淑芬，2015；許育光、刑志彬，2019；游淑華、姜兆眉，2011；趙文滔、陳德茂，2017）都建議，諮商教育應走出只集中於諮商理論與技巧的傳統訓練課程，納入更多系統合作與介入的訓練，以協助學生或受訓者建立協同合作的能力。

此一重視專業合作的趨勢，美國諮商學會（ACA）其實早已認可，而為維護當事人權益、增進諮商師的專業能力，並促進諮商專業社群的發展，在

「美國諮商學會倫理守則」（2014 ACA Code of Ethics）的九個部分[1]中，第四部分「與其他專業人員的關係」即提到了「團隊工作」（D.1.c. Interdisciplinary Teamwork），指出諮商師是多元服務專業團隊的一員，和其他專業同僚合作時，應聚焦在如何提供當事人最好的服務，並根據諮商專業的觀點、價值和經驗，共同參與、貢獻決策及影響當事人幸福感（well-being）之事項（ACA, 2018）。

另外，為了幫助衛生醫療人員在取得證照前（pre-licensure）即建立對患者團隊照護的價值信念，並為治療患者的健康做好準備，2009 年美國牙科、護理、醫學、整骨醫學、藥學和公共衛生等六個全國性的醫療學會，組成不同專業教育間協同合作（Interprofessional Education Collaborative, IPEC）的專家小組以引導醫學院開發課程，並於 2011 年、2016 年分別提出專業合作實踐之核心能力。根據 IPEC 最新提出之專業合作實務的四大核心能力（Core Competencies of Interprofessional Collaborative Practice）（如圖 5-8 所示），包括以下四點，而 IPEC 也提醒接受訓練的專業人員，合作能力會隨著實務參與而持續增進（IPEC, 2016）。

一、核心能力一：價值與倫理（values and ethics）

指能與其他專業人員在相互尊重與共享價值的氛圍下工作之相關能力，包括了擁抱多元文化、尊重患者和團隊成員的個別差異（VE3）、管理以病患為中心之照護情境的倫理兩難困境（VE9）等十項次能力（sub-competencies）。

---

1 包括：諮商關係（The Counseling Relationship）；保密與隱私（Confidentiality and Privacy）；專業責任（Professional Responsibility）；與其他專業人員的關係（Relationships With Other Professionals）；評量、評鑑與解釋（Evaluation, Assessment, and Interpretation）；督導、訓練與教學（Supervision, Training, and Teaching）；研究與出版（Research and Publication）；遠距諮商、科技與社交媒體（Distance Counseling, Technology, and Social Media）；解決倫理議題（Resolving Ethical Issues）等九個部分。

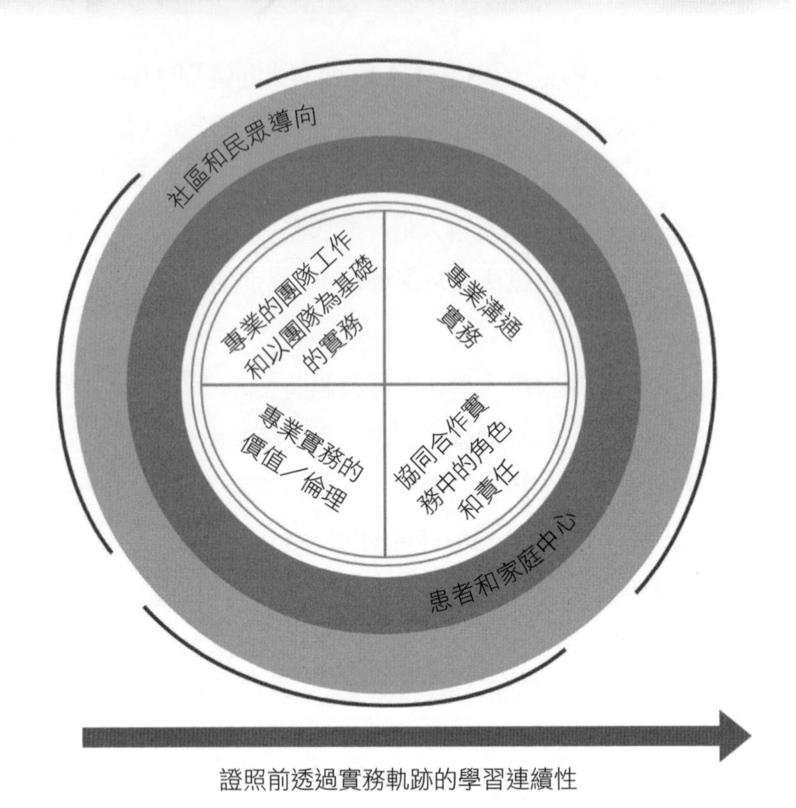

圖 5-8　專業合作實務的四大核心能力

資料來源：IPEC（2016）

二、核心能力二：角色與責任（roles and responsibility）

指善用團隊成員的專業知識以能適切評估和表達照顧需求、促進和提升患者醫療照顧之能力，包括了促進健康與預防疾病（RR6）、強化繼續教育與發展（RR8）、團隊成員使用獨特和互補能力（RR9）等十項次能力。

三、核心能力三：專業溝通（interprofessional communication）

指能以一種回應與負責任的方式與患者、案家、社區和其他專業人員溝通，並以支持的團隊取向（a team approach）促進和維持疾病處遇預防之能力，包括了主動傾聽、鼓勵表達理念與觀點（CC4）、給予及時、敏感性的回饋（CC5）、設定醫療方案與政策強調團隊工作（teamwork）溝通的重要性（CC8）等八項次能力。

四、核心能力四：團隊工作和以團隊及基礎的照護（teamwork and team-based care）

指能運用關係建立的價值、團隊工作的原則，執行有效的專業角色，並安全、效率、效能與合理的規劃，與提供「以病患／民眾為中心」之服務能力，包括了聚焦問題解決（TT3）、發展倫理共識原則（TT2）、使用有效證據（TT10）、革新有效的團隊角色（TT11）等十一項次能力。

另外，因有不少心理師投入家暴暨性侵害案件之專業系統合作工作，為探索心理師的合作能力，張淑芬（2015）訪談了曾參與諮商師事務所、家暴防治中心、自殺防治中心等社區諮商實務平均 5.7 年的 10 位臺灣南部諮商心理師，萃取出二十四個次類別，最後歸納出以下七個主類別、三個核心類別的專業合作能力（如表 5-5 所示）。

表 5-5　社區諮商師專業合作能力：核心類別及主類別

核心類別	主類別
闡明諮商專業理念並評估合作成效之能力	1. 表達諮商概念化與諮商歷程資訊 2. 運用專業角色與專業權威 3. 撰寫諮商報告與擔任專家證人
辨識他方資源並以其專業語言進行對談之能力	1. 熟悉並利用他方專業知識 2. 透過機構層級進行對談
運用生態系統觀與團體動力並催化跨專業互動之能力	1. 完成個案相互轉介歷程 2. 了解系統與團體動力的知識及介入

資料來源：張淑芬（2015）

一、核心類別一：闡明諮商專業理念並評估合作成效之能力

包括三個主類別、十個次類別，是指能向社福、學校、司法、精神醫學等系統解釋心理諮商個案概念化與諮商歷程化之資訊、適度展現專業角色與權威、撰寫司法系統所需的諮商報告並擔任專業證人，以及評估心理諮商專業對他方造成的影響程度等能力。

二、核心類別二：辨識他方資源並以其專業語言進行對談之能力

包括二個主類別、六個次類別，是指心理師有能力涉略社福、學校、司法、精神醫學等系統領域之專業知識及其文化特徵，並有能力站在機構的層級上，與社福機構對談，而非僅止於與個別社工師接觸。

三、核心類別三：運用生態系統觀與團體動力並催化跨專業互動之能力

包括二個主類別、八個次類別，是指心理師累積接觸不同專業系統的合作經驗，不僅須具備完整的系統間轉介能力，也需擁有整體生態系統觀的知識、團體動力等了解跨系統動力運作之能力。

第六節　結語

在專業發展百花齊放的目前，專業合作不僅是趨勢、是現況，也是諮商師重要且可行的助人策略。將其他專業視為資源，是合作的起點與契機，在進行專業系統合作時，不但要看見、了解各個專業的專業語言、理論偏好等，更需要知道彼此的專業限制、倫理範疇，協商出共識與決策，如此才能隨著合作經驗的實務累積，達到維護當事人權益、增加專業自信、團隊凝聚等三贏綜效。因此，跨專業的網絡合作是社區諮商進行社區和個體介人的重要方法，透過合作伙伴關係，社區諮商師可以展現賦權、倡議、對話與解構主流論述。

反思與討論

1. 與不同體系專業合作已是諮商師重要的能力之一，良好的專業合作除能增加服務成效、符合多元情境的社會脈絡，試想諮商師在網絡合作中可扮演的角色為何？
2. 本章列舉了校園、特殊教育、醫療、家暴防治等專業的網絡合作概況，請問：需要進行專業合作的時機為何？如何判斷何時為需要進行專業合作的最佳時機？
3. 若想成為一個具有合作意識與能力的專業工作者，如何在就學期間（學校修課、實習階段）培養此一能力？

Chapter 6

倡議：社區諮商中的倡議

「與心理治療相比，心理學家致力於改善社會制度和社會政策，能使社會獲得更大的助益。」

（Humphreys, 1996; 引自 Vera & Speight, 2003）

本章說明諮商倡議的意義和必要性，介紹多元文化及社會正義倡議，並詳細描述美國諮商學會（ACA）倡議能力的六大範疇，最後則以《學生輔導法》的倡議歷程為例，提醒諮商師在倡議過程中可能面臨的困境。

過去，諮商師對倡議（advocacy）一詞十分陌生，也多認為倡議並非諮商心理工作、不屬於諮商師的工作範疇。然而，法制化諮商心理工作、與諮商師權益密切相關的《心理師法》，以及推動校園諮商輔導工作的《學生輔導法》，都是眾多諮商前輩倡議的成果。目前，各界持續仍在推動的「心理與口腔健康司」正名為「心理健康司」[1]，以及心理諮商納入健保給付架構[2]等議題，還需要所有關心諮商心理專業發展者繼續投入倡議工作，期能扭轉醫療權威主導的心理衛生論述與制度、避免諮商心理學被醫療化、為諮商心理學的專業主體發聲，以及展現諮商反壓迫的社會正義能量。

第一節　倡議的意義與必要性

過去，心理衛生工作者非常依賴每週一次、面對面的傳統諮商和心理學典範，時至今日，有愈來愈多的工作者發現：傳統作法在解決邊緣、弱勢群體問題時有其不足之處，並認為在協助因身分、族群有關問題而求助的當事人時，若沒有特定的知識和理解，諮商是不可能有效、倫理的；由於種族主義和各類歧視，讓被壓迫的群體經歷許多社會、心理壓力，故為提高心理衛生工作者之有效性，非傳統方法的新典範必不可少；接受諮商師教育的學生也須意識到，在與被壓迫、權利被剝奪之當事人工作時，應不限於辦公室內的會談，如此才能有效促進社會政治層面的變革（Green, McCollum, & Hays, 2008）。

1　2019 年 8 月 31 日已有倡議者至國家發展委員會之「公共政策網路參與平臺」進行「心理健康司」正名之提議，經檢核、附議後（至 2019 年 10 月 21 日有 5,355 人附議，並在討論區獲得 103 個贊成論點），於 2019 年 10 月 21 日獲得衛生福利部之回應；2020 年 1 月 20 日衛生福利部的最後回應則是「本部將盤點各單位業務項目、業務規模及人力配置，評估組織架構合理性，並提出本部組織調整方向，再據以研議後續組織法、處務規程等相關組織法規修正事宜」。

2　2020 年 9 月 9 日立法委員針對「精神醫療健保給付架構檢討」及「諮商心理師是否應納入健保給付」兩主題召開公聽會，目前仍處於廣收意見階段。

一、倡議的意義

倡議，是諮商中賦權的策略，係多元文化脈絡下臨床實務的實踐架構；倡議諮商因此被看做是：諮商師和心理學家充分同理當事人而實現社會變革的方法（Vera & Speight, 2003）。Lewis、Arnold、House 與 Toporek（2003）認為，倡議是諮商過程不可缺少的部分，當諮商師覺察到阻礙當事人／學生個人發展的外在因素存在時，就可透過倡議，讓當事人／學生獲得所需的服務。

倡議服務有兩個基本的目的：一是增加個人的權力，二是改變環境（Lewis & Bradley, 2000）。由於心理健康並非處於真空狀態、也非單獨存在，而是受到社會、文化、政治與經濟因素的影響，因此僅聚焦於個案處遇的效果十分有限，諮商師須將影響當事人的生態系統納入考慮；且為達到倡議的目的，諮商師應了解環境因素如何阻礙個人發展，並對現況提出挑戰（Ratts & Hutchins, 2009）。

倡議關注的焦點，在與權力、義務、資源分配、歧視和暴力有關的議題，希望透過平衡權力結構、均等義務與對抗歧視，消除社會問題（Ratts & Hutchins, 2009）。如果諮商首要的目的是幫助當事人獲得長期的心理健康，那麼諮商師就必須讓社會、政治、媒體、教育等結構有所改變，尤其若當事人遭受不公平對待或壓迫時，上述的改變更勢在必行（Vera & Speight, 2003）。

美國諮商學會（ACA）的倫理守則（2014 ACA Code of Ethics）中提及，促進社會正義（promoting social justice）是諮商專業的核心價值之一，諮商師應致力於促進人類及各群體的平等，終結一切影響當事人、學生、家庭、社群、學校、工作場所、政府，以及其他社會系統的壓迫與不正義，倡議則是提升個人、群體或組織福祉，達到社會正義的作法（Ratts & Hutchins, 2009），亦是由賦權到社會運動的連續性諮商行動，也是諮商專業人員移除不利當事人健康的組織性因素或外在阻礙的行動（Toporek & Liu, 2001; 引自 Ratts & Hutchins, 2009）。

諮商強調人與環境的互動、建立優勢、發展性介入及整體觀點，並重視預防（prevention）和發展（development），這些觀點都為社會正義實踐提供了有利的基礎（Vera & Speight, 2003）。由於不少文獻，例如：學校諮商、批判心理學、女性主義、多元文化諮商等，都期待諮商師成為改變的媒介和倡議者，呼籲諮商師應在諮商中運用社會正義、執行社會正義倡議的聲浪日漸高張。Lewis、Ratts、Paladino與Toporek（2011）因此認為，社會正義倡議應納入諮商師的工作職責內，社會正義倡議（Social Justice Advocacy）對其來說，並非額外附加的工作，而是伴隨同理與經驗而來的產物。

Ratts 與 Hutchins（2009）也表示，倡議提供諮商師一個落實社會正義的多元架構，讓社會正義不再只是停留於諮商文獻中抽象、哲學與理論的概念；Ratts 與 Hutchins 則認為，社會正義與倡議的概念相似，倡議比較像動詞，社會正義則是名詞，諮商師可藉由倡議行動落實社會正義理念，並強調諮商師如果想提供更好的服務給個案，就不能只在舒適的辦公室內單獨運作。另外，Humphreys（1996, p. 195）在批評心理治療變成臨床心理學專長的核心時，也呼籲應超越現有治療介入的範疇，重新審視大規模介入和預防措施的效益，並強調與心理治療相比，心理學家致力於改善社會制度和社會政策，會使社會獲得更大的效益（Vera & Speight, 2003）。

二、諮商倡議的歷史與必要性

諮商倡議的緣起，可追溯自 1900 年代初期 Frank Parsons 推動職業輔導，和為移民、年輕人爭取工作機會的社會改革，以及 Clifford Beers 代表精神病患者和精神病院的改革者，一起為當事人的心理衛生倡議而努力，並在個人和社會層面融入革新社會政策的干預措施（ACA, 2018; Green et al., 2008）。

美國諮商學會（ACA）對社會改革議題的重視始於 1971 年，並持續透過個人、專業和政治活動實現社會變革（Green et al., 2008）。1998 年，美國諮商學會（ACA）成立新的部門——社會正義諮商師（Counselors for Social Justice, CSJ），開始為增強當事人、學生及受壓迫的個人和團體，整理特定的倡議過程和社會行動策略；2002 年，由 Lewis 等人組成的任務小組開始制定倡議能力（advocacy competencies），並於 2003 年正式通過，以回應美國諮商學會（ACA）應為倡議諮商提供指導方針，以及應對被壓迫和阻礙人類發展的議題提供基礎工作的一些要求。此一倡議能力不僅成為社會正義諮商師（CSJ）運作的框架，也讓倡議成為諮商專業認同的核心要素之一，以及諮商師實務工作的一部分（ACA, 2018; Green et al., 2008）。

此外，多元文化諮商的發展也對倡議諮商的重視和推動帶來影響。諮商領域的多元文化運動始於 1960 年代，至 1980 年代，多元文化諮商已成為一門重要的學科，為諮商師提供系統性變革，以減少制度和社會政治障礙的工具。1992 年，Sue、Arredondo 與 McDavis 出版了多元文化諮商能力的相關書籍（The Publication of the Multicultural Counseling Competencies, MCCs），除擴大諮商師的角色和功能，也讓倡議服務跨出了一大步。多元文化諮商提醒諮商師，在為不同種族和族群當事人服務時，應關切存在於個別、系統層次中的差異和歧視（ACA, 2018）。

Ratts 與 Hutchins（2009）強調，諮商師具備倡議能力有以下的必要性：

1. 社會中的壓迫普遍存在：這些壓迫會對人類發展造成負向影響，例如：跨世代貧窮會導致憂鬱、低自尊、缺乏教育與發展機會，而壓迫的社會、政治、經濟情境也易對低收入家庭或有色族群學生的低學業成就造成影響。
2. 若諮商僅處理當事人／學生的問題時，將極小化社會環境帶來的影響：諮商專業在解釋個人和社會行為時，常過度傾向個人歸因，認為是遺傳或當事人個人心理有問題，不過有時候，是系統需要改變而非個人需要改變。因此，諮商師在工作時須運用倡議能力面對刻板印象、偏見、歧視等個人壓迫，或社會規範、價值、組織政策等文化／社會層次的壓迫。
3. 倡議能落實社會正義：在諮商文獻中，社會正義是一個哲學的、理論的抽象概念，諮商師雖被期待進行社會正義倡議，但諮商專業並無法清楚說明如何將社會正義融入諮商實務中；而倡議能力的適時發展，除了說明當事人和環境間複雜的互動關係，還提供諮商師一個執行社會正義倡議的多元架構，是個可協助諮商師決定：應「與當事人工作」，還是「代表當事人」？何時可進行鉅視，還是微視的介入？焦點應在直接介入，還是間接介入？

第二節 多元文化和社會正義中的倡議

一、多元文化與社會正義諮商

前段提及多元文化諮商，對諮商專業工作者認可社會正義及倡議有很重要的影響力；而由 Ratts 等人（2015）發展的「多元文化與社會正義諮商能力」（The Multicultural and Social Justice Counseling Competencies，以下簡稱 MSJCC），則更清楚呈現了倡議與多元文化和社會正義的關係。

MSJCC 修改自 Sue、Arredondo 與 McDavis 於 1992 年所提出的「多元文化諮商能力」（MCCs），提供諮商師一個將多元文化和社會正義納入諮商理論、實務和研究的架構。修改後的 MSJCC 構念架構（如圖 6-1 所示）描述了一個結構和能力互動的關係圖，其以多元文化與社會正義實踐為核心，以參與者——諮商師 vs. 當事人及處境——特權的 vs. 邊緣的兩個指標交集後，形成了「特權的諮商師 vs. 邊緣的當事人」（privileged counselor vs. marginalized client）、「邊緣的諮商師 vs. 邊緣的當事人」（marginalized counselor vs. marginalized client）、「邊緣的諮商師 vs. 特權的當事人」（marginalized counselor vs. privileged client），以及「特權的諮商師 vs. 特權的當事人」（privileged counselor vs. privileged client）等四個象限的四種諮商關係，並提醒諮商師：每一種諮商關係都可能受到權力、特權和壓迫的交互影響。

為了實踐多元文化與社會正義，不論諮商關係為何、屬於哪一象限，在與當事人工作時，諮商師都需進行以下四個層次的理解或認識，以減少諮商

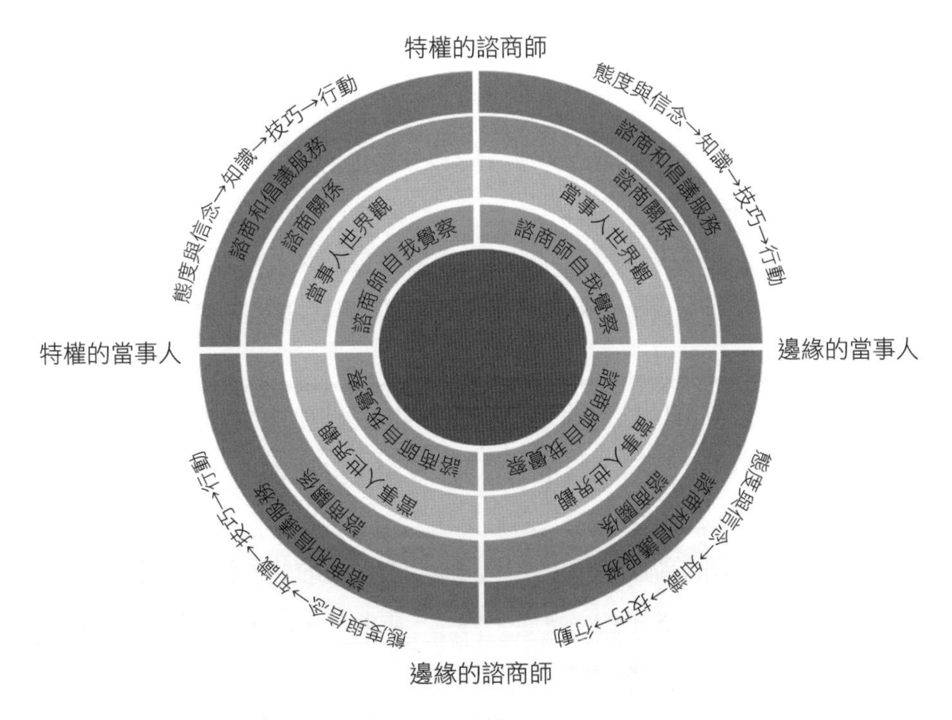

圖 6-1　多元文化與社會正義諮商能力

資料來源：Ratts 等人（2015）

過程中不自覺的壓迫和歧視，此不同層次的鑲嵌須意識的範疇，分別包括：最內層的諮商師自我覺察（counselor self-awareness）、當事人世界觀（client worldview）、諮商關係（counseling relationship），以及最外層的諮商和倡議服務（counseling and advocacy interventions）；諮商師須針對各層次發展態度與信念（attitudes and beliefs）、知識（knowledge）、技巧（skills）、行動（action）（以下簡稱 AKSA）等理想能力（aspirational competencies）。

此一社會生態模式提供諮商師一個進行個別諮商和社會正義倡議的多層次架構（Ratts et al., 2015）：

1. 四個層次中的前三個層次，由內而外為：諮商師自我覺察、當事人世界觀、諮商關係，每一層次都須進行AKSA的檢視；不論諮商師和當事人在性別、族群或社經地位上屬於哪一種處境，是特權還是邊緣，諮商師都須進行AKSA的檢視。以「諮商師自我覺察」此層次為例：

(1)態度與信念：諮商師應覺察自己有關社會認同、社群地位、權力、特權、壓迫、優勢、偏見、限制、假設，以及態度、價值、信念、偏見等。

(2)知識：諮商師應擁有了解自己有關社會認同、社群地位、權力、特權、壓迫、優勢、偏見、限制、假設，以及態度、價值、信念、偏見等的知識。

(3)技巧：諮商師應擁有豐富自己在社會認同、社群地位、權力、特權、壓迫、優勢、偏見、限制、假設，以及態度、價值、信念、偏見等的技巧。

(4)行動：諮商師應能採取可增加他們對自己的社會認同、社群地位、權力、特權、壓迫、優勢、偏見、限制、假設，以及態度、價值、信念、偏見等的行動。

2. 最外面第四層次的諮商和倡議服務，諮商師不是進行AKSA的檢視，而是以賦權為基礎（empowerment-based），直接介入或代表當事人，針對當事人的內在（intrapersonal），或人際間、機構、社區、公共政策、國際／全球等層次，協助當事人發展自我倡議技巧、促進多元文化主義和社會正義。在過程中，諮商師可運用以證據為基礎的介入及外展服務，與家庭、朋友、同儕、社會機構合作，去除系統性障礙，並參與能改變地方、國家的法律和政策行動，或者利用科技與國際領導人互動和合作，學習國際政策，參與國際事務。

二、社會正義架構中的倡議

為保持社會正義理念與倡議能力的一致性，發展諮商倡議的覺察、知識和技巧至關重要。Green等人（2008）為有效落實社會正義典範的倡議作為，創建了倡議諮商典範（advocacy counseling paradigm），以進行諮商中的倡議教學（如圖6-2所示）。

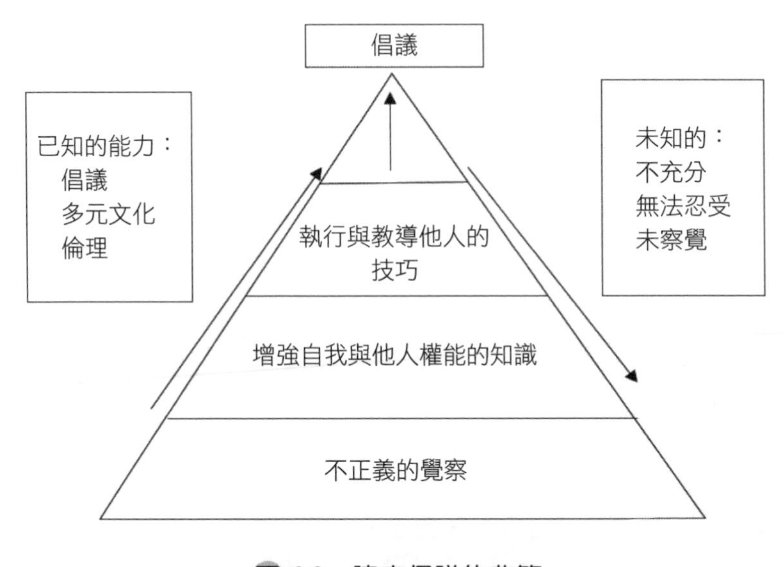

圖 6-2　諮商倡議的典範

資料來源：Green 等人（2008）

倡議涉及對覺察、知識和技巧的重新定向，以及對被剝奪權利的群體表達理解和行動。這個典範在架構中融入了能力（competence）和倫理（ethics），連結社會正義與多元文化諮商，並說明了諮商師獲得倡議能力的過程。向上的箭頭，代表隨著諮商倫理、多元文化和倡議的具備，倡議行動就能逐步達成；而為了成為當事人的倡議者，諮商師從對問題的認識、不正義的覺察開始，加深對問題的理解，並發展可以幫助當事人理解問題及負責任解決問題的方法。向下的箭頭則代表尚未勝任倡議的諮商師，他們常常不了解當事人面對的外部問題、未覺察讓當事人受害的偏見，而且往往沒有足夠能力來增強當事人。

（一）覺察：對不正義的覺察

覺察是倡議的開端，包括兩個關鍵的要素，即探索（exploration）和啟蒙（enlightenment），探索涉及同理能力的擴大，啟蒙則是理解的增加。為了使諮商師在與不同當事人互動時，能意識並採用有效的策略，通常需要先從諮商師的內在進行探索、增加理解：探索是對自己價值觀、偏見和文化侷限性的內省，可積極幫助倡議者認識自我、他人及關係中的自我；理解則可透過資訊的提供，建立認識事物的基礎。

引導學生覺察不正義事件的教學可採用多種形式，包括幫助他們檢視自己的族群身分、對當前社會和政治事件的反思、記錄報紙或電視上有關少數群體被邊緣化或剝奪公民權的事件、思考可改善社會不公正現象的倡議策略或預防措施，以及回憶族群多樣性的影響、參與多元文化訓練、與族群教練（mentoring）互動的經驗，或透過旅行、參與慶典、採訪等沉浸式活動或文化探索等，都有助於學生認識自己和他人的文化與關係。這些覺察活動涉及冒險，而在尋求同儕、督導的回饋時，除能了解自己對族群、文化的看法，還能意識到自己與同學、當事人、督導、主管、行政人員間看法的同與異，不論如何，這些蒐集與群體有關的特定訊息和脈絡觀點，均會增加一個人與多族群互動的經驗和默會知識（tacit knowledge）[3]。

（二）知識：擁有賦權的知識

即對諮商中使用社會正義原則的理解。具倡議取向的諮商師，能理解社會、政治、經濟和文化等因素對人類發展的影響，可幫助當事人在社會政治的脈絡中了解自己的生活，從而為自我賦權（self-empowerment）建立基礎。當個人或弱勢群體無法獲得所需要的服務或缺乏參與社會政治的機會時，倡議者的角色尤其重要，具有提供政治變革知識和能力的倡議諮商師，能為被拒絕的學生或當事人獲得公平進入服務和系統的路徑。

心理學和諮商教育方案可透過具有倡議意識（advocacy-minded）的心理衛生工作者結合其社會政治和社區情況的知識：倡議諮商師代表當事人和學生協調相關服務和教育系統、幫助當事人和學生獲得所需資源、查明妨礙個

---

3 默會知識即內隱知識，根據國家教育研究院的詞彙定義，是指個人信仰、觀點和價值、直覺、想像力、創意或技巧，源自於個人認知之主觀知識，由實務操作、真實體驗、反省思索、身體力行及不間斷的由錯誤嘗試中累積的經驗知識，由於不易口語化與形式化，因此難以記錄、傳遞與散播（黃元鶴，2012）。

人和弱勢群體福祉的障礙，制定因應這些障礙的初步行動計畫、確定潛在的盟友以面對障礙，並執行行動計畫。

知識不僅是對當事人被剝奪公民權利的認知，也融入對當事人環境、社會政治變革的覺察和激進行動。鼓勵學生多了解他人及其文化背景的一種方法是，在倡議特定群體或社區的服務機構中參加志願服務。學生可採訪機構員工，以加深其對倡議的理解。

（三）技巧：行動與教導的技巧

技巧代表在倡議諮商中，融入社會正義的行動或文化敏感的策略。倡議諮商師需要的技能，包括：聯繫媒體等資源的知識和能力、良好的書面和口頭溝通的能力、與機構合作和諮詢的知識和能力、研究能力、精熟技術、從多系統角度檢視問題的能力，以及具有為個人、團體和組織提供變革策略的諮詢能力。

實習、實踐和其他被督導的臨床經驗，可提供學生為當事人倡議、落實社會正義的機會。另外，也可以鼓勵學生根據所在社區或機構中觀察到的需求設計倡議計畫。該倡議的行動計畫應包括：(1)問題性質；(2)各類倡議角色及個別責任；(3)諮商師和當事人可利用的資源；(4)如何評估結果及責信（accountability）的進行問題解決。

在開發以倡議為基礎（advocacy-based）的特定技巧時，倡議諮商師可以：(1)代表弱勢當事人或群體寫信給在地、州的政治人物或政治團體；(2)在以學校為基礎的會議中，代表社區中被剝奪權利的未成年人；(3)為改善社區被剝奪權利的當事人或群體之權益分析數據，並做明智的決定；(4)利用當前的「最佳實務」進行倡議示範，確保弱勢當事人在學業、生涯、情感上表現優異；(5)在學生實習場所中描述與系統合作、整合知識、技能和覺察的過程。對抗不正義需要積極聆聽的技巧、充分體現判斷力的技巧、持續的耐心、能識別利害關係人的政治敏感性，並為減少／消除組織內部的不平等建立聯盟。

第三節 諮商中的倡議能力

由美國諮商學會（ACA）認定的 ACA 倡議能力（American Counseling Association Advocacy Competencies, ACA Advocacy Competencies）之架構和內容，由 Lewis 等人（2003）所提出，2018 年再由 Toporek 與 Daniels 更新，此亦為 ACA 倡議能力的最新內容（ACA, 2018）。

Lewis 等人（2003）認為，倡議可針對當事人／學生、學校／社區，也可針對公共領域進行。諮商師除可在直接諮商中進行系統改變的介入、執行賦權的策略，還可幫助當事人／學生了解他們生活的脈絡；因此，諮商師不僅需具備幫助當事人找出阻礙個人進步的能力，還需能夠訓練當事人進行自我倡議及協助其擬定自我倡議的行動策略（如表 6-1 所示）。

表 6-1 ACA 倡議能力的概念和範疇

範疇	概念化	能力
・當事人／學生 ・學校／社區 ・公共領域	・在直接諮商中進行系統改變的介入和執行賦權的策略 ・指認出影響人類發展的社會、政治、經濟和文化的因子 ・幫助當事人和學生了解他們生活的脈絡	・能認定： 1. 優勢和資源 2. 社會、政治、經濟因子 ・指出系統的或內化的壓迫符號 ・協助找出個人的障礙 ・訓練自我倡議 ・協助擬定自我倡議的行動計畫

資料來源：Lewis 等人（2003）

ACA 倡議能力的最新架構和內容，請見圖 6-3 所示，主要由兩個指標（dimensions）所構成（ACA, 2018）：

1. 「當事人參與的程度」（Extent of Client Involvement）：再分為「與之合作」（collaboration with）及「為之代表」（on behalf of）兩個層次。

2.「倡議介入的程度」（Level of Advocacy Intervention）：從微觀至鉅觀共有三個層次：個別的學生／當事人（individual student/client）、社區／學校／組織（community/school/organization）、公共領域（public arena）。

除了這兩個指標外，2018 年版本的 ACA 倡議能力之架構還增加了「諮商師的努力焦點」（Focus of Counselor Energy）此指標；當諮商師聚焦於「支持當事人／當事人群」（support client/ clients groups）時，諮商師扮演的是支持和催化倡議工作的計畫與執行，而當諮商師的焦點在「直接系統介入」（direct system intervention）時，諮商師的角色則集中在為當事人／當事人群發聲。

前述各個指標和層次，將諮商倡議劃分為六個範疇（domains）的工作：當事人／學生賦權（client/student empowerment）、當事人／學生倡議（client/

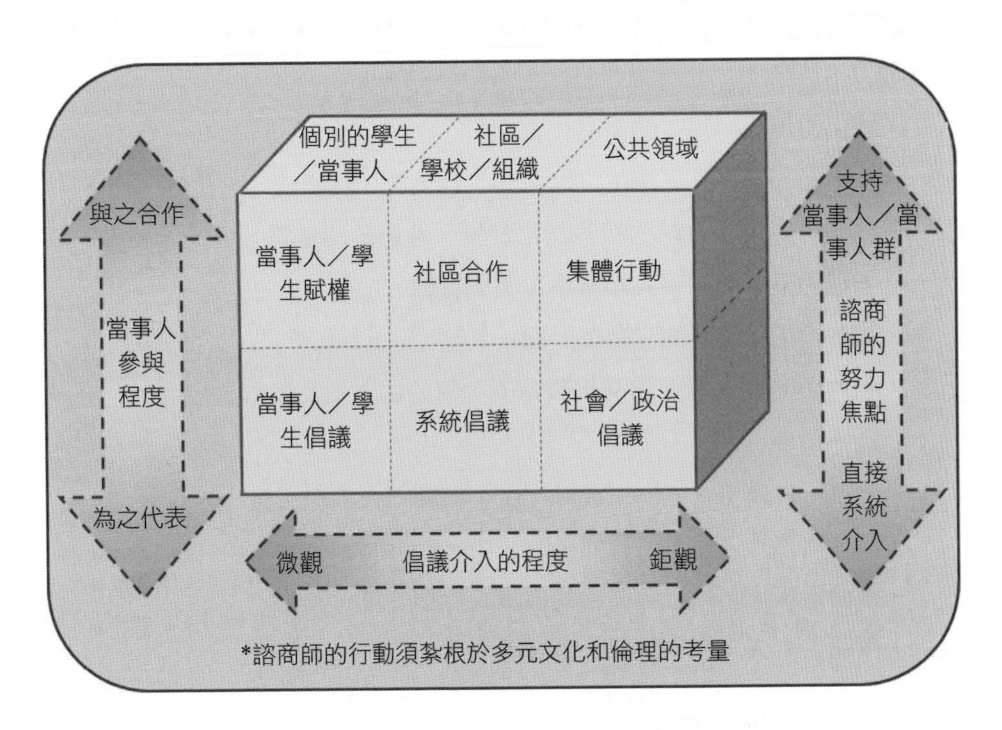

圖 6-3　ACA 倡議能力的架構和內容

資料來源：ACA（2018）

student advocacy）、社區合作（community collaboration）、系統倡議（systems advocacy）、集體行動（collective action）、社會／政治倡議（social/political advocacy）。美國諮商學會（ACA）強調，這些指標和層次並非相互排除，且強調多元範疇一起運作時，倡議的效果最佳，並提醒在倡議時，諮商師的各項行動都須紮根於多元文化和倫理考量。以下說明ACA倡議能力的六個範疇（ACA, 2018, pp. 2-5）。

一、當事人／學生賦權

倡議不僅重視系統改變，直接諮商中的賦權也是一種倡議。為當事人賦權的焦點在於協助當事人找到系統上的障礙，幫助他們表達、評估這些障礙，並在倡議過程中催化當事人反思。

諮商師為當事人／學生賦權的能力和策略如下，在直接諮商時，諮商師可採取以下行動：

- 找出當事人／學生的優勢和資源。
- 找出影響當事人／學生之社會的、政治的、經濟的、文化的因素。
- 諮商師應辨識自己的哪些文化背景、社會政治位置、權力、特權、壓迫等因素，與當事人和當事人環境有關。
- 試著指認出個別的行為與問題，其實反映出系統的或內化的壓迫。
- 在適切的發展程度和文化觀點下，幫助個人指認影響其發展的外在障礙。
- 分享符合當事人／學生發展程度和議題的資源和工具。
- 訓練當事人／學生自我倡議的技巧。
- 幫助當事人／學生發展自我倡議的行動計畫。
- 幫助當事人／學生實現行動計畫。

二、當事人／學生倡議

為當事人／學生倡議，發生在諮商師代表個別當事人、學生或家庭採取倡議行動時。此倡議通常會出現在以下狀況，例如：在溝通過程中，當事人因為害怕、擔心他人的負面印象，或因其他因素選擇不參與倡議行動時，諮商師可直接代表當事人進入系統，表達系統中的障礙和現存問題；這類倡議，通常針對的是諮商師所在的組織、學校系統，也可能是在某一個照顧系統中代表特定當事人／學生進行倡議。

諮商師為當事人／學生倡議的能力和策略如下，諮商師在環境介入的層次代表當事人／學生，可採取以下行動：

- 找出影響弱勢當事人／學生幸福的障礙。
- 諮商師應辨識自己的哪些文化背景、社會政治位置、權力、特權、壓迫等因素，與當事人和當事人環境有關。
- 找出並面質組織內，以及與當事人議題有關之潛在影響或文化障礙。
- 發展初步的行動計畫以面對障礙，並與當事人確認此行動計畫和當事人目標的一致性。
- 和當事人溝通，蒐集其對計畫及倡議的可能結果等想法。
- 幫助當事人／學生接觸和創造需要的資源和支持計畫。
- 實現行動計畫和反思／評估倡議的有效性。

三、社區合作

在社區合作上，諮商師需和當事人群、社區一起工作，以辨識和表達系統性的障礙和相關議題。此類倡議，諮商師較常擔任溝通的管道並貢獻自己在人際關係、團體催化、溝通、訓練和研究的專業；諮商師支持社區的努力，幫助他們檢視這些議題、決定行動和反思行動，其貢獻端視社區需要的專業和資源而定。

諮商師與社區合作的能力和策略如下，為了改變系統性的障礙或當事人、相關人員可能面臨的問題，在和社區、組織或學校合作時，諮商師可考慮採取以下行動：

- 找出干擾當事人／學生發展的環境因素。

- 提醒社區或學校與議題有關或應同時關切的議題。
- 發展改變團體間的聯盟，並探索為了表達這些議題應做的準備；同時，諮商師應了解自己的社會文化位置，以及與議題、當事人群、盟友間的關係。
- 有效使用傾聽技巧，以了解團體目標、檢視倡議的原因及管道。
- 催化社區成員間的團體動力、文化和社會政治變化（variations），了解其如何影響團體決策及對不同團體成員可能產生的影響。
- 找出團體成員帶到系統改變、溝通過程中的優勢和資源，認可及尊重這些優勢和資源。
- 找出並提供促進合作的技巧，以及在倫理限制內作為一個專業人員可提供的協助。
- 催化團體思考（group think）可能產生的行動結果，喜歡的、不喜歡的、支持的或可能面臨的抗拒或挑戰。
- 綜合考慮倡議行動將要發生（taking place）的生態和政治脈絡。
- 評估諮商師和社區合作努力的成果。

四、系統倡議

系統倡議反映了諮商師在學校、組織、社區中，代表關切某些議題的當事人群、學生社團；諮商師持續和他們一起工作，幫助他們覺察正在發生的問題。由於諮商師通常會較早覺察出環境存在的困境，因此能指出學生或當事人群發展的系統性障礙，他們常會希望改變環境及儘早預防某些問題的發生。系統層次的倡議可能發生在不同的組織或系統中，諮商師的工作在代表無法進入某一組織（如委員會）的當事人群；不論改變的目標為何，改變具有共同的特質——如改變是個過程，需要願景、堅持、領導、合作、系統分析、很強的論述資料，因此在某些情況下，諮商師是適合帶領系統改變的領導者。

諮商師系統倡議的能力和策略如下，為引導學校、組織和社區領導系統進行改變，諮商師可考慮採取以下行動：

- 找出干擾當事人／學生發展的環境因素。
- 了解當事人、當事人群的文化、政治、發展和環境脈絡。
- 了解諮商師自己的文化認同，以及與倡議群體和目標對象有關的特權、壓迫、溝通、價值和意圖。
- 調查議題、人口群、可能的盟友和利害關係人。
- 為了展現改變的迫切性，提供和解釋資料、分享研究和專業知識。
- 和利害關係人合作，發展引導改變的願景。
- 分析政治權力的資源和系統內的社會影響力。
- 為執行改變過程，發展行動步驟及可能出現的倫理議題。
- 發展一個可以處理、因應改變的計畫。
- 辨識和處理抗拒。
- 評估諮商師致力於系統倡議的效果。

五、集體行動

集體行動是指諮商師和某些社群團體合作進行的倡議，對現存的議題表達意見，希望透過改變大眾的知覺或政策進行補救。諮商師成為此一社群團體的成員，在倡議過程中貢獻他們的專業知識和能力，包括催化團體、研究團體需要的溝通技巧；針對大眾的倡議策略包括增加大眾的意識（awareness）、為改變立法或政策進行遊說或採取行動。此集體行動層次裡，諮商師的角色是成為被議題影響的團體或社群之合作者。

諮商師集體行動的能力和策略如下，在成為某些環境和系統議題影響的社群成員時，倡議取向的諮商師可告知大眾及決策者環境因素在人類發展上的角色，並採取以下行動：

- 找出壓迫、阻礙的影響力和干擾健康發展的環境因素。
- 找出有助於健康發展的保護因素及增進保護因素發展的管道。
- 和當事人群、社群成員分享與發展、文化有關之研究和專業知識。
- 在社群（community）形成初期，決定一個符合自己專業和能力的最適切角色，如催化者、研究者、協調者等。

- 了解諮商師自己的文化認同，以及與其所在位置有關的權力、特權、壓迫，以及這些對他們與社群、倡議目標人口群的影響。
- 參與或／和催化社群伙伴，以認定問題來源、設定目標、發展行動計畫、考慮可能的結果、執行計畫。
- 在為社群和當事人群提供諮詢時，準備文字或多重媒材以能清晰解釋環境因素對人類發展所扮演的特殊角色。
- 以不同方式提供對特定對象而言是倫理的、適切的資訊。
- 透過不同的、適切的媒介，對目標人口群傳播訊息。
- 準備能準確傳達社群聲音的材料和訊息，以影響決策者、立法者、政策制定者。
- 催化社群團體評估這些公共資訊和倡議策略的影響力。

六、社會／政治倡議

諮商師在系統內作為改變媒介的規律行動，這些行動也會對自己的學生和當事人群有直接的影響。這個經驗通常源自於他們持續關切的一些重要議題，當情況發生時，諮商師會運用自己的技巧代表當事人或學生實現社會／政治倡議。在進行社會／政治倡議時，諮商師通常獨立於特定的當事人或當事人群，以表達自己看到的現象，例如：提供跟議題有關的說明、受邀在聽證會上作證、透過媒體提升大眾對議題的覺察或其他能表達議題的行動。

諮商師社會／政治倡議的能力和策略如下，在一個較大的公共範疇裡，倡議取向的諮商師代表相關社群影響政治、立法、政策時，可採取以下行動：

- 找出被議題影響的社群，不論是否已組成或已參與倡議的社群。
- 為被議題影響的社群提供諮詢，了解他們的看法和經驗，及其對經濟、社會、文化的觀點。
- 區別社群無法觸及，但諮商師能透過專業知識做最佳解決的問題。
- 找出社群能夠使用的倡議方法。

- 找出其他專家和對大眾傳播、政策倡議有興趣或已參與政策倡議的盟友進行合作。
- 找出適合的機制和管道，以表達問題，並分辨民眾的想法，以及採取立法、政治、司法行動的角色差異。
- 了解諮商師自己的文化認同，及與其所在位置有關的權力、特權、壓迫，和其對諮商師、社群、目標人口群的影響。
- 透過提供資訊和專業知識支持現有的聯盟。
- 和盟友一起準備令人信服的數據和想法，激發公共意識或遊說立法者、政策制定者。
- 和社群、當事人群開放的對話，確保社會／政治倡議能維持初衷。

第四節　諮商倡議的應用

一、諮商中的倡議決策點

雖然本章一開始即提醒只在辦公室內的諮商及個別化歸因的不足之處，不過因多數諮商師仍以個別諮商為主要的工作方式，且在ACA倡議能力的六個範疇中，賦權當事人／學生、為當事人／學生倡議亦是重要的倡議工作，故此處將以Lewis等人（2011, pp. 166-170）提出的「諮商倡議過程的決策點」（decision points in the counseling-advocacy process），說明個別諮商融入倡議的可能架構。

Lewis 等人（2011）認為，諮商和倡議是緊密相關的（seamless）過程。在助人過程中，諮商師和當事人有權一起決定與當事人求助議題有關的一連串決策點或契機（junctures）；而諮商過程的第一個決策點，始於區別當事人帶來的議題能否透過諮商被解決：若能，諮商師可持續透過諮商改變個人；若否，諮商師則應著力於改變環境，透過行動改變影響當事人幸福的阻礙（如圖 6-4 所示）。

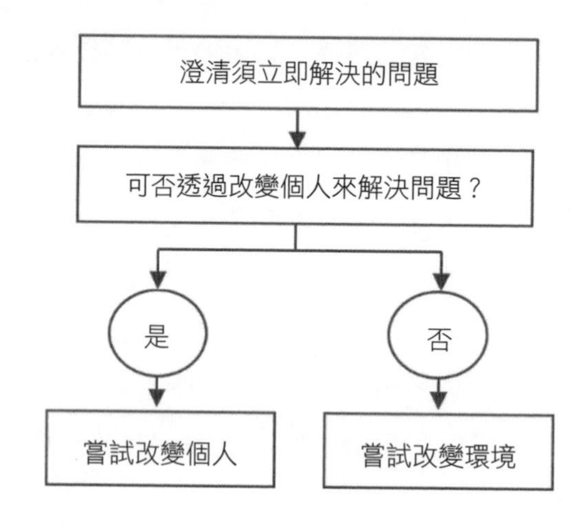

圖 6-4　第一個諮商倡議決策點

資料來源：Lewis 等人（2011, p. 167）

在評估期間，諮商師和當事人要一起檢查當事人解決特定問題和挑戰的改變類型（改變個人或改變環境）；在考慮當前處境的替代方案時，諮商師和當事人須先考慮當事人是否有力量（power）執行最佳選項；如果透過「改變個人」，當事人的議題就能被解決，其他的挑戰也能同時被處理時，那麼諮商師和當事人應共同做些改變個人的工作；倘若環境中有些阻礙改變的破壞性力量，導致個人的改變受阻，那麼諮商師和當事人就可嘗試發展些影響和改變環境的策略。

在這種情況下，下一步就是選擇催化當事人改變的最佳介入方式。對某些當事人來說，面對面的諮商可能已足夠，但其他當事人可能就需要更多的改變，例如：對某些問題較特殊的當事人來說，諮商和諮詢可能同時併用，或者諮商師會與當事人討論發展額外的生活技能、提供一些有助於他們做決定的資訊或材料、鼓勵他們參與自助團體或研討會，增加他們的自我激勵和人際效能（請參考圖 6-5）。

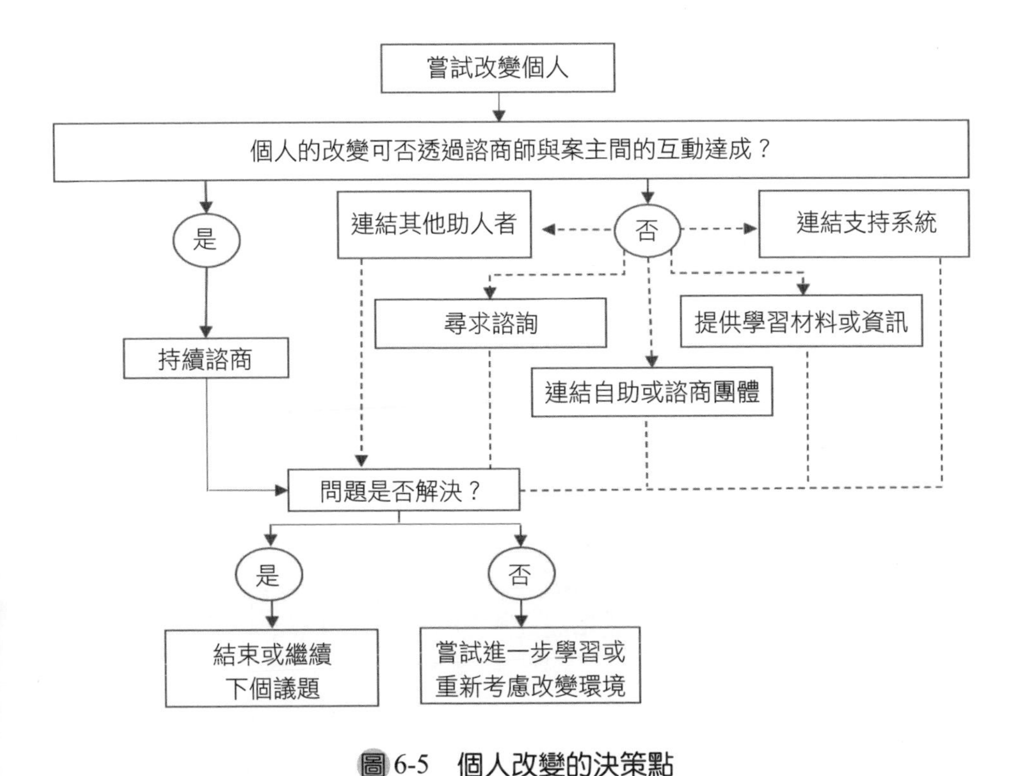

圖 6-5　個人改變的決策點

資料來源：Lewis 等人（2011, p. 168）

不論使用什麼方法，諮商師和當事人最後都須共同評估行動的成效。如果當事人的問題能被解決，就可以結束諮商關係，或繼續處理其他的議題或挑戰；但如果最初提出的問題沒被解決，他們就需決定：當事人需要額外的協助？或者他們需聚焦於環境的改變（請參考圖 6-6）。

如果當事人沒有力量解決目前面臨的問題，或是如果改變某個人或團體的態度、行為就可以解決問題，那麼諮詢他人、團體就是個適切的步驟。如果解決問題，需要改變某些機構、組織的規則或政策，那麼就需好好思考如何進行政策的改變。適合引導這個過程的人可能是諮商師、當事人、其他人或團體，但不論如何，諮商師都將採取主動的角色，促進改變影響多數人的規則或政策。

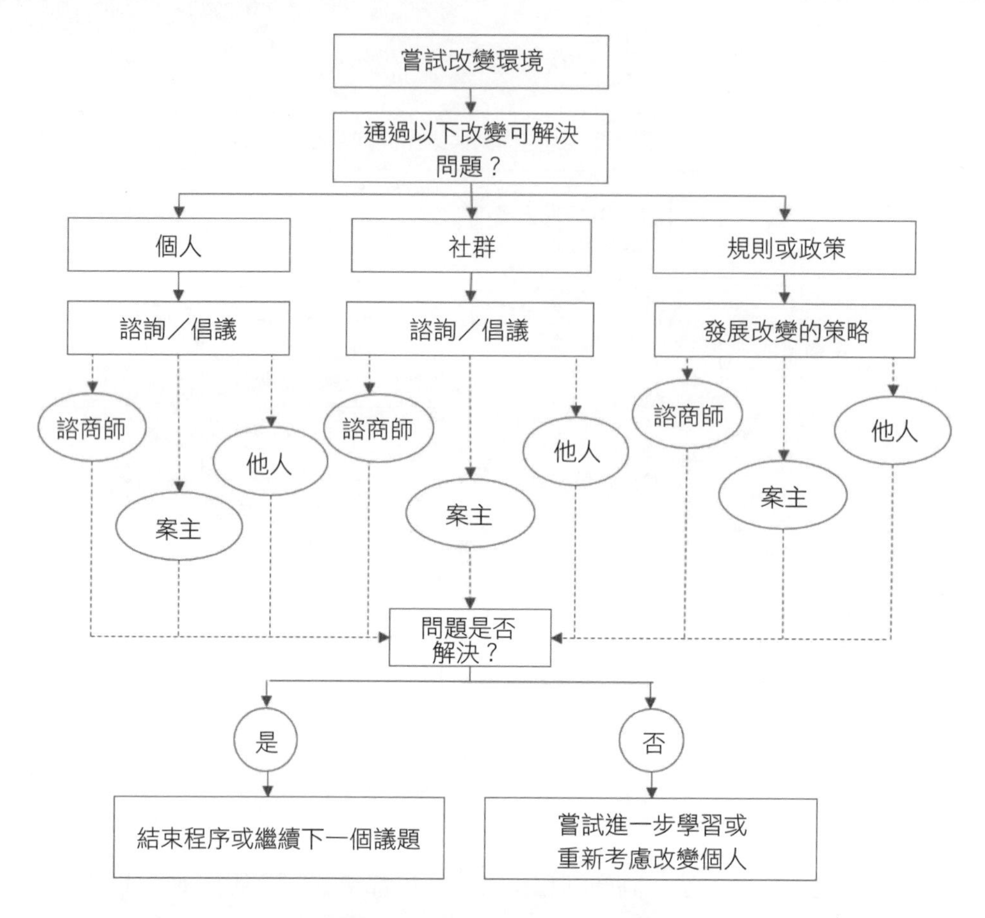

圖 6-6　環境改變的決策點

資料來源：Lewis 等人（2011, p. 169）

前述每個決策點，其影響因素和行動策略都需要被強調。當諮商師協助個人改變時，仍需對可能影響當事人變化的環境系統保持敏感。當諮商師幫助當事人做改變時，環境中的其他人不一定能夠理解，因此諮商師需與當事人討論其家庭成員可能會有的反應，並注意以下現象（Lewis et al., 2011）：

- 當諮商師將注意力集中在環境變化時，仍需注意個人的反應。
- 不要簡化人與環境交互互動的過程。
- 確定當事人個人或重要他人對環境變化有做好準備。

・諮商師不僅要與當事人討論可能的變化，還要考慮哪種變化會較佳。

使用社區諮商模式的諮商師，無須再於個人資源或環境間做選擇，相反的，其角色應不斷變動、轉換。改變環境，其實也是個別諮商中的重要部分，若當事人意識到自己需要改變環境時，就會積極學習和面對生活中的變化，他們的態度和行為最終也會跟著發生改變。

二、政策倡議的經驗

雖然國內多數的諮商師並不認為倡議屬於諮商範疇，對倡議不熟悉、較少參與倡議工作，也未對諮商倡議相關的議題進行研究；但為讓目前接受諮商教育、訓練的學生了解倡議的意義與重要性，此處將以《學生輔導法》的倡議為例，說明倡議的歷程與困境（張祐瑄，2016）。

（一）緣起

由於頻傳的校園性騷擾、約會暴力、霸凌，持續上升的中輟、自傷／自殺通報事件，以及引發學生、家長焦慮和社會大眾矚目之重大事件[4]，讓校園安全亮起紅燈，增添教師班級管理、校園安全維護的難題，均加重了學校輔導工作的壓力及困境。然而，專業人力不夠、資源不足、法規不清，讓學校諮商輔導的功能不彰持續存在。

為改變學生身心長期未獲妥適照顧的狀況、建立完善的學生諮商輔導專業體制，各諮商輔導專業學會、許多專家學者持續倡議《學生輔導法》立法的必要性與重要性。2004 年，中國輔導學會[5]因此成立負責推動立法的任務小組、2006 年接受教育部委託研擬草案計畫，期間雖經學會、專家、學者不斷呼籲，並參與對話，卻仍遲遲無法促成《學生輔導法》的立法，直至 2014

4　例如：1999 年清大研究生的情殺案、2000 年國中生在廁所的意外死亡、2010 年桃園八德國中的霸凌事件、2011 年臺南啟聰學校持續發生的性侵害及性騷擾案件、2012 年照南國小的教師不當管教案件，以及 2014 年大學生在臺北捷運上的持刀殺人案等，都對《學生輔導法》的立法通過有影響。

5　2008 年更名為「台灣輔導與諮商學會」。

年 5 月 27 日臺北捷運車廂內發生大學生隨機殺人事件震驚全國，當時龐大的輿論壓力及事件發生各類相關原因的分析，直接、間接加快了《學生輔導法》的立法工作，於是在立法院新會期開議後的 10 月初，《學生輔導法》即進入法條內容的逐條審查，10 月底即完成了所有條文的審查，最後三讀通過。

（二）倡議策略

為了解《學生輔導法》立法過程中的倡議作為，張祐瑄（2016）個別訪談蒐集了 4 位參與諮商輔導政策倡議多年的諮商專家或學者，並將前後歷經十年的《學生輔導法》立法歷程進行整理，簡要歸納出「起飛、投身、盤旋、著陸」之四階段倡議歷程，並彙整出三類《學生輔導法》立法歷程達成政策倡議之方法或策略，如圖 6-7 所示。

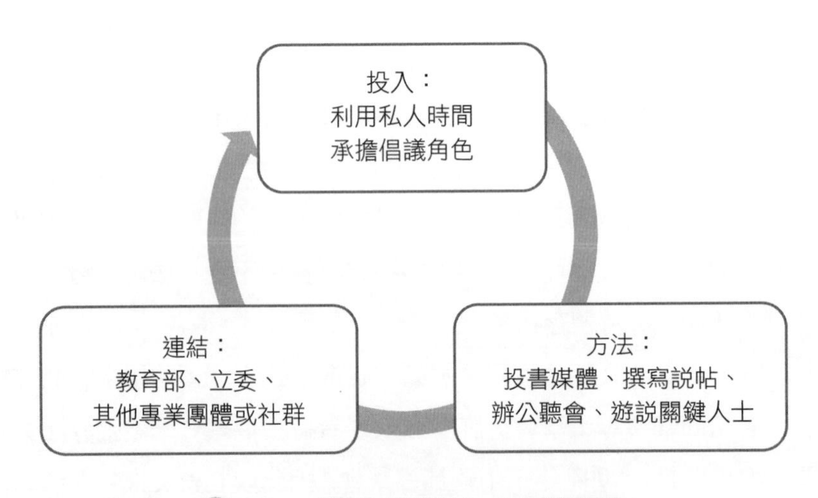

圖 6-7 《學生輔導法》的倡議策略

1. 理念伙伴投入：受限經費，各專業學會皆無法聘請專職的倡議人員，只能依賴有使命、熱情且願意投入個人時間參與倡議工作的伙伴加入。這些受訪者為實現立法成果，都願意利用工作之餘的個人時間、承擔額外事務，積極促使訴求能被聽見。
2. 採取多元方法：為達成立法目的，受訪者和其所屬組織曾使用的倡議策略非常多元，包含投書新聞媒體、撰寫說帖、辦理公聽會等，並嘗試與教育部官員及立法委員建立聯繫網絡、遊說法案關鍵人士等。

3. 連結同盟力量：在推動倡議行動時，受訪者和其所屬組織亦曾號召關注此議題的相關人員、各級學校輔導處（室）、大學諮商輔導科系的師生，以及其他助人專業團體一起加入倡議行列爭取支持。不過，基於各自的專業立場，過程中還面臨彼此競合的狀況，最後都仰賴持續的對話化解歧異。

雖然 4 位受訪的專家學者均全心投入《學生輔導法》的倡議行動，也使用了許多的方法或策略，但研究者在訪談過程中卻發現，受訪的專家學者間仍有意見相左的時候，甚至是參加同一場活動、經歷同一次事件、面對同一位官員，卻抱持截然不同的看法；這些相當資深的專家學者也曾因不具備法律背景，而對法律專業感到陌生，或因立法過程耗時良久、外界不支持而灰心喪志，或因擔心倡議角色被看成是異議分子，而深感改革行動歷經的艱辛（張祐瑄，2016）。

第五節　結語

倡議並非諮商之新策略或新任務，因為早在 20 世紀初，Frank Parsons、Clifford Beers 等前輩即為了移民、年輕人、精神病患者之就業權益和心理衛生資源進行倡議，雖有頗長的一段時間倡議的力量減弱，然在多元文化、社會正義的思潮再起後，諮商倡議的責任即再被強調。

不過至目前為止，諮商工作中的倡議還未得到國內多數諮商專業工作者的認可，在有關諮商師核心能力、能力指標或專業職能的研究中（林家興、黃佩娟，2013；許雅惠，2011；修慧蘭，2012），也未將倡議能力納入其中，也未視倡議為諮商師應具備的重要能力。由於沒興趣（disinterest）、不確定（uncertainty）、未覺察（unawareness）是阻礙輔導諮商人員投入政策倡議的主因，Heinowitz 等人（2012）因此指出，倡議的阻礙多來自對公共議題缺乏覺察，故呼籲學生、老師、臨床工作者應增加倡議知識，鼓勵大家投入公共政策的倡議行列。Lewis等人也建議，應在諮商教育方案的基礎諮商課程中引入倡議的基本概念，再根據倡議能力和社會覺察建立臨床倡議的能力，相信有了這些先備基礎後，將有助於未來倡議行動的展現。

反思與討論

1. 根據 Lewis 等人（2011）所提出的社區諮商模式中，你認為「倡議」發生在哪些向度中？原因為何？
2. 假設你是一位諮商師，當發覺環境阻力而想為當事人權益進行倡議時，可能會面臨哪些兩難？可能的阻力或限制有哪些？
3. 針對目前「心理健康司」的正名活動，或心理諮商納入健保架構的倡議工作，你認為：諮商輔導相關學會、諮商師或目前正在接受諮商教育或訓練的學生，後續可如何進行倡議工作？

Chapter 7

外展：社區諮商中的外展服務

「由於疾病汙名化帶來的恥辱感，諮商師去家訪要比當事人來診所容易得多。」

（Celinska, 2009; 引自 Lewis et al., 2011）

為因應多樣性的社會議題及多元化的案主需要、社會處境，助人的服務策略須隨之調整，而外展即是因應服務對象多元樣態的重要策略之一。本章將簡述外展的概念與功能，說明諮商中的外展服務，並以幾個外展服務方案為例，說明外展服務的進行方式，最後提醒機構進行外展服務時應注意的事項。

談到「外展」（outreach），相信不少諮商心理領域的伙伴會冒出：「外展是社工師的工作」、「只有社工師才做外展吧！諮商師有需要嗎」等等的困惑或質疑，甚至認為外展太危險、太耗竭、浪費時間，而覺得沒必要。

然而，諮商師沒做外展，不是因為諮商師不適合、不該做，而是因為諮商心理服務一直以來主要以學校、醫院為主要的服務場域，因此可以利用學生在校期間提供服務，即使有需要與家長聯繫、對話時，也多會邀請家長到校面談。另外，醫療場域的心理師也是利用病患門診、住院時間提供服務，故在這種情況下就沒有提供外展服務的必要。

但過去不需提供外展服務，不代表諮商師就不必要、不應提供外展服務，特別是當諮商服務的對象由在校學生、家長、住院病患，擴大至未到學校的中輟生、中離生[1]，或是住在安置機構的被保護對象、沒意願或被強迫的非自願性案主、偏遠地區的受暴婦女和心理疾病患者，或者需要透過長照提供居家心理服務的長者等，諮商外展服務對他們來說就顯得十分需要。

因此，「外展」只是個輸送、提供服務的方式或策略，只要服務能夠提供，不僅社工師進行外展，公共衛生護理師也以外展做為重要的服務方式；由於外展可對有需要諮商服務的弱勢案主增加其服務使用上的可近性（accessibility）和可得性（availability），近年來不少行動諮商師早已視外展為其服務的方式之一。在這裡，作者以社區諮商的專業觀點提醒，諮商師在帶著專業方法走入社區、參與社區時，需要具備批判意識，分析社區邊緣化族群如何受到社會主流結構壓迫和制度歧視而成為相對的文化弱勢、資源弱勢，要意識到這些族群無法使用到諮商或心理相關專業服務，並非其個人能力不足或弱勢使然。因此，諮商師需要具備反身性（reflexivity），反思與檢視專業方法的不足，調整服務方法與策略，透過參與社區過程中賦權社區的邊緣化族群，即是社區諮商師的重要實踐（praxis）。

1 「中離生」是十二年國民基本教育實施後才出現的名詞，是指高中職就學階段中途離開學校的學生（參見林哲寧，2021）。

第一節　外展的概念與功能

所謂的外展介入、外展服務（outreach intervention），主要是指助人工作者離開辦公室直接到當事人家中，或當事人所在的學校、教堂、社區和工作場所，以能便利的接觸及服務當事人，幫助他們解決問題和學習因應生活壓力的方法（Lewis et al., 2011）。

而為避免混淆，本章一開始需先釐清「外展服務」（outreach intervention）和「外訪」（reach out）兩概念的異同。兩者雖都強調主動、向外的服務精神，然前者係指一整體的工作模式，除強調問題解決，還重視預防功能、主動發掘服務對象，並混合使用各項服務策略；而後者則指某一階段的工作方式，通常是在專業關係建立初期，助人工作者基於了解案主、建立信任關係而使用的服務方法，例如：家庭訪視、校園訪視（張怡芬，2001）。

外展服務的發展初期，多運用在青少年服務上，特別是在犯罪率較高的地區。1930 年代美國的「芝加哥區域計畫」（The Chicago Area Project）、紐約的「街頭群黨工作」（street gangs work），即期待能同時滿足少年的復原、發展與預防功能；基督教青年會（YMCA）在英國倫敦地區推行的離散工作（detached youth work）、南非以黑人遊童為服務對象的「街頭智慧方案」，則以增加遊童生活技能、教育機會與職業訓練，以及協助其返家為目的之服務；而國內討論較多的，則是香港青少年的外展工作。1977 年，香港「青少年個人輔導社會工作計畫方案」的發表，是其外展工作問世的里程碑，自 1979 年起有 18 支外展工作隊、180 名外展工作者就在香港各地提供服務，將外展工作視為減少或預防少年反社會、犯罪行為的一種處遇策略，外展工作並持續受到香港少年工作者的關注（陳寶釗，1997；馬逸彰，1990；鄧惠雄，1997；引自胡中宜，2009）。

臺灣的青少年外展服務雖各單位使用的名稱不同，例如：外展巴士、中繼站、商家據點合作、少年宣導活動、街角外訪（corner interview）等，但都符合外展工作之精神。檢視青少年服務運用外展的歷史，歷經數十年的轉折，從 1970 年代救國團發展的「街頭張老師」、臺北市政府委託民間機構成立的東、西區少年外展服務中心、雛妓救援之蒲公英計畫，以及少年輔導委員會的街角外訪等，都運用外展服務的工作模式或方案。

由於傳統的青少年服務多以「機構式」、「被動取向」提供服務，不符合高危險青少年游離於社區、反權威的群體特質，使得被動、在機構內等待服務的模式，迄今無法滿足青少年的多元需求與解決犯罪問題；而外展服務大多針對 12 歲以上、未滿 18 歲之中途輟學、蹺家、失依、無家可歸、經常出入不良場所等高危險、邊緣青少年的服務，強調助人工作者（多數是社福領域的社會工作者）至青少年熟悉的情境，以自然、主動接觸、發掘服務對象需求及建立關係的方式，結合個案、團體、社區工作等就其所遭遇之家庭、學業困擾、情緒、職業適應、休閒活動、同儕關係等，提供情緒輔導、就學就業安排、資源提供、轉介服務、團體活動等立即性、緊急性，或是長期性的服務，旨在協助其處理生活中的困擾或問題，滿足個人需要並發揮潛能（胡中宜，2013；張怡芬，2001）。外展工作中為青少年賦權（empowerment）與資源倡議的工作同樣重要，工作者除了「治療性角色」，針對服務對象提供協助、解決社會問題的「恢復性功能」外，更須發揮「倡議者」的功能與任務，以積極達成社會化與預防犯罪的「預防性功能」（胡中宜，2009）。

近年來，外展服務已陸續使用至各個服務對象，也從社工領域擴展至心理衛生、諮商輔導領域，例如：未婚懷孕、離家、自傷、自殺等危機事件，諮商師可直接至當事人的所在區域，提供當事人個別諮商、小團體諮商和教育宣導，有需要時亦可與學校教師、家長合作，發展學校諮商方案、提供家長諮詢服務；而當諮商師確認某些情況對服務對象特別有壓力時，也會發展預防性的外展服務，協助個體發展資源，因應壓力情境。因此，外展工作者的效能除了提供個案臨床服務外，更應關注生態系統帶來的壓迫與不正義，透過在社區內扮演的倡議、社會改革「代理人」的角色，使社區環境更能回應案主的需求（Lewis et al., 2011）。

第二節　諮商工作中的外展服務

一、外展服務原則

居住在偏遠地區、資源缺乏、交通便利性不足的弱勢族群，可能是貧困、無家可歸、失業、疾病或有慢性健康問題的人，他們的權力經常被剝奪、需求被忽視或被汙名化，有時也會受到年齡歧視、種族主義、性別歧視和其他形式的壓迫及傷害，以致於他們雖然非常需要諮商的協助，然因前述種種限制，反易成為被忽略的服務對象。Lewis 等人（2011）指出，以社區諮商為架構的弱勢族群外展方案得以成功的關鍵，就在於能夠掌握、因應高危險情境及資源，而其外展服務的發展主要依循以下幾個原則：

1. 使用所有可以支持當事人的資源，包括：家庭成員、家族、同儕、同事、教會弟兄、諮商師，以及其他可成為當事人成功因應楷模的人。
2. 為當事人提供助人或互助的機會。
3. 告訴當事人關於角色或其所處情境的本質。
4. 幫助當事人發展有效處理特定情境和問題所需的因應技巧。
5. 使用可以增進當事人對其情境和生活的控制方法。
6. 實施能反映並尊重當事人文化與需求的服務，促使當事人能有效的因應生活挑戰、獲得信心和控制感。

而除了提供弱勢族群服務的社區機構外，Ferriero（2014）建議：大學校園裡的諮商中心亦應朝向外展工作模式的方向發展。過去，大學所屬的諮商中心和社區間彼此獨立極少互動，且大多數的諮商中心僅提供治療性服務、等待學生主動來訪，對社區事務不參與也不涉入。然而，因大學與周邊社區互動密切，多數的教師、學生就住在大學附近的社區裡，且學生心理健康問題不斷增加、外界對學校應負責的要求也漸次強烈。由於近年來大學諮商中心的發展已由傳統的職業導向轉而關注學生的整體發展，而為滿足學生需求、拓展服務範疇，許多諮商中心逐漸增加外展服務方案；雖然也有些諮商中心為因應學生不斷增加的需求而變得更趨於臨床導向、增加更多合格的專職人員以提供治療服務，少數中心甚至以增加服務限制（限制諮商次數、限縮服務型態、增加接案的兼職人力等）因應變化，不過增加外展服務方案和訓練、提供電話諮詢，或延長夜間服務時間等已成為普遍的趨勢（Ferriero, 2014）。

二、IACS 的外展工作

四十年來，大學校園中諮商服務的數量呈現戲劇性的增加，顯現的是諮商服務在高等教育裡扮演了重要角色、發揮了多元功能。外展和諮詢雖不是諮商領域裡的新概念，但直到 1970 年代才被認為是大學諮商中心的重要功能（Ferriero, 2014）；此後，大學諮商中心有了重要轉變，不再孤立於社區外，且同意諮商中心應在教育過程中扮演主動參與的角色，不僅應對教職員提供諮詢服務、參與各類委員會以提升學生的生活品質，還可透過預防和發展性方案證明其對社區的價值（IACS, 2020）。

成立於 1971 年的國際諮商服務協會（International Association of Counseling Services, IACS）[2] 屬美國心理學會（APA）的會員，也是唯一聚焦於大學諮商中心專業認證的國際組織，其認為諮商中心為學生事務單位，是校園中有價值、重要的服務單位，應對所有的學生提供服務；為讓諮商專業被認可，諮商師須發展諮商中心和所在社區的網絡關係，並與學術單位及各轉介、諮詢資源密切連結，而為了對有密集治療、醫療問題或需求的學生提供服務，學校諮商專業人員應與社區醫療、心理衛生單位之行政和研究人員，一起為促進學生心理健康和情緒發展的校園生活而努力（IACS, 2020）。

大學校園的外展和預防服務是 IACS 積極推動的服務，其認為大學諮商中心有兩個功能：提供治療性服務、促進學生發展。在促進學生發展的功能上，

2 國際諮商服務協會（IACS）一直是美國諮商學會（ACA）的一員，直到 1993 年才成為一獨立組織，2019 年更名為更符合其角色的「國際諮商服務認證機構」（International Accreditation of Counseling Services, IACS）。

外展是個重要策略，其認為諮商中心為協助學生解決課業問題、促進個人和人際成長，應同時服務學生、教職員及社區，並訓練諮商中心的諮商師執行外展工作。1970 年代後期，IACS 提出了諮商中心的最佳實務原則（principles of good practices），認為大學諮商中心的服務應建立在教育模式而非疾病治療模式上，且外展、諮詢與治療同樣重要（IACS, 2020）。

在 IACS（2016）提出「大學諮商服務標準」（IACS Standards for University and College Counseling Services）的 2020 年最新修正版本中，指出了大學諮商服務的九項角色與功能，包括：

1. 個別與團體諮商（individual and group counseling）：諮商師需要具備使用個別諮商、團體諮商，以處理當事人有關教育、生涯、個人、發展、人際、心理等問題的諮商能力，並具備使用心理測驗與衡鑑工具幫助當事人自我了解與做人生選擇的能力。
2. 危機處理與緊急服務（crisis intervention and emergency services）：諮商師需具備危機處理能力，並能與精神醫療人員協同合作，處理當事人情緒失控、自殺、精神疾病發作的危機處理與緊急服務。
3. 外展服務（outreach interventions）：諮商師需要具備心理衛生預防推廣能力，針對不同人口與文化背景的當事人，提供預防性、發展性的課程或方案，協助當事人增進學習能力與生活效能。
4. 諮詢服務（consultation interventions）：諮商師需要具備諮詢能力，提供學校教師、行政人員、學生家長所需要的專業協助，並且從事學生需求評估與權益促進，使學校成為一個促進心理健康的環境。
5. 轉介服務（referral resources）：諮商師需要具備資源轉介能力，若當事人的問題超出諮商師和學校可服務的範圍時，有能力協助當事人從學校或社區獲得所需要的各類協助。
6. 研究工作（research）：諮商師需要遵守諮商專業倫理，從事研究工作，以確保服務品質，並從事學生特質與學生成長的相關研究，以增進諮商心理學術知識的累積。

7. 方案評估（program evaluation）：諮商師需要定期從事方案評估，包括使用歷年服務的資料做比較，或使用學校的其他統計資料做為服務設計與需求評估的參考。
8. 專業發展（professional development）：諮商中心須提供所屬諮商師和實習生規律的訓練機會、專業發展和繼續教育以提升其技術，這些訓練或教育可以是自行辦理的個案研討、工作坊，也可鼓勵其參與外部課程或研討會。
9. 訓練工作（training programs）：諮商師需持續接受在職訓練、繼續教育，並參與實習生的訓練。

在前述九大角色與功能中，外展服務已被認為是大學諮商服務的角色和功能之一，且是僅次於個別與團體諮商、危機處理與緊急服務的第三項角色和功能。IACS 認為，大學諮商中心應提供聚焦於學生發展和需求的預防方案，以擴大學生的校園經驗和學習潛力，該方案應幫助學生獲得新知、技巧和行為，鼓勵正向、符合現況的自我評鑑，促進個人、學業和生涯選擇，以及增進個別成員和重要他人的關係能力，增加個人滿意和有效生活型態的能力；還強調外展方案應盡可能接觸不太使用傳統諮商資源的學生，以回應不同性取向、性別認同、族群、文化、身心障礙的學生，且為了擴大覺察和使用機會，諮商中心應有效的對附近社區宣傳服務內容，並與社區進行有效的溝通（IACS, 2020）。

第三節　外展服務與方案

一、大學諮商中心

雖然IACS持續倡議外展服務的重要性，然很少有研究針對大學／學院諮商中心的外展工作進行系統性調查，故為了解大學諮商中心的外展及與其鄰近社區之關係，Ferriero（2014）以美國麻州韋頓學院（Wheaton College）諮商中心為例，對諮商中心的工作人員、社區成員進行半結構之焦點團體訪談，結果發現：

1. 對諮商服務日漸增加的期待和逐年縮減的資源間產生之衝突，的確對諮商中心的服務提供造成困境；不過還好的是，工作人員認為財務限制並未對其外展服務造成干擾，諮商中心仍可透過和社區建立連結、發展轉介網絡，平衡資源和期待。
2. 由於心理健康對學生的學業成就具有重要影響力，因此諮商工作持續受到學校的重視；諮商中心所有成員除了努力和社區建立關係，還可透過許多方式，如網路廣播（podcast）、電子郵件、諮詢等來執行外展服務；然成員的經驗顯示，社區大小會影響網絡關係的建立，社區愈小愈容易連結，關係也較密切。
3. 諮商中心主管的態度是決定諮商中心實務工作方式的核心因素。證據顯示：發展取向的主任較少使用病理模式，較不重視心理診斷，傾向以多面向（醫學、發展、系統脈絡）的方式評估學生心理狀態，較強調整體取向、發展系統架構，並認為工作人員需擁有外展和發展方案的專業知能。
4. 不少受訪者都提到，合作（collaboration）是外展工作的要素。諮商中心同仁都同意，與其他部門的合作或有社區草根成員的支持非常重要，邀請附近社區、吸引學生或與特定的學生團體合作是達成外展目標的重要方法；和社區各類委員會共事，透過規律的參與會議（如危機評估團隊、公共安全會議），可與社區成員建立合作關係。再者，由於諮商中心無法掌握所有面臨痛苦的學生，故有必要發展不同層次、系統性的預防工作；諮商中心應積極創造關懷心理疾病的校園氛圍，有系所同仁、教職員的支持，較能減少心理健康服務的盲點、分擔找出和支持受苦學生的責任，增加學生接受諮商服務的意願。而對教職員推動心理健康優先協助訓練（mental health first aid training），則可增加其對心理健康議題的覺察、降低諮商烙印，也可增進教職員促進心理健康的能力。

5. 因部分受訪者認為滿足學生個別諮商需求優於外展工作，故當一對一的諮商服務增加時，就會壓縮工作人員投入外展服務的時間。因此，外展服務的設計和推動應考慮學生求助人數的變化（如期末求助的學生數較多），並在不同時間提供不同服務方案，以因應學生的需要。外展方案的不持續、諮商中心和學生組織不佳的互動和關係，則是外展工作的阻力，因此如何邀請學生社團參與方案設計、讓方案能深入學生居住的社區、透過不同活動的包裝（如瑜伽、寵物治療）吸引學生的注意力等，則是外展方案長期經營應考慮的因素。

此外，Poyrazli（2015）針對美國賓州州立大學（Pennsylvania State University）的國際學生適應和心理狀況之服務建議，是發展外展服務很好的例子。根據調查，國際學生心理困境的前三名，依序分別是：學業（71%）、生涯（60%）、壓力（43%），值得注意的是，有34%的國際學生有憂鬱和焦慮症狀；另外，已婚國際學生心理困境的前三名，雖亦是學業（78%）、生涯（53%）、壓力（36%），然27%的學生還另外面臨婚姻問題。不過，國際學生與美國在地學生相較卻很少求助，也很少使用諮商中心的服務，例如：Nillson、Berkel、Flores 與 Lucas（2004）的研究統計，2004 年僅有 2%的國際學生求助諮商中心，而且通常只在危機出現時求助（crisis help），且多是在痛苦無法忍受、困境較大（intolerable and impairment is more significant）時才會求助。

為了解國際學生的心理狀況，Poyrazli（2015）於是針對賓州州立大學國際學生進行資料蒐集，其以隨機挑選、利用課堂團體選樣的方式進行問卷調查，最後蒐集到 198 位國際學生的資料：58%的男生、42%的女生；18～46 歲皆有，平均 26 歲；超過八成（84%）是研究生、23%已婚；其中 65%是亞洲學生、19%來自歐洲、5%是拉丁裔學生、4%來自中東、3%來自非洲。結果顯示：約 5 位國際學生中就有 1 位有憂鬱傾向；16%的學生會出現與學業有關的焦慮；許多學生關切自己的心理症狀和困境，但卻很少使用（underutilize）諮商服務的狀況。

針對此現象，Poyrazli（2015）建議諮商中心應對國際學生發展其專屬的外展服務方案，可採取的措施如下：

1. 在與國際學生有關的各類宣傳文宣中，事先列出一些與其有關的心理症狀和可能面臨的適應困境、簡介國際學生可使用的相關服務，說明時除了將求助行為一般化外，還需強調諮商服務的保密性。
2. 在為國際學生進行入學初期的定向說明（orientation）或輔導服務（initial guidance）時，諮商中心可針對與其生活適應、學生角色有關的困境提供心理支持。已婚學生是另一群需要關心的對象，可檢視其入學初填寫之憂鬱量表進行篩選，針對高憂鬱、焦慮者發展專屬的服務方案。
3. 由於國際學生出現困境時傾向先找指導教授、導師，因此諮商師應與校園中和國際學生有關的關鍵成員，例如：指導教授、導師、國際學生辦公室工作人員等發展合作關係，定期提供有關諮商中心服務的相關資訊，例如：如何進入諮商（定期的接案及不定期的接案）、可使用的服務次數，以及心理諮商、生涯諮商、心理教育工作坊、學業技巧訓練團體等各類服務的說明。
4. 多數學生喜歡找朋友尋求心理協助，透過朋友的幫助，國際學生更易進入正式的服務系統，故諮商師可以進入國際學生社群、多出現在國際學生會出現的場合、拜訪或出席國際學生俱樂部的會議，以增加其對諮商中心的認識。此外，若諮商師能規律的參與一些以國際學生為主的活動，就較能掌握國際學生普遍的心理經驗，也較能一般化這些經驗。上述這些方法均有助於諮商師能更容易、規律的進入國際學生社群，增加國際學生諮商服務的使用率。
5. 資料顯示：國際學生會在身體不舒服時至健康中心就醫，但在面臨心理困境時卻很少使用諮商服務，此或許與心理健康之文化汙名有關，故建議健康中心應是放置諮商中心文宣的好地方。

二、社區方案：懷孕少女家庭發展方案

美國每年有超過 100 萬名未成年少女懷孕，由於在高中時期懷孕會出現各種負面結果，例如：輟學、無法就業而需仰賴政府補助、出現個人和發展議題，同時還需負起養育及照顧嬰兒的責任等，對少女的發展及其家庭影響頗大，因此不少服務方案，如家庭發展方案〔The Family Development Project (FDP): Helping Pregnant Adolescents〕，會在家戶所得較低之貧窮地區推動服務（Lewis et al., 2011）。

田納西州 Meharry 社區心理衛生中心即是一個由私人捐款資助、推動家庭發展方案（FDP）的機構，其是以社區諮商模式為原則的外展服務方案。此方案不將少女懷孕視為個人的缺陷或心理問題，而視此為一種獨特的發展危機，因此強調積極的預防性服務，以幫助未成年父母發展新的因應技巧。此方案的觀點包括（Lewis et al., 2011）：

1. 青少年與環境相互作用，環境可能對青少年的心理健康和個人發展產生負面或正面的影響。
2. 多面向的服務方法比單面向更有效果。
3. 外展、預防性的教育服務更適用於促進未成年母親的個人發展，而非事後補救式（治療矯治）的服務。
4. 對弱勢族群提供諮商服務時，諮商師需對目標族群的獨特文化具高敏感度，以回應其族群與族群特徵。

而根據社區諮商模式規劃及執行以下的服務（Lewis et al., 2011）。

（一）FDP 催化人類發展的焦點性策略

雖然參加方案規劃會議的人一致認為 FDP 應著重於初級預防，但他們也同意，許多少女在懷孕期間和嬰兒出生後會經歷個人危機，因此亦在 FDP 計畫中納入諮商服務。

為了提供個別服務，FDP 諮商師招募來自田納西州立大學教育、心理和

社工等科系的 15 名非裔女大學生擔任「少女未婚懷孕服務計畫」的志工。這些學生志工須通過每週 8 小時、為期四週共 32 小時的培訓，除了認識社區諮商架構，學習與兒童早期和青少年發展的有關議題、個人諮商和晤談技巧等課程，還須在服務過程中接受諮商師的臨床督導。

FDP 服務的未婚懷孕少女主要來自於 Meharry 醫學院婦產科和 Nashville 區的學校諮商中心，年齡介於 12～18 歲間、首次懷孕，且需符合美國聯邦家庭清寒指標、居住於政府補助的公共住宅。每位少女都有一位專屬的志工服務，志工會根據晤談中蒐集到的資訊為少女制訂個人行動計畫。計畫中除了依個人困境、需求和處境規劃服務目標外，還鼓勵所有當事人參與一系列的親職教育課程，包括：了解產前護理、分娩過程、育兒方法、可能出現的照顧壓力，以及社區可運用的育兒資源等，除了提供交通接送，還提供晚餐。最後，因課程提供參與少女相互支持的機會，少女們愈來愈習慣與有類似經驗的成員討論她們的興趣、擔憂、挫折、恐懼、目標和價值觀，以致於此一類似班級聚會成了「賦權的」支持性團體，在少女分娩後仍維持良好的友誼。

（二）FDP 催化人類發展的廣泛性策略

為讓未成年少女在其人際和社會網絡中獲得支持和尊重，FDP 還運用生態系統觀點，針對當事人的家庭、學校進行外展服務和諮詢，例如：在 FDP 方案期間，工作人員每月至少進行一次家訪，以回應當事人父母的挫折和擔憂。因多數父母都希望少女能繼續學業、獲得高中學歷，為解決此一問題，工作人員會定期與學校老師、輔導員就其課業安排、課後輔導、學業成績進行協商，防止當事人長時間輟學。

（三）FDP 催化社區發展的焦點性策略

規劃家庭發展方案（FDP）的第一步是徵求該區域內學校和社區關鍵人物的意見和支持。FDP 計畫的協調者與社區關鍵人士會召開「社區會議」，主要聚焦於社區需求評估和方案規劃，通常受邀參加會議的成員，包括：產科婦科醫生、護理師、助產士、臨床心理師、社工師、學校輔導員、高中教師和方案諮商師，以及其他相關工作人員，透過會議討論相關的預防教育、外展諮商、個人諮商，以及與方案有關的研究計畫和評估，並建立共識：FDP 是一項預防性計畫，強調在青少年面臨重大生命危機期，但尚未出現明顯心理問題時就給予支持，以協助這些高風險少女發展基本的育兒技巧、讓新手父母學會照顧他們的寶寶、提升嬰兒整體的健康狀況，避免潛在問題的發生。

（四）FDP 催化社區發展的廣泛性策略

方案評估是 FDP 另一項重要的工作，他們能為方案計畫者提供評估整體效能的數據和資料，以說服政府或私人部門提供額外的經費或支持。而與沒有參與該計畫的青少年對照組相比，FDP 參與者有較正面的自我概念、懷孕期間的社會支持顯著提高，不少當事人表示，他們透過 FDP 獲得許多育兒技巧、學到許多因應與身分轉換相關壓力的方法。另外，從當事人父母、教師和學校輔導員的回饋也指出，該方案提供許多對懷孕少女非常重要但超出學校範疇的心理健康服務。

三、因應科技發展的網路外展服務

隨著電腦科技、網際網路等產業的發展，工作者離開辦公室的外展服務出現了變化，新型態的外展工作——網路外展開始發展，例如：新加坡青少年教牧輔導工作者運用網路發展少年犯和高風險青少年的服務工作，他們以教牧輔導為基礎、以臉書（Facebook）作為掌握青少年行蹤的媒介，除能透過網路平臺傳遞活動資訊外，還能即時了解青少年的動態和人際交往（Lim, 2017）。

服務成果非常豐碩的香港青少年外展工作，也逐漸改變其傳統，從利用深夜（晚上十點到清晨六點）至少年聚集場所（如網咖或撞球間），主動結識深夜逗留少年的工作型態，轉而經營網路外展，在網路上主動搜尋沉迷於網路，或參與網路霸凌、援交等的少年／少女。香港獨立媒體（2016）的特約報導指出，由於時下青少年習慣在網路上吐露心聲，香港青少年服務機構傳統面談服務的求助數目已逐漸減少，其以 2015 年香港賽馬會防止自殺研究中心的調查指出，在 313 名連續四週受情緒困擾的青少年中，有 28%沒有向任何人求助，但其中卻有 71.9%的人曾在網路平臺上表達困擾。為此，香港青少年機構在政府和專業組織的支持下逐步發展網路外展工作，主動在網路上搜尋服務對象，甚至發出「網路服務不可能減少」，「只會愈來愈多」的預估。

儘管仍有不少人對網路通訊提供諮商輔導的運用持保留態度，但以網路通訊為媒介的服務卻受到歡迎，特別是用於較敏感族群的服務，例如：英國運用網路進行 HIV 高風險族群的追蹤服務，因為透過網路可以接觸到一些不易被服務、不易得到的資訊，但同時是愛滋病感染和性傳播疾病的高危險族群，因此得以用網路為男男性接觸者進行行為監測（Elford, Bolding, Davis, Sherr, & Hart, 2004）；Lampkin 等人（2016）的研究也提到，研究者發現使用網路社交軟體 Grindr 向郊區男男性接觸者提供性病和愛滋病預防服務成效也顯著增加（2013～2014 年的六個期間聯繫了 903 名男男性接觸者），與傳統電話聯繫、面談的作法相較（在 2010～2011 年的六個月期間只聯繫到 60 名男男性接觸者），使用 Grindr 進行網路外展的服務人數是傳統作法的十五倍，可見網路服務的成效十分可觀。

前述介紹的外展服務方案只是提供讀者參考的案例，近年來已有愈來愈多的諮商事務所[3]和諮商師接受縣市政府委託辦理心理衛生外展服務模式，對社區長者、愛滋病感染者、精神疾病患者，甚至到災區等提供心理或醫療諮商的外展關懷服務，傳送關懷及各種心理資源到社區角落。張高賓（2004）也曾建議，諮商師在對目睹兒童進行家庭介入時，可分別針對大人（受暴婦女）、兒童（目睹兒童）及家庭進行外展服務。

3　例如：癒心鄉心理諮商中心於 2000 年年底就接受臺北市衛生局的補助，針對心理師、關心悲傷與健康諮商議題的伙伴辦理外展心理介入的訓練。

第四節　外展服務注意事項與成效展現

一、注意事項

外展服務改變了傳統諮商之案主來到諮商師辦公室、面對面為主的服務，對許多諮商師是陌生且從未嘗試過的服務方式，因此若要鼓勵諮商師走出辦公室做外展服務，應協助其減少可能出現的阻力（如圖 7-1 所示）。

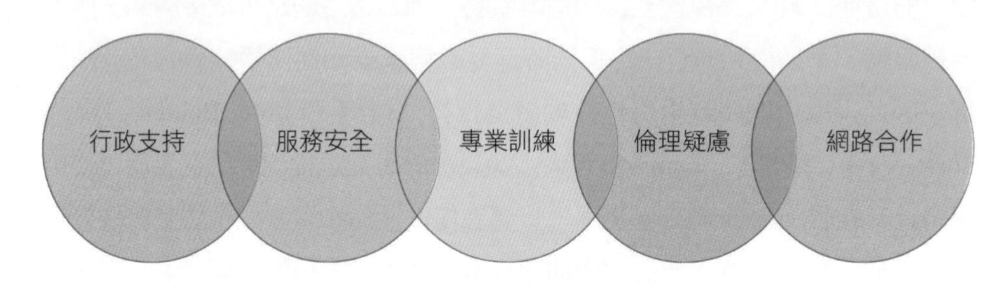

圖 7-1　執行外展服務可能出現的阻力

註：作者自行整理。

（一）行政支持

此方面除了 Ferriero（2014）研究發現所提及之機構主管在理念上的支持——發展取向、重視整體的系統架構外，還需要主管、督導或委託單位給予工作上的信任和編列足夠的經費，例如：保險、交通、膳食的經費補助及設備提供（如便於聯繫的公務電話）等，都是外展人員需要的支持（沈慶鴻，2015）。

（二）服務安全

人身安全是外展服務最重要的注意事項，包括路程中的交通安全及在訪視現場的安全。不管是前述親職支持外展服務方案的方案策略——服務策略中的訪視陪同，還是督導策略中為建立服務紀律的工作守則中都強調，工作者外展時須事先申請，告知機構其外展的時間、地點、對象和原因，以取得機構的同意和知情。另外，督導策略中陪同訪視的互助和輔助機制，不論是督導的陪同，還是學校教師的陪同，都是重視訪視者安全的具體展現（沈慶鴻，2017）。

（三）專業訓練

諮商師離開辦公室做外展服務，少了對服務場域的熟悉、角色權力上的安全感等主場優勢，且面對的可能是低意願或無意願的非自願性案主，因此推動外展服務方案的機構應協助諮商師做好準備。Green 等人（2008）也提醒接受諮商師教育方案的學生必須意識到，過去的心理健康工作者很大程度依賴每週一次、面對面討論的傳統諮商和心理學典範，對解決現代社會不同群體和個人問題時已有不足之處，而在與被壓迫、被剝奪權利之案主工作時，為促進社會政治層面上的變革，在辦公室和社區外進行有效干預則是必要的；但是，這些非傳統方法的新典範，雖是提高心理衛生工作者之有效性不可少的方法，然幫助工作者做好準備、給予適切的訓練，則是學校、機構或相關學會的任務。

（四）倫理疑慮

至案家或學校、社區等場域進行外展服務，雖有易與案主建立關係、拉近距離的優點，但也可能讓工作者面臨雙重關係、隱私及專業界線維持不易等倫理疑慮。Tey、Liu 與 Shen（2011）曾訪談國內 25 位外展工作者，歸納出外展工作者可能面臨的九類、二十二項與文化和脈絡有關的倫理困境，包括：案主隱私、保密議題、自我揭露、價值衝突、雙重關係與界線、案主自主性、物資提供、個人接觸、案家招待等，他們因此提醒外展工作者在遭遇倫理困境時，應與督導討論，並在小組會議中提出，機構也須發展相關的因應策略，以解決外展困境。

（五）網絡合作

合作（collaboration）是外展工作的要素，獲得網絡機構或社區草根成員的支持非常重要（Ferriero, 2014），這些支持除可增加民眾或案主對服務的認可、提升接受或參與的意願，社區在地機構提供的資源，如場地、網路、電話或設備等，更有助於外展方案的推動。

二、外展服務成效

近年來，在助人專業興起「以實證為基礎之實務」（evidence-based practice）的趨勢下，外展服務的有效性亦受到關切，特別是當諮商師走出辦公室走入社區，如何展現外展成效著實讓人費心。

Ferriero（2014）表示，學校諮商師應走出只依賴參與人數作為方案有效性的證明，更廣泛思考外展成效的所在；馮燕（2011）也認為，若只是以服務量之高低進行服務成效的評估，無法真確反應外展工作之多元樣貌。舉例而言，侯雯琪（2006）的研究即是以質性訪談，呈現少年接受外展服務的受助經驗，受訪少年覺得外展工作者對他們而言像是「提供經驗性建議的朋友」、「不帶壓力的家人」、「主動關心的老師」，接受服務讓他們的生活「多了一個關心自己的人」、「多了可以討論的對象」、「獲取生活中的知識」等，由此可看出外展工作者的多元樣貌及為少年帶來多樣的影響。

胡中宜（2013）也認為，只以案主人數作為服務成效的指標，的確會過於窄化外展服務的成效，且因多數外展案主為非自願性案主，容易流失，使服務成果不易展現；故為建構整體的外展服務指標，其透過訪談臺北市四家公辦民營少年服務中心的 19 位外展工作者（含機構主任、督導、社工，女性 9 人、男性 10 人）對服務指標的看法，最後歸納出五層面的外展服務成效指標：

1. 「以個案與群組為標的」：針對服務的當事人和其所屬的群組進行評估，其評估標準包括個案主動求助和表達需求、當事人正向行為與需求提升、當事人危機與偏差行為的降低、正向群組的建立等。

2.「以外展據點為標的」：以外展對象經常聚集的地點或商店為評估標的，指標包括服務開案標準之據點開發、有效掌握據點少年的需求、降低據點少年的犯罪風險、促進商家成為據點的伙伴關係等。

3.「以教育宣導為標的」：教育宣導的外展工作宣導對象可能是一般大眾，也可能是「標的對象」，指標包括接受宣導的服務人數與人次、民眾認識服務中心的程度、外展個案進入服務中心使用資源的比率、服務中心開案個案係外展開發的比率等。

4.「以社區工作為標的」：預防性的處遇策略強調對社區環境的影響，以增加社區意識與完整社區資源網絡為目標，指標包括社區人士對高危險青少年議題的關注增加、社區引進更多青少年輔導與福利資源、社區結構的正向改變與倡議、少年願意為社區投入更多心力與關注等。

5.「以服務方案為標的」：我國和香港的少年外展工作，不單只是外展工作，還結合社區服務中心提供服務，因此績效指標包括外展個案占方案服務使用者的比率、轉介外展少年使用其他服務的比率、外展少年心理社會能力與條件的改變、服務方案的目標達成度等。

第五節　結語

面對多元化的案主，外展服務讓諮商服務增添更多的可能性。外展服務的價值已不再單純是為了尋覓個案，更重要的價值在於如何了解、配合案主的生活環境與需求，主動、彈性的提供適切服務，協助其解決問題、發揮潛能。在外展過程中，諮商師所展現的角色功能也需要擴大，於諮商專業外送過程中，將同時提供諮詢、教育、賦權、帶領等功能，讓心理健康可以從多元化的角度輸送到社區當事人與社區族群。

因此，不論是外訪，還是較整體的外展方案，諮商師不應只專注於問題解決的「微視介入」，還可在外展過程中嘗試影響案主周遭的重要他人和所處環境，促成「鉅視改變」或發揮預防性功能；而諮商師要能外展，除需個人做好準備，還需要機構、社區的支持，故在呈現服務績效時，不只能呈現直接服務的人數、改變，還可呈現諮商師、服務方案對諮商團隊、社區生態所造成的影響，以兼顧個案服務與社區影響、涵蓋歷程和結果的成效指標。

反思與討論

1. 外展服務極具挑戰性，工作者的人格特質、溝通技巧，以及對資源的熟悉度，都影響外展服務的成效。請問：在外展服務前，諮商師如何做好準備、克服內心恐懼，並降低服務對象的防衛，提升自己的外展能力？
2. 當諮商師外展對象是 12～18 歲少年時，因在諮商倫理上會涉及家長監護權、服務知情與保密範疇，在外展服務時如何平衡服務與倫理、法律議題？
3. 外展服務常需要許多資源或機構支持，然在一個地區開啟外展服務的初期，若遇到資源不足或是相關單位無法配合，而當事人的情況比較緊急，且需要外展時，該怎麼展開外展服務？

Chapter 8

方案：社區諮商理念之個別化親職支持方案

本章介紹以社區諮商理念設計與執行的個別化親職支持方案，此方案採取系統合作、賦權、社區參與、半專業工作與社會正義的策略，結合中央與地方政府的資源，整合家庭教育中心、學校、社區組織的服務網絡，培育社區親職志工，開展個別化親職服務。另外，作為社區諮商的反身性實踐，我們也對執行此一方案進行專業的反思與批判，並為此方案親職志工的貢獻發聲，主張拓寬助人工作的光譜，讓半專業工作者和專業工作者具有同等價值。

社區諮商是社區心理學的實務取向，是「一種系統的、預防的、健康促進的介入策略，關心影響個人和社區福祉的社會因素，期許所有人都能平等的獲得所需要的心理健康服務」（Lazarus, 2007, p. 68; 引自 Lazarus et al., 2009）。然而，在問題複雜的社會情境下，單靠個別諮商並無法解決所有問題，為了回應不同年齡、族群的需求和利益，社區諮商師會針對不同議題，例如：壓力管理、健康照護、暴力預防、物質濫用、婚前諮詢、親職教育、溝通及關係維繫等，與社區組織合作，發展綜合性的問題解決策略，以提供個別諮商、團體諮商、教育訓練、外展、倡議等多元的介入策略與方案（Lewis et al., 2011）。

Crethar 等人（2008）指出，社會正義諮商包括了平等、獲取、參與、和諧等四個工作原則，特別是在社會資源分配的面向上，多層次的諮商介入是必要措施。另外，為了催化、促進社區發展，社區諮商師可扮演多種角色，例如：社區與系統的改變者、相關議題與服務對象的權益倡議者、提供專業知識與意見的諮詢者（consultant）、資源發展與結盟者、方案規劃與評估者等，其目的皆在促進個人健康與有品質的社區生活（陳嘉鳳、周才忠，2011；Lewis et al., 2011; Lazarus et al., 2009; Southern et al., 2010）。

由於方案是一套情境分析和問題因應的方法，涵蓋了需求評估、方案執行與成效評估等三個部分。方案設計不僅要符合機構使命、組織規模、經費資源、核心能力，在專業化、強調績效與責信的時代，如何有效率、有效能的完成方案任務，推動符合服務對象需求、取信支持者和社會大眾的服務，是諮商機構和專業工作者的責任。不過，教科書（如 Lewis 等人）中一直以來有關服務方案的介紹都是國外案例，但因社會情境不同，制度、資源有異，總讓讀者覺得不易吸收、理解困難。

故為分享在地經驗，此處將呈現本書兩位作者接受委託（2007～2014年），由設計、執行、評估皆全程參與的「個別化親職支持方案」[1]。此方案

1 請參考以下兩篇報告：沈慶鴻、趙祥和（2013）。**建構最需要關懷家庭輔導網絡：102年結案報告**。教育部委託計畫。沈慶鴻（2017）。缺角的學校輔導工作：適應欠佳學生「親職支持外展方案」的行動研究經驗。**輔導與諮商學報，38**（2），25-52。

的特色包括：

1. 聚焦於社會正義觀點的服務，強調兒童青少年服務的能動性、主動性與可近性，建構一個聯合中央（教育部）與地方政府（教育局／處）、學校（國小與國中）與家庭服務機構（家庭教育中心）之工作架構與網絡合作，提供未進入政府服務方案的「文化不利家庭」之親職服務。
2. 以社區發展和人類發展為焦點，強調社區參與、在地知識應用，連結轉介者（學校老師）、諮商師（外聘督導）等專業人力，賦權社區成員自願擔任「半專業」（para-professional）助人工作者，共同提供社區家庭「個別化親職」的服務。
3. 兼顧個人與社區的多元化服務策略，形成一個兼具系統合作取向、外展服務模式、優勢基礎實務等的個別化親職服務方案。

第一節　方案緣起

一、家庭介入是協助適應欠佳學生的重要策略

學生是學校教育的主體，其求學階段的學習和適應，是學校教育關切的焦點，特別是兒童、少年成長過程中會因為個人、家庭、學校及社會因素的影響或風險事件的干擾，使其無法發揮自我的潛能和價值感，欠缺問題解決和因應能力，難以在正常環境中獲取成功經驗，而出現高風險、偏差或不適應行為（吳芝儀，2000；Walker & Sprague, 1999）。

探究學生適應欠佳或偏差行為的原因、發展介入（intervention）策略，是許多關心兒童少年問題行為的研究者持續努力之焦點；而至目前為止，多因論（黃富源、鄧煌發，2000；蔡德輝、楊士隆，2013）、生態系統觀（王麗斐等人，2008；黃韻如，2006；McWhirter, McWhirter, McWhirter, & McWhirter, 2013）已是眾多研究和統計資料上的共識。Williams、Ayers、Dorn 與 Arthur

（2004）甚至認為，20 世紀末美國被判有罪之少年及虞犯少年的人數下降，就是歸功於許多機構充分運用生態觀點的風險因素及保護因素分析，並依此規劃各種介入策略的成果（引自黃韻如，2006）。

而此一偏差行為的多因論、生態系統觀，促成了系統化、多層次介入（multilevel intervention）的發展（Reid, 2002; Russell, 2011）；且在各個層次中，家庭系統的介入方案是最值得發展的策略（Reid, 2002）。McWhirter 等人在 1998 年以生態系統觀點為基礎，將影響少年偏差行為的相關因素整合成「危機樹理論」（at-risk tree theory）時，亦認為在眾多影響少年偏差行為的因素中，家庭和學校是其中最重要的兩大根基（McWhirter et al., 2013）。

黃富源、鄧煌發（2000）為了解家庭動力、社會學習與少年暴力犯罪之間的關係，以隨機方式抽取 1,091 名少年進行比較（其中有一般少年 354 人、非暴力犯罪少年 397 人、暴力犯罪少年 340 人），研究發現不健全的家庭結構並未直接影響到少年的暴力犯罪，必須經過不良的家庭動力（如家庭氣氛、父母管教、親子關係等）與高頻率的接觸負面傳媒，才會促成少年的暴力犯罪；此一研究不僅同時支持暴力犯罪的多因論，也顯示不良的家庭動力對少年暴力行為的影響甚鉅。

李國隆（2010）亦曾以少年中止犯罪的研究結果，強力呼籲「強化父母和家庭功能」對中止少年犯罪的重要性，認為不論是監控還是關懷，父母與子女的連結都可以使少年及早免除犯罪行為。Pierce 等人（2008）在針對父母親職功能的介入方案中也發現，透過介入賦權（empower）父母維持親職功能，能有效降低 25%的少年在 18 歲以前發生問題行為的比率；White 與 Kelly（2010）在處理學生中輟的經驗裡也發現，父母參與在學校教育中扮演重要角色，將父母納入服務範圍有助於學生的適應和穩定。

上述這些研究結果和統計資料，再次肯定了父母在兒童少年成長過程具重要性的既存看法，並凸顯介入家庭、強化父母親職功能，能減少兒童少年適應欠佳的問題。美國近一、二十年來，強化父母照顧功能的親職教育課程或協助方案成長快速，許多州都視其為預防兒少虐待、降低中輟的基礎

（Bryan, DeBord, & Schrader, 2006）。另外，英國政府在發展家庭政策（如 Home-Start）和執行相關法案（如 Children Act）時，也認為提供家長支持性服務十分重要，親職支持（parenting support）更是其中的重點工作（Milbourne, 2005）。因此，Coleman、Unrau 與 Manyfingers（2001, p. 157）提出「幫助孩子最好的方法就是幫助他們的家長，確保並增進父母達到成功的親職（successful parenthood），是幫助孩子最有效的方法」之呼籲，並得到不少研究者的共鳴（如許春金，2007；黃韻如，2006；Bryan et al., 2006）。

二、連結家長是項重要、但推動不易的工作

其實，關心家庭、支持家長的工作，教育部早在「輔導工作六年計畫」（1991～1997 年）期間，即進行了「推動問題家庭輔導計畫」（計畫九）的規劃（鄭崇趁、林新發，2006），其內容包括了調查問題家庭、擬定追蹤輔導措施、編配輔導人員、實施追蹤輔導、加強辦理親職教育等。鄭崇趁、林新發（2006）更表示，學校教育輔導功能被部分家庭抵銷所形成的惡性循環，是阻礙國家教育競爭力提升的原因，其認為學校若能有效介入親職功能無法妥善發揮之家庭、提升父母親職效能，應可彰顯家庭教育和學校教育功能，整合並實現國家教育的目標。

此種「將家長納入學校諮商輔導工作範疇」的作法，亦在諮商師的實務工作中看到成效。趙曉美等人（2006）以及王麗斐等人（2008）對國小駐校諮商心理師有效介入策略之研究都發現，「將兒童生態系統納入諮商工作」是駐校諮商師服務方案成功的關鍵之一；邀請兒童重要他人（如家長和教師）參與諮商、共同合作來協助兒童，是諮商師有效的工作策略；而與兒童重要他人合作的有效諮商策略，除應建立共同協助兒童的目標外，促進合作之家長（或教師）的覺察和改變、給予適度的支持／鼓勵與增權，則是有效的介入策略。

而此一「支持（或協助）家長以改變學生」的概念雖然重要，但落實不易則是全國國小輔導教師普遍的心聲。林美珠（2000）曾針對國小輔導工作

的需求、現況和困境進行調查，此一具代表性的全國調查結果反映了「與家長討論子女的問題」和「與家長溝通」是國小輔導教師最大的需求，然而「家長缺乏輔導理念」不僅是國小輔導教師面臨的最大困境，亦是其認為最不可能被克服的困境。

與家長互動和連結的困境，至今仍未獲得改善。刑志彬、許育光（2014）以 10 位投入學校諮商工作的心理師為對象進行訪談，亦顯示了在學校心理師面臨的四類困境中，「家庭連結與工作介入」就是其中一項（其餘為行政與工作流程、專業定位模糊、與其他專業人員合作）。趙文滔、陳德茂（2017）亦訪談 28 位來自全國平均服務年資 9.8 年的國中小輔導教師，均表示「系統合作很重要、有需要」，但約有五分之一（19.5%）的輔導教師反映與家長合作困難，特別是家長不接受學校對學生的評估與建議、不接受醫療診斷，使得後續的輔導工作出現拉扯與僵局。

三、有待突破的家長受助意願

由此可見，將家長納入服務範疇、邀請其共同參與學生的諮商工作，在概念上不僅重要，也具有實證基礎，而期待學校諮商輔導工作應跨越僅著眼於學生單一對象的諮商方式之呼籲（如王麗斐等人，2008），也愈來愈被接受；只不過從理念倡議到工作落實似乎並不容易，一來，提供家長服務的機構太少[2]，多數機構的服務只滿足有特殊需求的對象（例如：虐待、性侵害的兒童保護服務；虞犯、觀護等犯罪預防工作；中輟學生的教育安置、早期療育、經濟補助等），但對於無前述特殊服務需求，但卻面臨親子衝突、家庭角色或功能失調等家長的協助實在不足，即使有，服務內容也大多集中在活動宣導和專題演講，對家長實質能力的提升助益不大（沈慶鴻，2008；黃韻

2　我們曾在此方案規劃期間，以教育部出版的《少年、年少：家長陪伴手冊》（沈慶鴻等人，2006）中的社會資源部分為材料，對國內的教育、警政、司法、社政等系統現有服務兒童、少年之機構和方案，進行服務內容之蒐集，發現多數機構的服務對象仍集中在兒童、少年本身，家長並非機構關注的焦點。

如，2006）。

二來，要求學校提供家長服務的複雜性太高，當初在「輔導工作六年計畫」中的「推動問題家庭輔導計畫」裡，原本預期各級學校能透過「問題行為學生」的線索，尋找「問題家庭」而給予輔導服務的作法，並未達到預期目標的主要原因，即是因為輔導人力、經費、法源依據等問題，以致此期待並未真正執行（鄭崇趁、林新發，2006）；且學校並非強制性親職教育的執行單位，對缺乏意願的家長處理亦是難題之一。也就是說，家長不配合、不參與是普遍存在的問題，而沒時間、缺乏興趣、擔心理解困難、費用太高、交通困難、托兒問題、主辦單位和家長間的文化差異等，皆是父母活動參與上的阻力。此一低度參與的現象國內外皆然，且不論服務的對象是雙親、單親、隔代、新住民、原住民或身心障礙者的家長，皆會出現的窘境；以致於工作人員持續面臨家長招募困難、出席人數比預期少、遲到早退、活動中輟，以及期待親子（或父母）共同出席，但總是單方出席的現象（戴維仁，2007；Bryan et al., 2006）。

第二節　方案理念與架構設計

一、方案理念

根據教育部（2015）於 103 學年度的中輟資料庫統計，超過半數（53.58%）學生因「個人因素」而中輟，只有約兩成（19.22%）學生因「家庭因素」停止就學（其中有 24.26%為照顧者管教失當）；此比率乍看之下會讓人以為國中小學生的中輟似乎是學生的個人問題，但仔細探究後就會發現，在「個人因素」中有將近八成（78.26%）的學生因「作息不正常」而中輟，而此一所謂「作息不正常」，當然與父母（或照顧者）的親職功能未發揮緊密相關，完全符合適應欠佳學生多來自親職低／失功能之家庭，尤其是父母管教失當、親子關係不良，與兒少適應欠佳有相當大的關聯性（廖裕星，

2005；Bryan et al., 2006）。

幫助孩子最好的方法就是幫助他們的家長，確保並增進父母達到成功的親職，是幫助孩子最有效的方法（Coleman et al., 2001, p. 157）。然而，以學校現有的輔導人力要達到上述期待，著實不易；學校依法[3]雖是家庭教育的推動單位，然而期待學校介入親職教育，對學校和教師來說，依舊是力有未逮之事。

因此，協助學校推動家庭教育、支持適應欠佳學生的家長發揮親職功能，做為家庭教育主管機關的教育部，於是透過方案委託，嘗試執行一個「個別化親職支持方案」[4]，推動因「家庭因素」而適應欠佳學生的關懷工作，建立「學校輔導」和「家庭教育」的網絡關係，以同時達到協助學校、支持家長、提升學生適應之多重目的。而由於高風險、中輟、虞犯[5]、犯罪等學生，已有不少機構（或方案）提供服務，為免服務對象重複、資源重疊，並考量執行機構之諮詢輔導定位後，教育部於是設定：以「中輟之虞學生的家長」、「重大違規學生且家長在親職教育上無法施力者」、「家長過度忙碌或失業而使學生未獲適當照顧之家長」等三類為服務對象，並請學校協助轉介個案，執行機構將針對上述各類學生的家長提供服務。

二、方案脈絡

1. 方案形成：委託方案。
2. 方案設計和督導：國立暨南國際大學家庭教育研究中心。兩位作者為方案的主持人及執行者，全程參與方案從無到有，並歷經醞釀、形成、摸索到穩定的過程，同時身兼規劃、訓練、倡議、支持和評估等多元角色。

---

3 見《家庭教育法》（2019）第 9 條規定：家庭教育中心和各級學校，皆是推展家庭教育之機構。

4 本方案最後由委託單位命名為「建構最需要關懷家庭輔導網絡」。

5 隨著《少年事件處理法》於 2019 年修正後，對接近觸犯刑責法律，或曝露於危險之中嚴重戕害身心健康的少年，稱之為「曝險少年」。

3. 方案運作場域：執行機構（各縣市政府教育局／處家庭教育中心）、國中及國小輔導處／室、被轉介之學生家庭。
4. 方案參與者：包括以下五類（如圖 8-1 所示）：
   (1) 服務規劃者：被委託單位統籌全國方案設計（含服務程序、訓練課程）；各縣市承辦人負責其縣市內之計畫申請、經費核銷、會議召開和志工管理等工作。
   (2) 服務提供者：由執行機構所屬的輔導志工擔任方案的直接服務提供者（原為親職諮詢專線的輔導志工，接受外展服務訓練後成為個別化親職輔導服務的外展工作者）；志工督導、縣市承辦人則為間接服務提供者。
   (3) 服務參與者：指參與本方案服務的國中或國小，由輔導處／室擔任聯繫和個案轉介窗口、專任輔導教師或導師則為個案動態資訊的蒐集者。
   (4) 服務督導者：執行機構聘請的專家（如諮商師、社工師，或大學相關科系教師等），擔任本方案之外聘督導，督導和賦權外展輔導志工的接案服務。

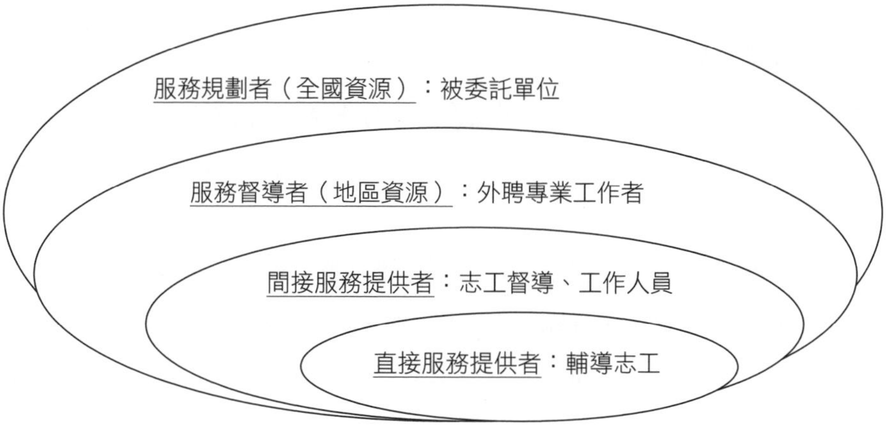

服務規劃者（全國資源）：被委託單位
服務督導者（地區資源）：外聘專業工作者
間接服務提供者：志工督導、工作人員
直接服務提供者：輔導志工

圖 8-1　「個別化親職支持方案」的專業層級和督導系統

(5)服務接收者：經學校轉介、符合本方案轉介指標，且願意接受本方案服務的學生家長，需填寫家長接受服務同意書。

三、方案策略

本方案運用了十二個策略，可歸納為服務、合作、督導等三類（如圖 8-2 所示），說明如下。

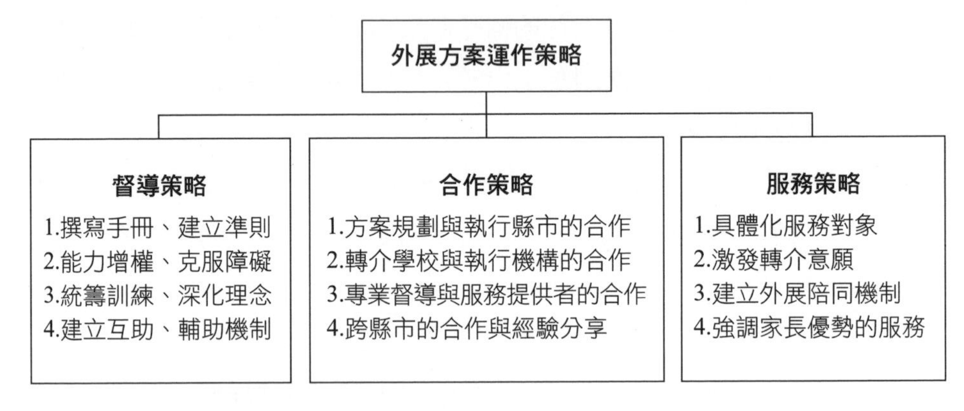

圖 8-2　「個別化親職支持方案」的運作策略
資料來源：整理自沈慶鴻（2017）

（一）督導策略

1. 撰寫服務手冊、建立工作依歸：由於服務縣市遍及全國，無法讓所有人都能參與相關的訓練，因此撰寫服務手冊、說明計畫理念與服務定位，以建立依歸。
2. 協助服務轉型、克服「外展」心理障礙：本方案受限於經費與法規，無法聘僱專業、專職工作者提供服務，只能將資深的專線輔導志工轉型為外展志工，而協助輔導志工克服心理障礙，即成為方案初期最大的挑戰。
3. 建構知識基礎、統籌訓練課程：克服心理障礙之餘，還需突破能力限制，因此強化親職教育、家庭系統、服務倫理等系列課程，並提供持續的個案研討。

4. 發展「現場互助、層層督導」機制：為建立支持系統、考量外展安全，發展「主責、陪同」的雙人服務方式，並提供志工督導、專業督導的雙層支持系統。

（二）合作策略

1. 由中央主管機關召開方案會議，說明方案的意義和來源，建立方案規劃單位（即作者所屬的研究中心）與縣市執行機構之間的督導及合作關係。
2. 由地方主管機關召開方案說明會以爭取學校支持，建立轉介學校和執行機構的合作關係，以串連學校輔導、學生家長與服務機構的服務關係。
3. 引進外部專家，邀請諮商師、社工師擔任專業督導，督導半專業的輔導志工執行親職支持工作，以提高服務品質。
4. 建立跨縣市執行機構間的互動平臺、凝聚伙伴關係，讓不同縣市的經驗可以流通，以能互相支持、學習觀摩和良性競爭。

（三）服務策略

1. 建立轉介指標、確定轉介流程和相關表單，如此才能協助學校理解及辨識方案服務的對象。
2. 激發轉介意願：邀請學校出席服務說明會，除激發學校對方案理念的共鳴外，還需說明服務步驟、簡化轉介流程，以提升學校的轉介意願。
3. 透過電話服務、外展訪視（校訪及家訪），強化家長被服務的意願；且為取得家長信任、催化家長接受服務，第一次家訪將邀學校人員陪同。
4. 強調家長優勢，漸進式增強家長受助意願，引導家長改變。

四、服務流程

而整個「個別化親職支持方案」涵蓋了跨機構合作、不同專業層級的互動和外展服務的五個步驟，說明如下（如圖 8-3 所示）。

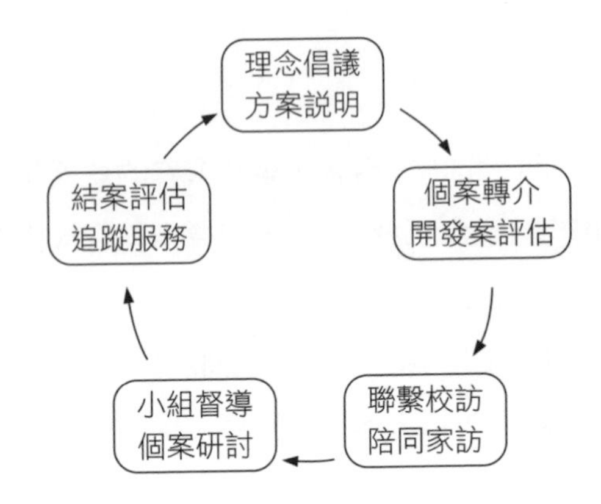

圖 8-3　「個別化親職支持方案」的外展服務步驟
資料來源：整理自沈慶鴻（2017）

1. 理念倡議、方案說明：利用各種管道（如出席不同層級會議、擔任講座、撰寫服務手冊）倡議此一方案理念，並邀請各國中小輔導處／室出席方案說明會，提供轉介單、家長接受服務同意書和相關表單。
2. 個案轉介、開案評估：各校遵循轉介指標進行轉介，承辦單位接獲各校轉介案後，會邀請外聘督導協助召開開案評估會議，以決定開案與否，外聘督導並針對校訪、家訪事宜進行資料蒐集方向的提醒。
3. 聯繫校訪、陪同家訪：決定開案後，即會在規定時間內進行校訪，與學校輔導處／室之轉介者和導師討論並蒐集與學生有關的資料。之後，再請導師協助聯繫家長，約定時間後進行第一次家訪。
4. 小組督導、個案研討：為掌握服務狀況、追蹤進度，每月會進行一次由外聘督導主持的小組團體督導，二至三個月會辦理一次跨組參與的個案研討，以掌握服務品質、提供諮詢，提升團隊士氣。

5. 結案評估、追蹤服務：若有結案需求，外展志工需於督導時提出，經外聘督導協助評估、學校轉介窗口確認後，才決定結案與否。結案後，也會在接續的學期內追蹤一至三次後結束整個服務。

第三節　方案服務成效

本方案是教育部（即委託單位）分析學生中輟資料庫後[6]醞釀的想法，雖是「由上而下」的政策方向，然工作架構、服務策略則是被委託單位從無到有，歷經醞釀、形成、摸索到穩定的過程。為讓方案運作順暢、確認服務輸送的有效性，並賦權（empower）參與者，因此將行動研究（action research）的精神和架構納入，利用行動過程中的行動反思（reflection-in-action），以及每年計畫、行動、觀察、反思的循環歷程（蔡清田，2015；Kemmis, 2006），是方案規劃者推動方案後一面解決問題、一面反思修改的過程。

本方案蒐集的資料相當豐富，資料來源亦十分多元，包括：會議紀錄、課程回饋、工作報告、個案紀錄、個案資料庫、問卷、縣市訪視評鑑報告，以及督導單位的會議紀錄等，涵蓋了多種量化和質性的資料。其中，量化資料的來源以資料庫和問卷為主，質性資料則是過程中不同會議、督導、課程和訪視評鑑報告所累積之紀錄。

一、參與人數

直接參與本方案的人力，可分為行政人力（即方案承辦人，中央及縣市各 1 位）、督導人力（包括被委託單位及縣市外聘督導）、服務人力（志工）。由於每年投入的人力不等，以 2013 年為例：

1. 受邀參與本方案的外聘督導有 45 人，其中有 51.1%為專業人員（42.2%為諮商師、8.9%為社工師），40%為大學諮商輔導學系教師。

6　以 2011 年為例，教育部全國中輟資料庫顯示：28.4%的學生因「家庭因素」而中輟，「家庭因素」中又以「管教失當」為主因。

2. 參與本方案的全國志工有 1,101 位，其中有 82%為女性、69.4%的志工介於 41～60 歲間、56.3%的教育程度在大學以上（其中有 14.2%具碩士學歷）、42.1%擔任輔導志工的年資在五至十年間（33.9%為十年以上）。此外，約四成（38.8%）的輔導志工有全職工作、約五分之一（21.4%）為退休人員，退休人員中有 61.4%為退休教師、23.3%為退休軍公教人員。

二、服務案件與次數

本方案自 2007 年起至結束方案委託（2014 年 6 月止），已接受 3,088 件轉介案，經機構開案評估會議後，提供了 2,554 件的服務（開案率 82.7%），共進行 36,424 人次的服務，平均每案服務 14.2 次（若以兩週一次的服務頻率計算，每案平均服務 7 個月），至結束委託時已有 1,945 件結案（76.2%）。

1. 根據個案資料庫統計，學校轉介案的親職問題依序為：照顧責任未發揮（15.8%）、行為或觀念偏差（14.6%）、親子關係不佳（12.8%）、親職知識缺乏（10.9%）等。
2. 學生適應欠佳的行為則依序為：生活作息差（15.1%）、自我控制弱（11.4%）、對學校生活沒興趣（10.9%）、學業低成就（10.2%）等。
3. 由於本方案係執行機構與學校合作，透過學校教師（含輔導處／室和導師）了解學生概況，並以外展方式服務家長，因此家長是主要的服務和聯繫對象（54.3%），學校教師（26.4%）則為次要的服務和聯繫對象。服務方式則包括電訪（41.5%）、家訪（34.7%）、校訪（20.9%）等。

三、服務成效

在 1,945 件已結案的案件中，約有半數（49.1%）案件達成轉介目標而結案，不過其中有 5.2%的案件家長無法聯繫、8.5%的案件家長沒有受助意願而結案，因此若扣除此兩類案件，達成轉介目標而結案的比率將會大幅提升。而在達成服務目標而結案的案件中，依序達成以下目標：家長教養態度改變（17.7%）、親子關係改變（15.5%）、學生偏差行為改變（14.7%），以及就學狀況改變（13.7%）。

另在蒐集外部意見、了解轉介學校對本方案的態度中，方案過程進行過三次問卷調查，分別是第一年（2008 年）、第二年（2009）、第六年（2013 年），每次都經過二至三次的催收，轉介者和導師回收率約七成，家長回收率約四成五。重點如下：

1. 學校轉介者：85.2%的轉介者認為本方案有助於學校輔導工作的推展，87.1%認為本方案對家長與學生是重要的資源，67.54%肯定外展志工服務家長的能力。進一步分析發現，有陪同家訪經驗的轉介者在合作關係上顯著高於未陪同家訪者。
2. 導師：82.9%的導師認為本方案所提供的資源對家長及學生而言是重要的，78.47%的導師願意與外展志工討論或給予其所需要的協助，更有 85.9%的導師認同本方案「協助家長有助於改變學生」的理念。進一步分析發現，導師參與網絡會議、與志工聯繫的經驗會影響其對方案的理解和服務的認同；而有陪同家訪經驗的導師則不論在方案理解、合作關係和服務成效上皆高於無陪同家訪經驗者。
3. 家長：75.8%的家長願意接受志工的訪視與電話聯絡；60.2%的家長認為在外展志工的協助下，其與學校老師的互動變得更好；62.3%的家長覺得在志工的澄清與協助下，愈來愈能了解自己對於孩子的想法；57.0%的家長認為其在接受服務以後，家庭或親子關係有所改變。

整體而言，除方案初期導師對方案理解度較低外（2008 年 M＝1.81；2009 年 M＝1.98），其餘不論是轉介者、導師和學生家長，對方案理解度、服務認同、合作關係和服務成效的正向態度，會隨著時間的增長逐年增加；特別是對「服務認同」的態度，其次是「合作關係」和「服務成效」，最低的則是「方案理解度」。

第四節 方案啟示與反思學習

一、方案運作的關鍵因素

本方案是親職教育機構和學校共同合作，針對適應欠佳學生的家長所提供之個別化親職輔導服務，以外展的家訪和校訪為基礎，結合不同專業層次的工作者所執行之服務（專業工作者擔任督導、輔導教師提供學生行為的觀察資料、半專業志工執行外展服務），方案的執行歷程和問卷調查結果所累積的資料，皆證實本方案之服務理念和執行架構是具有實證基礎（evidenced-based）的。

（一）爭取被認可的半專業志工

專業資源昂貴、無人事經費，是本方案初期最大的困境，也是半專業志工成為服務提供者的主因。不過，半專業志工在服務能力上不易得到學校系統的認可，也是初期須突破的障礙。其實，這些投入服務的志工多數都有長期專線電話服務的經驗，在五分之一退休人員中有超過八成是退休軍公教人員（其中有61.4%為教師），其對學校系統的熟悉、累積的在地關係之後反成為提供服務的助力。此一將半專業志工納入助人團隊的作法，早已是英、美助人工作的新模式；志工有別於專家模式（expert model）的平等角色、相似於家長的角色，不僅能達到經驗分享、扶持和同儕教育的功能，其彈性、不受上班時間限制的服務安排，更能符合家長的需求（Frazier et al., 2007; Milbourne, 2005）。

（二）由「無意識」到「有意願」的學生家長

本方案服務的家長皆非主動求助，而是透過學校轉介而來；一般來說，親職低功能多是長期形成、各項複雜因素互動的結果，多數伴隨著經濟壓力、孩子學業低成就和行為問題等困境，且不少是隔代教養、新住民等文化不利家庭，並面臨不易改變的結構困境，因此十分考驗志工建立關係、取得信任的能力。幸好，多數家長經過輔導志工的聯繫、拜訪後，皆能順利展開服務，僅有 13.7%的家長（5.2%無法聯繫、8.5%無受助意願）無法為其提供服務。

（三）系統觀念的催化與灌輸

本方案能夠啟動服務的關鍵，在於透過學校連結家長。對學校而言，是由外而內的服務推動，因此學校輔導處／室的轉介意願、導師提供資料和陪同家訪的意願、家長的受助意願，是三個密切相連的關卡。要打通這些關卡，所有參與者皆需接受系統觀念，並各司其職的扮演影響學校系統之工作，例如：執行機構的主管需透過教育局／處之相關會議（如校長會議）和公文系統傳遞服務訊息；方案主持人需親自至各縣市輔導主任會議說明方案理念；承辦人需電話聯繫輔導處／室約定校訪時間；志工督導則需帶領輔導志工拜訪輔導教師和導師，並在說明導師的重要性後試探性的邀請導師陪同家訪，這一連串的作法皆是系統串連的工作，若能如此，累積的能量自然能讓學校動起來。

（四）家庭服務理念雖清晰，服務定位卻不易掌握

雖然「以家庭為基礎、以家長為對象」的親職支持特色獲得參與者的普遍認同，不過在實際執行後，由於家長和兒少的利益時有衝突，服務定位即常面臨挑戰，使得志工常在所謂的「以家庭為基礎」的「家庭」究竟是誰，而在「服務家長」和「服務兒少」間擺盪。另外，「親職支持」或「經濟補助」亦使志工陷於困境，尤其對同時具有教養和經濟困境的家長，經濟補助的需求常高於親職支持，以致於在服務過程中，會出現家長對親職知能改善之動機微弱，但執行單位又無資源可協助之困境。

（五）縣市政府（二級單位和承辦人）對「由上而下」方案的執行態度

最重要的關鍵因素，還有縣市政府（二級單位和承辦人）對「由上而下」方案的執行態度，而此也是方案主持人為免縣市抗拒，第一階段採自願參與

試辦計畫的原因，待累積 Know-How、凝聚士氣後，再擴大成為全國計畫；且第一階段方案執行的績優縣市還可扮演示範、諮詢請教的對象，如此不僅可讓非自願縣市有充分準備的機會，第一階段即參與的縣市、投入服務的輔導志工還可賦權其他縣市。雖然規劃如此，然縣市間對方案態度仍有頗大落差，少數縣市的抗拒、準備不足成為執行過程中的阻力，方案只成為一件辦完即結束的工作而已。

二、方案醞釀的行動知識

本親職支持行動方案，展現了下列幾項行動知識。

（一）建構「主動式」的親職支持策略

本方案打破傳統「被動式」的親職服務策略，採取開創與主動積極的方法，「服務送到家」為特色之一；串連專業、非專業，結合學校和社區形成服務網絡，為特色之二。這種「主動」的預防介入，是工作者的「主動」，有別於傳統諮詢專線及等待父母參與的推廣教育，是一種貼近的個別化服務，也是親職教育工作內涵的重新省思與轉化。

（二）建構「在地化」的家庭服務資源

為因應無專業人力聘用員額、專業資源昂貴、資源分布不均和匱乏等困境，訓練在地志工成為父母陪伴者或家庭服務者，使其在資源熟悉、時間彈性，以及充分理解該區家長之生活、語言與文化優勢下，成為「在地化」家庭服務之推手。而且，在地志工長居該區，流動率自然較少，服務次數卻可以增加，形成一種「在地人」服務「在地家庭」的型態。

（三）建構「半專業」的志工訓練方式

為因應志工服務需求，以及轉介學校對服務品質的期待，本方案屢次從志工服務的過程中反思訓練的內涵與方法。本方案志工雖非專業工作者、未經學院式訓練，然其持續性的學習、課程與實務的交流，以及其過去個人經驗與實務的對話，亦是「專業精神」的真實展現，特別是其服務歷程中一步一腳印的行動實踐，屢次在督導、小組討論和個案研討中的反思和覺察，實已具有「半專業」之能力內涵。

（四）建構「多元化」的工作推展能力

本方案的推展，已對方案參與者的工作方法與策略產生直接之影響，經歷外展的支持性服務，執行單位已逐漸脫離在辦公室「想像」家庭需求的工作方式，除能主動連結學校輔導處／室與導師、社福機構等進行個別化服務外，還能在個案服務後再針對相似需求和人際特性的家長，更進一步提供父母效能講座、電影欣賞團體、親子活動等服務。這種從行動脈絡中發現實務運作的策略，有別於過往的工作方式，突破單點、單向度的工作思維，並能兼顧服務的深度和廣度，發展更契合於家庭的親職教育方法。

三、反身性：對專業本位主義的批判

（一）從服務斷裂中出發：看見漣漪擴大的助人工作

此方案意圖處理家庭功能不彰的學生問題，這些學生大多拒學或無法規律上學，學校教師多認為家庭親職功能不佳，因此我們從此一實務議題開始思考，從生態系統的概念出發，結合中央、地方、社區、學校及相關組織的力量形成此一方案，摸索過程中深刻體會理論—實務、需求—現況、專業—非專業、風險—保護等斷裂式的議題，因此期許方案能夠試圖填補概念到實務之間的落差，但過程中的困境和阻力，也讓我們體會到做為一個視野開闊「擴展的專業主義」（extended professionalism）者（蔡清田，2015）並不容易。本方案從「支持家長有助於改變學生」的理念倡議開始，由一個校外單位喚起學校對家長需求的重視，持續的行動經驗證實了轉介學校對「家長需要服務」理念的認同、肯定服務家長對學生輔導的重要性，也有助於學校輔導工作的推動；而家長的反應不僅確認了家長需求的存在，也支持非標籤的連結、優勢和增權的工作取向，能化解部分家長的抗拒。

（二）對專業本位主義的回應：為親職志工的貢獻發聲

雖然，這一路走來阻力重重，方案運作過程不斷歷經困境，但也觀察到各種成效和正向力量隨著時間在各個層次中蔓延，從小績效帶出大循環、從一個行動帶出更多行動、從各種小溝通爭取更多的合作空間，以及在機構承辦人、輔導志工、學校教師、家長和外聘督導等的串連下，看見漣漪擴散後所帶動的正向循環。我們作為方案的設計者，在持續行動的實踐中，不僅看見了斷裂逐漸被縫合的可能性，也充分感受到困境克服竟成為行動過程中的滋養來源，以及參與者間相互賦權的額外收穫，因此期盼以此經驗，激勵更多的助人工作者參與各式斷裂縫合的工作。

我們在整個方案執行過程中檢視各種困境時，一再發現「專業主義」的阻礙，如何讓半專業成為助人專業的一環，需要重新給予這些親職志工一個清楚的專業定位。親職志工是專業助人光譜的一環，他們在合作和個案處遇的過程中，展現了在地文化的深度理解，呈現了志工做為社區一份子的親和性，對於這些因為家庭功能匱乏而又缺少社會資源的個案而言，親職志工填補了教育體系中的親職輔導角色。他們的貢獻及展現在本方案中的成效，即使在方案結束後，依然承受來自「專業」和「專家」帶著「專業本位主義」對他們的批評，對於做為社區一員的志工，是極為不公平也不正義的事。

（三）方案的生根：社區參與的賦權

此方案在實施七年之後，「個別化親職服務」不再是中央指定的家庭教育中心業務，但我們很欣慰仍有部分縣市家庭教育中心維持此服務方案，而多年來這些與我們並肩作戰的親職志工，在我們結束此方案後，即便有著顯著效果，他們仍持續面對相關專家的質疑聲音，被認為不符親職教育的推廣定位個別化服務、不必進行外展會談、或暗示志工不具備專業知能等。我們感到遺憾的是，倘若這些功能不佳的家庭可以獲得更多專業資源，大家都樂見其成，此案之所以受到各縣市家庭教育中心、社區民眾與學校教師的歡迎，就在於它結合了在地志工、專業資源與社區參與，特別是此一方案帶來的外溢效果，讓這些在地志工對家庭親職助人工作更具信心與熱忱、對身為社區一份子有更多的認同，並在忙碌之餘、退休生涯中，感受到賦權與意義感。

方案從無到有、從發想到實踐，七年將近二千五百個執行日子裡，我們不只是學術工作者，亦將自身投置於此一實務方案中，我們想強調的是：此一方案能夠順利的推動執行，要歸功於所有本方案的參與者；我們學習立足於「反思性的實務工作者」（reflective practitioner）之立場，亦於運作過程中獲得了「助人知識的形成是共構的」、「專業定位的權力是共享的」、「專業態度決定合作範疇」等反思性的結晶，這也是社區諮商的策略之一：學術參與（scholarship engagement）社區的實踐。

第五節　結語

「個別化親職支持方案」做為社區諮商的策略之一，它不只是一個方案，也是一個反身性實踐。此一方案，是典型的「大學—政府單位—社區組織」的系統合作，我們以社區諮商的精神，設計了全國性方案，從第一年的實驗到後來七年的實作，彌補了教育體系中服務的不足，也開啟了個別化親職輔導的服務特色。而在實踐過程中，我們融入社會參與、賦權、系統合作、對話、社會正義等社區諮商的作法，呈現了一個系統合作的社區方案。

反思與討論

1. 想像一下，如果你是一位社區諮商師，你需要培育社區志工進行支持性的輔導工作，你可能會遇到哪些阻礙？你又具有哪些優勢足於讓你克服挑戰？
2. 請分小組討論，帶領與培育社區輔導志工需要哪些策略？志工需要接受哪些助人知能？應該如何進行？
3. 請以社區諮商的精神和理念，列出「個別化親職支持方案」需要改進之處為何？列出三點，並提出改進策略。

Chapter 9

教育：社區諮商中的倫理議題與專業教育

本章說明社區諮商的倫理議題與專業教育，倫理包含了傳統個別諮商的倫理議題與社會變遷之下的新興諮商方法之倫理議題，專業教育則比較國內諮商教育與美國諮商教育的異同，並提出社區諮商教育的重點。最後，我們認同個人與專業整合的諮商專業，強調社區諮商師身為社會正義的代理人（agent），必須具備德性倫理（virtue ethics），對社會壓迫、歧視與剝削展現一種「政治的—倫理的」關懷（political-ethical concerns）。

社區諮商師重視多元文化，秉持社會正義和生態系統觀點，除了服務個別當事人、關心當事人身心健康之外，需要時，還會與當事人生活中的重要他人聯繫，並積極的走入社區，推動社區心理衛生預防工作。因此，社區諮商師除了個別諮商外，亦會使用外展、倡議、專業合作等多樣服務策略，以改變或去除阻礙當事人成長或發展的各項因素。

由於現代社會的問題複雜、衝突不斷，陪伴當事人解決心理困境、社會適應問題的諮商師，也需持續釐清倫理難題、增進專業能力；為了回應社會變遷、考量當事人需要，知識更新即成為諮商師應盡的專業責任。

第一節 諮商實務場域中的倫理問題

諮商是種專業關係，諮商師透過此一專業關係增權個人、家庭、團體，以達到提升心理健康、福祉（wellness）、教育和職業目標（ACA, 2018）。為實現諮商專業促進人類發展、尊重多樣性和獨特性、落實社會正義之核心價值，諮商師應遵循專業倫理守則，以稱職與合乎道德的方式執業才能落實專業承諾，符合當事人及社會大眾的期待。

倫理守則（Code of Ethics）是諮商服務中規範諮商師專業行為的準則。為了在變動快速的實務場域裡，引導諮商師、成為專業決策判斷的基礎，倫理守則需要與時俱進，才能在多元社會或者諮商師跨出諮商室、跳脫傳統一對一服務時提供指引，例如：諮商師在為被環境、系統壓迫的當事人倡議時，當事人隱私揭露的適切性、揭露程度，並如何能在符合知情同意的前提下進行，都是諮商師使用倡議策略會出現的倫理議題。此外，為增加弱勢民眾在諮商服務的可近性（accessibility）和可得性（availability）前提下走入案家、學校、社區之諮商外展服務，雖具有與案主建立關係、拉近距離的優點，但也可能會使諮商師陷入與文化、脈絡有關的倫理困境中，面臨案主隱私、保密議題、自我揭露、價值衝突、雙重關係與界線、案主自主性、物資提供、案家招待等的倫理難題（Tey et al., 2011）。

在國內，諮商師在與不同機構、專業工作者合作時也面臨不少的倫理難題，特別是服務未成年學生的國中、國小諮商師、輔導教師，在提供諮商輔導服務時不僅需要顧及家長監護權利、符合學生期待，也要尊重其他教師的想法；且作為輔導處／室的一員、學校行政體系的環節，還得配合學校的政策、考量學校整體利益（名聲、社區關係），並兼顧學生的問題和家長的感受。另外，輔導教師常同時扮演教育者、規範者的角色，甚至是行政人員的角色，如何平衡多方需求、多元角色責任，這都是校園諮商輔導人員容易陷入專業倫理困境的原因。

舉例來說，洪莉竹（2008）就曾蒐集 55 位中學輔導教師的倫理困境，發現諮商專業倫理守則應用在學校情境是有困難的，其還歸納了中學輔導人員面臨的保密、角色定位、雙重關係、當事人福祉、知後同意及通報等的倫理困境；十年後，趙文滔、陳德茂（2017）亦於探討中學輔導教師推動校園輔導工作之困境時，在有關倫理困境部分發現了輔導教師與社工、醫師、導師之間，存在著對學生個案紀錄、資訊提供有關保密意見上的衝突。另外，杜淑芬、王麗斐（2016）在關注國小駐校諮商師與輔導教師合作曾出現的倫理議題時，整理出國小駐校諮商師關注的四類倫理議題中，包括了：保密與分享兒童受輔資訊、涉及法律與通報責任、未成年學生家長同意與學生知情同意、諮商紀錄的保存與調閱等。

其實，不只諮商師、輔導教師與校內其他行政人員、導師合作時會出現倫理難題，諮商師在與社工師、檢察官、法官的合作中，也曾面臨與當事人資訊、紀錄或諮商報告等保密難題（張淑芬，2015；游淑華、姜兆眉，2011）；而前述國小駐校諮商師關注的法定通報責任，例如：《兒童及少年福利與權益保障法》（2021）第 53 條、《家庭暴力防治法》（2021）第 50 條等都要求至遲不超過 24 小時的責任通報壓力，皆加深了諮商師、輔導人員在通報、保密、知情同意、家長監護間的衝突困境。

此外，除了保護性服務相關法律規定的要求外，屬於醫事人員的諮商師還會因參與醫療照護服務，例如：乳癌基因篩檢、預防性切除，或者罕見疾病遺傳缺陷的照護服務，以及2016年立法、2019年正式施行的《病人自主權利法》（2021）等而經歷到有關「自我決定」的倫理議題（李玉嬋、葉北辰，2017）。特別是在《病人自主權利法》中，為維護病人對疾病知情、醫療選項自主的決定權，要求在簽署預立醫療決定（advance directives, AD）前，參與醫療機構提供的預立醫療照護計畫（Advance Care Planning, ACP）時，需經醫師、護理師、社會心理人員等醫療團隊提供專業資訊，並在意願人、家屬、醫療機構三方共同參與的團體會談中做出決定。然而，在重視和諧親屬關係的華人文化裡，親屬意見與病人自主間仍會面臨兩難處境，甚至可能在溝通討論過程中，就出現諮商師與專業團隊間的價值衝突（李岳庭，2020）。

由於諮商師還是有機會接觸到與醫療有關的倫理或決策難題，故Chan、Estéve、Escriba與Campo（2008）就曾提醒，為減少醫療事故或診斷責任歸屬的法律爭議與倫理議題，專業人員應隨著醫療法律、科技設備的變化而有隨之面對挑戰的準備。

近年來，被關注的倫理議題，還包括在通訊科技發展具便利、及時、可負擔（affordability）等優勢帶動下的遠距諮商服務及其可能衍生的倫理議題。雖然三十年前，Sharf（1985）就已意識到電腦科技可能對諮商或心理治療造成影響，而對專業工作者提出警語，美國心理學會（APA）也在2013年公布「遠距心理服務執業指引」、美國諮商學會（ACA）於2014年更進一步將遠距服務倫理納入全美國諮商師應遵守的諮商專業倫理守則中，不過在「短期內助人專業的學院教育課程還未含括網路服務內容」（獨立媒體，2016）的情況下，有關遠距諮商的服務倫理還可以有更多之討論。

2019年年底，衛生福利部公布了「心理師執行通訊心理諮商業務核准作業參考原則」（2020年7月29日修正），強調「執行通訊心理諮商業務應經主管機關核准」（第3條），設定「實施對象須年滿18歲」（第5條），且服務須先「確認病人身分、應於機構內執行」（第7條）等規定，而如何在這些作業參考原則下，發展兼具專業自主、倫理原則的因應作為，應是所有諮商機構、專業工作者可努力的方向。

第二節　諮商倫理守則

國內、外諮商或心理相關學會都會藉由倫理守則的更新，反映社會變遷及不斷變化的當事人需求與實務現況。以目前最新的專業倫理守則——美國諮商學會倫理守則（ACA Code of Ethics，以下簡稱 ACA 倫理守則）為例，即清楚指出諮商專業社群應遵守的六項道德原則（ACA, 2018）：

1. 自主性（autonomy）：增進當事人自我決定的權利。
2. 無傷害性（nonmaleficence）：避免造成傷害。
3. 獲益性（beneficence）：藉由心理健康促進，提升當事人及社會福祉。
4. 公正性（justice）：平等對待每位當事人，促進公平、公正。
5. 忠誠性（fidelity）：信守承諾，並建立信任的諮商關係。
6. 誠實性（veracity）：能誠實的與當事人互動。

ACA 倫理守則包括九個主題，每個主題還細分出一些應遵循的原則，分別是：A.諮商關係（The Counseling Relationship）；B.保密與隱私（Confidentiality and Privacy）；C.專業責任（Professional Responsibility）；D.與其他專業人員的關係（Relationships With Other Professionals）；E.評量、評鑑與解釋（Evaluation, Assessment, and Interpretation）；F.督導、訓練與教學（Supervision, Training, and Teaching）；G.研究與出版（Research and Publication）；H.遠距諮商、科技與社交媒體（Distance Counseling, Technology, and Social Media）；I.解決倫理議題（Resolving Ethical Issues）等。

由於諮商倫理的重要性及倫理守則內容已在國內不少諮商倫理書籍中提及，此處只將 2018 年更新版本的重點，以及與社區諮商服務較相關之內容，如專業合作、倡議、外展、遠距服務等策略，進行如下的說明。

一、A.諮商關係

由於信任是諮商關係的基石，諮商師為促進當事人的利益和福祉、增進健康關係、催化當事人成長和發展，有責任尊重和維護當事人隱私和保密權利（rights）。諮商師應積極了解當事人不同的文化背景，並探索自己的文化身分，以及這些背景、身分如何影響諮商過程中的價值觀和信念。此外，還鼓勵諮商師投入很少或完全沒有經濟回報的專業活動，以為社會做出貢獻。

A. 諮商 關係	· A.2.諮商關係中的知情同意 · A.3.接受他人服務的當事人 · A.6.管理與維護界線和專業關係 · A.7.個人、團體、機構和社會層面的角色和關係 · A.8.多重案主 · A.11.費用與商業實務 · A.12.終止或轉介

（一）A.2.諮商關係中的知情同意（Informed Consent in the Counseling Relationship）

A.2.a.知情同意：為讓當事人自由選擇是否與諮商師建立或保持諮商關係，當事人需要了解諮商過程、諮商師的足夠資訊。因此，諮商師有責任也有義務以書面和口頭形式提供前述資料，以保障諮商師和當事人權利。知情同意之事可在諮商過程中持續討論，並記錄在諮商紀錄中。

A.2.b.資訊類型：諮商師會向當事人解釋服務性質，並告知當事人以下（但不限這些）內容，包括：服務目的、目標、技術、程序、限制、潛在風險和效益（benefits）、計費方式和費用；諮商師資格、資歷、相關經驗、諮商方法；若諮商師喪失工作能力、死亡後的繼續服務方式等。諮商師會採取各種措施以確保當事人了解診斷的意涵、測驗和報告的預期用途。當事人有保密的權利，並了解保密的限制、紀錄內容、諮商計畫、拒絕服務的權利，以及拒絕的可能後果。

A.2.c.發展和文化敏感性：諮商師會以兼顧發展的、文化的方式，使用清晰易懂的語言與當事人溝通有關知情同意的問題。若當事人無法理解諮商師的語言時，諮商師會提供必要的服務（如安排合格的口譯員或筆譯員），並在考慮文化影響下調整作法。

A.2.d.無法給予同意：諮商師提供未成年、無行為能力者或其他無法自願同意者諮商服務時，會試圖以適切方式尋求當事人對服務的同意。諮商師會盡力在當事人選擇的權利與接受服務的能力，以及代表當事人做決定之父母的合法權利及責任間取得平衡。

A.2.e.委託當事人：諮商師在與被強制接受諮商服務的當事人（mandated clients）合作時，會討論保密限制，還會在諮商開始前，解釋什麼樣類型的資訊會與誰分享；當事人可拒絕服務，諮商師也會盡所能的與當事人討論拒絕服務之潛在後果。

（二）A.3.接受他人服務的當事人（Clients Served by Others）

當諮商師得知當事人與其他心理健康專業人員存在專業關係時，會要求當事人告知其他專業人員，並與這些專業人員建立正向、協同合作的專業關係。

（三）A.6.管理與維護界線和專業關係（Managing and Maintaining Boundaries and Professional Relationship）

A.6.a.過去關係：諮商師會考慮將過去接觸的人納為諮商當事人之風險和益處；這些潛在的當事人可能與諮商師有過非正式、不太熟悉或其他關係，或彼此曾是某些協會、組織或社區的成員。當諮商師接受這些人成為當事人時，會採取知情同意、諮詢、督導、紀錄等適當措施，以確保專業判斷不會受到影響，也不會有剝削當事人的情況發生。

A.6.b.擴展諮商範圍：諮商師會超越傳統諮商角色，擴展諮商關係時會考慮可能的風險和效益，包括：參加當事人的婚禮、畢業典禮；購買當事人提供的服務或產品（不受限制的以物易物除外）；拜訪當事人住院的家人等。在擴展這些界線時，諮商師會採取知情同意、諮詢、督導、紀錄等適當措施，確保自己的專業判斷不會受到影響，也不會有傷害的情事發生。

A.6.c.界線擴展的紀錄：若出現擴展界線（如A.6.a.和A.6.b）的情形時，諮商師須在互動前（如果可行的話）正式記錄此類互動的理由、潛在效益，以及對當事人、前當事人或與當事人密切相關的其他人可能之影響，以成為諮商師試圖避免傷害的證據。

A.6.d.專業關係中的角色改變：當諮商師改變最初（或最近）契約關係中的角色時，會獲得當事人的知情同意，並向當事人說明其有拒絕與改變服務的權利。這些角色改變包括：(1)從個別諮商改為關係或家庭諮商，反之亦然；(2)從評估角色改成治療者角色，反之亦然；(3)從諮商師角色轉變為調解員角色，反之亦然。當事人須完全了解諮商師角色改變的可能後果。

A.6.e.非專業互動或關係：當互動可能對當事人產生傷害時，諮商師會避免與前當事人、伴侶或其家人建立非專業關係。此點適用面對面、遠距互動的關係。

（四）A.7.個人、團體、機構和社會層面的角色和關係（Roles and Relationships at Individual, Group, Institutional, and Societal Levels）

A.7.a.倡議：在個人、團體、機構和社會層面出現阻礙當事人成長和／或發展的潛在障礙時，諮商師會在適當時候進行倡議，以解決這些障礙。

A.7.b.保密和倡議：諮商師會在代表當事人倡議前獲得當事人的同意，以改善服務、消除阻礙當事人成長和發展的系統性障礙或限制。

（五）A.8.多重案主（Multiple Clients）

當諮商師同意為兩個或更多有關係者提供諮商服務時，會在一開始就澄清哪些人是他的當事人，及其與每個當事人的關係性質。若有角色衝突時，諮商師會適當的澄清、調整或退出某些角色。

（六）A.10.費用與商業實務（Fees and Business Practices）

諮商師了解接受當事人禮物可能面臨的挑戰，並理解在某些文化中，小禮物是尊重和感謝的象徵。在決定是否接受當事人禮物時，諮商師會考慮治療關係、禮物的貨幣價值、當事人贈送禮物的動機，以及自己接受或拒絕禮物的動機。

（七）A.11.終止或轉介（Termination and Referral）

A.11.a.終止和轉介的能力：若諮商師缺乏提供專業服務的能力，應避免進入或持續諮商關係。諮商師應熟知與文化、臨床有關的轉介資源。

A.11.b.終止和轉介的價值：諮商師若只因個人的價值、態度、信念及行為等因素而轉介當事人，應受到限制。此外，諮商師應尊重當事人的多元性，若對當事人有價值的議題，諮商師會接受相關訓練。

二、B.保密與隱私

諮商師理解信任是諮商關係的基石，渴望透過持續的合作伙伴關係、適當界線的維護及保密，以贏得當事人的信任。諮商師會以具文化能力的方式（in a culturally competent manner）與當事人溝通有關保密的方式或作為。

B. 保密與 隱私	· B.2.保密的例外 · B.3.與其他人共享的資訊 · B.6.紀錄和文件 · B.7.諮詢

（一）B.2.保密的例外（Exceptions）

保密例外的情形，包括：嚴重和可預見的危害和法律要求（B.2.a.）；關於生命終止決定的保密性（B.2.b.）；傳染性、危及生命的疾病（B.2.c.）；法院命令的揭露（B.2.d.）等。若要揭露時，應做最低程度的揭露（minimal disclosure），並盡可能在保密訊息揭露前知會當事人，邀其參與揭露決策的過程。

（二）B.3.與其他人共享的資訊（Information Shared With Others）

B.3.a.部屬：諮商師會盡一切努力確保包括員工、受督導者、學生、文書助理和志工等部屬，會維護當事人的隱私和保密。

B.3.b.專業團隊：當服務涉及不同學科專長的治療團隊時，當事人將被告知團隊的存在和成員、會分享的資訊及分享資訊的目的。

B.3.c.保密環境：諮商師僅在可合理確保當事人隱私的環境中討論須保密的訊息。

B.3.d.第三方付費：只有當事人同意，諮商師才會向第三方付費者揭露訊息。

B.3.e.保密訊息傳遞：諮商師會採預防措施，以確保媒體訊息傳遞的保密性。

B.3.f.已故當事人：諮商師會為已故當事人保密，以符合法律要求和當事人期待。

（三）B.6.紀錄和文件（Records and Documentation）

B.6.g.揭露或轉介：除非發生保密的例外，否則諮商師會獲得當事人可向合法第三方揭露或傳輸紀錄的書面許可。諮商師會採適當措施，確保諮商紀錄的接收者能對資料的保密具敏感度。

（四）B.7.諮詢（Case Consultation）

B.7.a.尊重隱私：諮詢關係中共享的資訊僅供專業討論；書面和口頭報告僅供與諮詢密切相關的目的，並盡一切努力避免當事人隱私被侵犯。

B.7.b.揭露保密資訊：諮商師僅在與諮詢目的有關之範圍內揭露資訊；而在諮詢同事時，除非事先獲得該個人或組織的同意，否則諮商師不會揭露足以識別當事人或與其相關個人、組織的身分。

三、D.與其他專業人員的關係

諮商師理解他們與專業同僚的互動品質會影響其為當事人提供服務之品質。他們努力認識諮商領域內、外的同僚，並與同僚們建立積極的工作關係和溝通系統，以加強對當事人的服務。

D. 與其他專業人員的關係	· D.1.與同僚、雇主、員工的關係 · D.2.提供諮詢服務

（一）D.1.與同僚、雇主、員工的關係（Relationships with Colleagues, Employers, and Employees）

D.1.c.團隊合作：諮商師作為專業團隊成員時，須專注於如何為當事人提供最好的服務，他們會參考其他專業同僚的觀點、價值和經驗，並參與影響當事人福祉之決策。

D.1.e.保密：當法律、機構政策或特殊情況要求諮商師在司法或行政訴訟中擔任多個角色時，他們會向同僚澄清彼此的角色期待和保密作為。

（二）D.2.提供諮詢服務（Provision of Consultation Services）

D.2.a.諮詢能力：諮商師在提供諮詢服務時，會採取合理步驟，以確保他們擁有適當的資源和能力。當被要求或需要諮詢時，諮商師會提供適當的轉介資源。

D.2.b.諮詢中的知情同意：諮商師在提供正式的諮詢服務時，有義務以書面和口頭方式說明諮商師和被諮詢者的權利和責任。諮商師會使用清晰、易懂的語言告知服務目的、相關成本、潛在風險、效益及保密限制。

四、H.遠距諮商、科技與社交媒體

諮商師明白諮商專業不再侷限於個別、面對面的互動，須積極嘗試了解遠距諮商、科技與社交媒體方面發展的性質，以及如何運用這些資源為當事人提供更好的服務，盡一切努力保密，並滿足使用此類資源的法律和道德要求。

H. 遠距諮商、 科技與社交 媒體	· H.2.知情同意與安全 · H.3.身分確認 · H.4.遠距諮商關係 · H.5.紀錄與網路維護

（一）H.2.知情同意與安全（Informed Consent and Security）

H.2.a 知情同意與揭露：如同面對面諮商，諮商師使用遠距諮商、科技與社交媒體和當事人互動時，也需考量知情同意及保密範疇，包含：執業的實際地點及聯繫方式；使用遠距諮商、科技與社交媒體的優點及風險；當科技無法使用時的替代方案；訊息回應的時間；有無時差因素；文化、語言對服務傳遞的影響；保險支付的範疇；社交媒體政策等。

H.2.b.保密：諮商師需了解電子紀錄及傳送過程中的保密限制，並採取必要的保密措施。

（二）H.3.身分確認（Client Verification）

諮商師使用遠距諮商、科技與社交媒體和當事人互動時，為降低他人冒名頂替的情形，諮商師須在開始及整個諮商歷程中驗證當事人身分，驗證方式可包括（但不限於）代碼、數字、圖形或其他非描述性的符號。

（三）H.4.遠距諮商關係（Distance Counseling Relationship）

H.4.a.效益與限制：諮商師會告知當事人使用科技的效益和侷限性，此類技術包括（但不限於）硬體和／或軟體、電話和應用程序、社交媒體、網路應用、其他音頻和／或視頻、數據存儲設備或媒體等。

H.4.b.專業界線：諮商師了解與當事人維持專業關係的必要性，並與當事人討論適當的技術使用和／或科技應用和限制。

H.4.c.科技輔助服務：透過科技提供諮商服務時，諮商師需確認當事人在智力、心理、身體、語言及功能等面向有使用科技服務的能力，且此服務能適當的提供當事人所需。

H.4.d.服務有效性：當諮商師或當事人認為遠距諮商無效時，諮商師可考慮提供面對面的服務。如果諮商師無法提供面對面的服務時，需協助當事人找到適當的服務。

（四）H.5. 紀錄與網路維護（Records and Web Maintenance）

H.5.d.多元文化和障礙考量：為提供身心障礙者服務的可近性，諮商師須維護網站的運作，並在可行狀況下，為不同語言的當事人提供翻譯服務。即使如此，此類語言翻譯、服務的可近性仍不完善。

以上有關諮商關係（Section A）、保密與隱私（Section B）、與其他專業人員的關係（Section D）、遠距諮商、科技與社交媒體（Section H）等內容，都是 ACA 倫理守則於 2014 年版本中的重要內容。在現代社會多元、當事人需求多樣的情況下，ACA 倫理守則還提醒：為了維護當事人權益，諮商教育者、督導者應扮演專業守門員（gatekeeper）的角色，並在教學及實務工作中，讓諮商師／受督導者熟悉倫理決策模式、增進倫理決策能力（ACA 倫理守則「F.督導、訓練與教學」）。

而為因應科技及網路發展之趨勢，諮商教學、督導可發展包含面對面或電子形式（如 F.2.c.線上）等多面向的學習形式和多樣性的督導關係。不過，ACA 倫理守則也提醒，在採取任何可能擴大督導關係或界線之形式前，應評估可能的風險和效益、採取預防措施，以確保不會損害諮商教育者、督導者的判斷，也不會造成任何的傷害（F.3.a.擴展傳統的督導關係）。

第三節　諮商師之課程檢視與專業能力

除了熟知倫理守則外，備好專業能力更是諮商師的基本責任。由於諮商師僅在其能力範圍內執業（ACA 倫理守則「C.專業責任」），如何符合證照帶給他人期待的能力保證、信任感及不可質疑性，減低心理師證照帶來的揣想與實務能力間的落差（林郁倫、陳婉真、林耀盛、王鍾和，2014），是諮商專業教育、諮商師個人努力的方向。而根據ACA倫理守則，諮商師不僅被期待能夠開放、真誠、準確的與社會大眾和其他專業溝通，具有與不同人口群工作的多元文化能力，還要能倡議個人、團體、機構和社會層面的變革，以提高個人或團體的生活品質，去除其獲得適當服務的潛在障礙。至於國內諮商師的專業能力能否符合此期待，有待我們進行更多的檢視。

一、課程檢視

根據《心理師法》（2020）的規定，諮商師應考人除了諮商心理研究所畢業、通過一年實習外，還須在碩士以上就讀期間修習七個領域、每個領域至少一科，共 21 學分以上的課程[1]。由於考試不僅影響教學，也影響課程規劃，在多數諮商心理學系碩士班至少要完成 32～36 個學分（扣除全年實習的 6 學分，只剩 26～30 個學分），心理師考試這七門課、21 個學分數就成為諮商師培訓的主要課程。

讀者可參考許育光、刑志彬（2019）有關國內心理師培訓課程的研究，對課程設計會有更整體的圖像。他們蒐集了全國各大學諮商心理相關科系的碩士班課程，進行檔案分析和資料彙整，扣除 1.59%無法歸類的課程外，其餘

1　根據考選部公告的《專門職業及技術人員高等考試心理師考試規則》（2018），這七個領域包括：諮商與心理治療理論、諮商與心理治療實務、諮商倫理與法規、心理健康與變態心理學、個案評估與心理衡鑑、團體諮商與心理治療，以及諮商兼職（課程）實習。

還可歸納出十類課程，其中「介入和發展社會與生活層面心理健康的技巧」類的課程（與情緒、行為等相關介入之實務課程，如人格心理學、變態心理學、心理衛生等）就超過了整體課程的一半（55.02%），若再加上另兩類課程——「研究與方案評鑑」（質性與量化等研究方法、與方案評鑑有關之課程）（13.88%）、「介入和發展支持性的教學技巧」（與發展心理學、生理、文化或各階段發展相關之實務課程）（12.06%），此三類課程已超過八成（80.96%），顯示國內諮商師的培訓相當集中於此三類課程。

而在剩餘 15%的其他七類課程中，不僅「家庭—學校合作服務」、「校園廣泛學習情況的改進」兩類課程都約只占 5%的比率（5.52%、4.58%），在「諮詢與協同工作」（0.15%）、「發展和學習的落差」（0.15%）、「預防和危機介入服務」（1.31%）此三類課程的合計，甚至連 2%的比率都不到。

另外，成立於 1981 年的美國諮商及相關教育課程認證委員會（Council for Accreditation of Counseling and Related Educational Programs, CACREP），為 ACA 所屬之諮商師培訓課程認證單位，以「發展、實施與維持諮商專業養成之研究所層級學程標準」為宗旨，至 2021 年已有 406 所學院或大學通過此委員會的課程認證（CACREP, 2021）。參考 CACREP 於 2016 年之課程標準，在至少 48 個學分中除實習課程外，諮商師的教育訓練還須包括一般核心領域（common core areas）及專長領域（specialty areas）等兩類課程：

1. 一般核心領域：共有八門課程，分別是專業倫理、社會與文化差異、人類成長與發展、生涯發展、諮商與助人關係、團體諮商、評估與測驗、研究與方案評估等。
2. 專長領域：亦有八門課程，包括了戒癮諮商、生涯諮商、臨床心理諮商、臨床復健諮商、大學諮商與學生事務、學校諮商、復健諮商，以及婚姻、伴侶與家庭諮商等。

比較國內諮商心理學系碩士班課程與美國 CACREP 所屬之諮商師訓練課程（如表 9-1 所示），會發現國內碩士班的學分數明顯少於 CACREP 認證的學校，且呈現課程傾斜、過度集中的情形，國內課程多聚焦於個體層面的知

表 9-1　臺灣諮商教育與美國 CARCEP 的課程比較

許育光、刑志彬（2019）	CACREP（2016）
臺灣：諮商心理學系所課程	美國：諮商教育課程
1. 介入和發展社會與生活層面心理健康的技巧 55.02%	一般核心領域：八課程
2. 研究與方案評鑑 13.88%	1. 專業倫理
3. 介入和發展支持性的教學技巧 12.06%	2. 社會與文化差異
4. 家庭—學校合作服務 5.52%	3. 人類成長與發展
5. 校園廣泛學習情況的改進 4.58%	4. 生涯發展
6. 資料運用、決策、解釋／衡鑑 3.34%	5. 諮商與助人關係
7. 法律、倫理和專業實務 2.40%	6. 團體諮商
8. 預防和危機介入的服務 1.31%	7. 評估與測驗
9. 發展和學習的落差 0.15%	8. 研究與方案評估
10. 諮詢與協同工作 0.15%	專長領域：八課程
	1. 戒癮諮商
	2. 生涯諮商
	3. 臨床心理諮商
	4. 臨床復健諮商
	5. 大學諮商與學生事務
	6. 學校諮商
	7. 復健諮商
	8. 婚姻、伴侶與家庭諮商

資料來源：許育光、刑志彬（2019）以及 CACREP（2016）

識（如人格心理學、變態心理學、心理衛生，以及不同階段的發展心理學），以及技巧性課程（如個別諮商、團體諮商、心理測驗與衡鑑），有關多元文化、系統合作、諮詢等課程非常少，甚至危機介入也不多，更別說是預防方案、社會正義、倡議等課程了。

二、能力檢視

諮商師的專業能力是個重要議題，不少研究者都曾聚焦於此，分別針對團體諮商能力、諮詢能力、督導能力、學校心理師專業能力、遊戲治療專業能力等進行研究，不過這些研究大都只專注於某項特定能力，而無法呈現諮商師的整體能力。為了解諮商師應有的專業能力，我們將以凃玟妤等人

（2012）針對諮商師的就業力（employability），以及林家興、黃佩娟（2013）有關諮商師專業能力的研究進行討論。

就業力是指在勞動市場中能持續完成工作、實現潛能的能力，包括能夠廣泛適應及勝任不同工作要求的核心就業力（core employability），以及配合特定產業或工作要求的專業技術能力等兩種。凃玟妤等人（2012）為探討諮商師的就業力，曾針對全臺諮商師進行普查，在經過個別、焦點團體等的訪談及德懷術問卷設計後，再以電子郵件對 958 位諮商師進行調查；最後彙整 101 位有效問卷（10.54%回收率），歸納出受訪諮商師認為「就業力」應包括以下三類、共十三項的能力：

1. 工作態度：分為人格特質、待人態度、處事態度等三項能力。
2. 核心能力：分為思考能力、應變及創新能力、合作能力、自我管理能力、表達與統整能力、電腦操作與撰寫能力等六項能力。
3. 專業能力：包括運用一般理論與技術的能力、督導與方案評估能力、自我覺察與專業成長能力、處理特殊議題的能力等四項能力。

除了前述諮商師應有的就業力調查外，研究者再請受訪諮商師依重視度、表現度進行自評，結果發現：在十三項能力中，自我覺察與專業成長能力、自我管理能力、運用一般理論與技術的能力、思考能力等四項是諮商師最重視的能力；自覺表現最好的能力則是待人態度、自我管理能力等二項能力；表現最差的五項能力則依序是：「表達與統整能力」、「處理特殊議題的能力」、「督導與方案評估能力」、「合作能力」、「應變及創新能力」。

林家興、黃佩娟（2013）也重視專業能力，並認為不論採哪種訓練模式，都需回答究竟該培養哪些能力的問題。因此，為建構臺灣諮商師的能力指標，同樣利用德懷術問卷調查法，邀請 29 位專家學者提供意見；在幾次的意見蒐集、歸納、修改後整理出六類能力構面、十三項能力次構面、六十個能力指標。此六類能力構面、十三項能力次構面的內容分別是：

1. 衡鑑診斷與概念化能力：包括心理衡鑑與測驗、心理疾病診斷、個案概念化等三項能力次構面。

2. 介入能力：包括介入技能、介入效能評估等二項能力次構面。

3. 諮詢能力：包括諮詢技能、轉介能力等二項能力次構面。

4. 研究與評鑑能力：包括研究能力、評鑑能力等二項能力次構面。

5. 督導能力：包括督導關係與目標、督導技能等二項能力次構面。

6. 管理能力：包括行政管理、機構經營等二項能力次構面。

比較前述兩者有關諮商師專業能力的研究（如表 9-2 所示），明顯可以看出凃玟妤等人（2012）整理出的諮商師就業力之能力面向較廣，涵蓋了工作態度、核心能力、專業能力，而林家興、黃佩娟（2013）研究的諮商師專業能力則除了「管理能力」外，其他五項都聚焦於個案處理的面向上，與凃玟妤等人的「專業能力」雖類似，但明顯較「運用一般理論與技術能力」的內容具體。

值得注意的是，在諮商師就業力的研究結果中，「合作能力」與「應變及創新能力」兩項是受訪諮商師自評「重要性高、表現度低」的能力，此結果完全呼應了國內諮商師培訓課程的研究發現——「家庭—學校合作服務」類的課程只占整體課程的 5.52%，「諮詢與協同工作」、「預防和危機介入的服務」兩類課程則幾乎沒有開設（0.15%、1.31%）（許育光、刑志彬，2019）。此顯示課程設計與諮商師的能力息息相關，沒有修習過的課程，其

表 9-2　諮商師的專業能力指標

凃玟妤等人（2012）	林家興、黃佩娟（2013）
就業力	能力指標
三類共十三項能力	六類能力構面
工作態度（三項能力）	十三項能力次構面
核心能力（六項能力）	衡鑑診斷與概念化能力
專業能力（四項能力）	介入能力
	諮詢能力
	研究與評鑑能力
	督導能力
	管理能力

資料來源：凃玟妤等人（2012）；林家興、黃佩娟（2013）

能力也不易形成，而此亦是諮商師考試引導教學為人詬病的主要原因（許育光、刑志彬，2019；陳嘉鳳、周才忠，2011），也限制了諮商師的專業能力和學習潛力之發展，以致於諮商師證照只能確認其具備通過標準的「專業知識」或「專業技巧」，卻無從推論其進入助人處境時能否覺知該情境的重要訊息，以及採取適切於該情境的行動能力（林郁倫等人，2014）。

由於擔心諮商教育變成偏頗的技術或職業訓練，孫頌賢等人（2018）提醒教育者，應體認諮商教育是協助學生走向「德行風範」（integrity）的生命發展歷程，過度強調技巧的訓練方式，可能會讓學生／受訓者錯失理解諮商專業本質的機會，更應避免「手冊化實務作業」、步驟化帶來的侷限，讓受訓者變成了「同一個模樣」。因為諮商師效能的關鍵因素並非專業知識或技術，而是包括了實際處理個案的能力、個人特質、系統整合能力，以及透過處境學習，認識理論知識在實際情境與在地文化之實際樣貌的情境能力（situated competencies）等的「專業風格」（林郁倫等人，2014）。

而此透過情境脈絡獲取的一種在場性、置身所在，能夠切合情境運用自如之情境能力——「落身之知」（embodied knowing），則是諮商師面對多元化社會變動與發展的重要能力之一（李維倫，2011；引自林郁倫等人，2014）。孫頌賢等人（2018）認為，要成為具有「落身之知」的諮商師樣貌，應具有以下三種專業能力：

1. 個人化諮商模式的發展力：是指諮商師諮商能力的發展能從諮商理論的「諮商取向」，逐漸走向自主性的「諮商風格」，再到最後能發展出融合專業發展與個人生命發展的「德行風範」之個別化諮商風格。
2. 系統合作的社會力：所謂「系統合作的社會力」，是指在諮商專業發展中，具備社會關懷與社會溝通之個人特質與專業能力。此部分所指的社會力，不僅能以生態系統之鉅觀視野看待個案議題，還要能具備對諮商專業認同的社會關懷能力。
3. 自我覺醒的成長力：能在諮商專業的養成教育中，培養出足夠的自我覺察能力，也同時能放下專家的權威角色，實踐互為主體的可能性，以及提升與當事人同在的專注度。

由此可見，僅具有個人化諮商模式的諮商師，已不足以因應現代多變社會的要求，系統合作的社會力、自我覺醒的成長力皆成為必要的項目，一如ACA（2018）期許的諮商師應有之社會正義倡議能力，還「鼓勵諮商師，能將其專業活動的一部分用於經濟回報很少或沒有回報的服務上以為社會做出貢獻，並做好自我照顧，維持和促進自己的情緒、身體、心理和精神健康狀態，以便能最好的履行職業責任」（ACA 倫理守則「C.2.專業能力」）。

第四節　成為社區諮商師：對諮商教育的啟示與建議

一、對諮商教育的建議

要如何培養諮商師具有前述三種能力，且成為願以諮商專業為終身志業、有「成人之美」的諮商師？孫頌賢等人（2018）對諮商教育提供以下幾項建議：

1. 諮商教育可融入「證據導向實務」的精神與原則，落實「處境學習」原則，協助學生分辨「理論知識」與「行動知識」的差異，以能從中獲取「落身之知」。
2. 諮商教育依然需要重視「研究方法」的訓練，藉此檢視與整理助人者自身經歷的「落身之知」，以累積豐富、有效的助人知識與能力。尤其透過學術研究的訓練，培養助人者檢視自己獲取「證據」的眼光與方式，避免落入偏頗且侷限的行動知識。
3. 在諮商教育中，更強調與加強「樸實」（simplicity）、「謙卑」（humanity）與「耐性」（patience）的倫理態度，透過訓練「學術研究能力」，讓諮商師保有「純良之心」，並能以當事人受益做為諮商專業人員自我策勵的標竿。
4. 諮商教育應更重視「倫理素養」的融入，重視人文思維與文化涵養，以奠立專業理論與技術之道德根源與倫理養成。華人諮商專業人員尤其可融入本土文化的內涵與智慧，以培養修己安人、成己成人、盡己推己、至誠致中和的道德倫理素養。

上述強調處境學習、重視行動知識、融入在地文化，以及以證據為基礎的研究態度等之諮商教育建議，十分吻合 Southern 等人（2010）對社區諮商教育的期待。Southern 等人強調，社區諮商教育應改變傳統作法，認為諮商師訓練應在實務場域中進行，並盡可能整合理論、研究和實務於不同的主題和趨勢中，還可邀請當事人、督導、其他專業工作者及社區利害關係人（stakeholders）共同參與社區諮商師的訓練，如此才能訓練出能協助個別當事人及其家庭，也願意委身公共服務的專業工作者。而為達成前述目標，Southern 等人對 2015 年後的社區諮商師訓練提出以下十點建議：

1. 諮商師訓練應創新，大學傳統訓練將成為社區諮商師準備和服務上的障礙，並指出社區場域、服務學習應在訓練過程中加以強調。
2. 諮商師訓練應整合理論、研究與實務，發展由教師、督導、研究人員、社區成員和不同層級學生等成員組成，以實務場域為基礎（in field based）的專業發展團隊，學習辨識社區優勢、資源，協助社區解決和預防問題。
3. 訓練中的社區諮商師應熟悉研究方法，在「以實證為基礎之實務」（evidence based practices）中融入技巧，協助社區成員面對發展性轉換、危機因子，針對問題發展專業介入，以維護社區成員的最佳利益。
4. 將多元文化知能注入課程，引導專業決策，協助受訓諮商師學習在多元社會中服務多樣性案主。社區諮商師應沉浸在不同文化中，學習關注國際事務。
5. 在發展過程中強化當事人優勢、從終身發展的生涯觀點協助當事人達到有意義的就業目標，以及幫助高齡者和其家人能重新尊重長者等，皆是社區諮商師基本關注的範疇。
6. 社區諮商師訓練強調福祉（wellness）和靈性、社會正義和倡議，透過強化家庭和社區生活，以催化健康、希望、平等、和平的知識和技巧。

7. 社區諮商看重社區的集體利益，預防、諮詢、合作是實踐社區諮商目標的主要策略。
8. 社區諮商師應立即關注社區物質濫用和其他戒癮問題的嚴重性，發展有效的治療和服務輸送。
9. 為降低家庭或社區暴力傷害的影響，社區諮商師應為衝突解決的專家、關係教育及和平製造者。
10. 專業須能立即回應和追蹤潛在的創傷和失落者，當諮商介入有助於被暴力、災難或戰爭蹂躪的社區時，社區諮商師應發現能使社區具有回應性和韌力（resilient）的資源和方法。

二、CCERC 教育模式

另外，Grimmett、Lupton-Smith、Beck、Englert 與 Messinger（2018）以美國北卡羅萊納州立大學（North Carolina State University）的學術參與社區為例，提出了社區諮商、教育與研究中心學術參與模式（Community Counseling, Education, Research Center model of engaged scholarship, CCERC），該模式將大學視為社區參與的一環，提供社區優質的心理健康服務，跟社區多個組織合作形成伙伴關係，包括：社區學習中心、婦女中心、青少年中心、教育基金會、公立教育體系，發展「大學—社區伙伴關係」（university-community partnerships）。北卡羅萊納州立大學的諮商教育學程需要發展一個以課程為基（program-based）和以社區為點（community-located）的諮商中心，如此方可滿足 CACREP 的課程實習要求，逐步擴大發展出三個基礎的模式，包括認同、社區與結構。

（一）認同

指認同 CCERC 的核心價值：

1. 世界級的標準（world class standard）：提供優質的心理健康服務。
2. 愛的倫理（love ethic）：重視照護、承諾、信任、責任、尊重與知識。
3. 聚焦於福祉（wellness focus）：聚焦於生理、心理、社會、文化、情緒、關係與靈性發展需求。
4. 創傷知情（trauma-informed）：將創傷服務原則整合進入系統中，其原則包含：(1)安全；(2)信任感與透明化；(3)同儕支持；(4)合作與溝通；(5)賦權、發聲與選擇；(6)文化的、歷史的與性別議題。
5. 多元文化主義與社會正義（multiculturalism and social justice）：將多元文化和社會正義納入服務程序。
6. 研究與學術（research and scholarship）：包括社區—參與學術（community-engaged scholarship, CES）和心理政治效度（psychopolitical validity, PPV），前者指透過和社區合作應用組織資源與合作協助解決社區問題，後者是指：(1)知識效度，指壓迫的知識；(2)轉化效度，指提升個人、關係與組織層面的心理自由度。

（二）社區

社區包含：

1. 世界觀（world views）：了解社區族群的世界觀。
2. 伙伴（partner）：與社區相關組織建立合作伙伴關係。
3. 地點（location）：根據社區方便性與可近性設置服務據點。
4. 外展與參與（outreach and engagement）：提供結構性外展的各種訊息、推廣服務與關係建立。

（三）結構

結構包含：

1. 公立大學的博士層級（public doctoral university）。
2. 學術參與的類群（scholarship engagement classification）。

3. 諮商教育課程（counseling education program）。
4. 研究生（graduate student）。
5. 諮商師教育者（counselor educator）。
6. 諮商服務（counseling services）。
7. 協議付費（sliding fee scale）。

CCERC透過上述模組設計，推動大學端與社區端的結合，與國內目前推動的大學社會責任（university social responsibility, USR）相似，國內許多諮商科系亦推動 USR 計畫參與在地社區服務，這些都是社區諮商教育的一環。

三、科學家—實務工作者—倡議模式

另一個值得社區諮商課程參考的是 Mallinckrodt、Miles 與 Levy（2014）根據Fassinger與O' Brien（2000）提倡的「科學家—實務工作者—倡議模式」（Scientist-Practitioner-Advocate Model），修改為三層次的培訓架構（如圖 9-1 所示）。

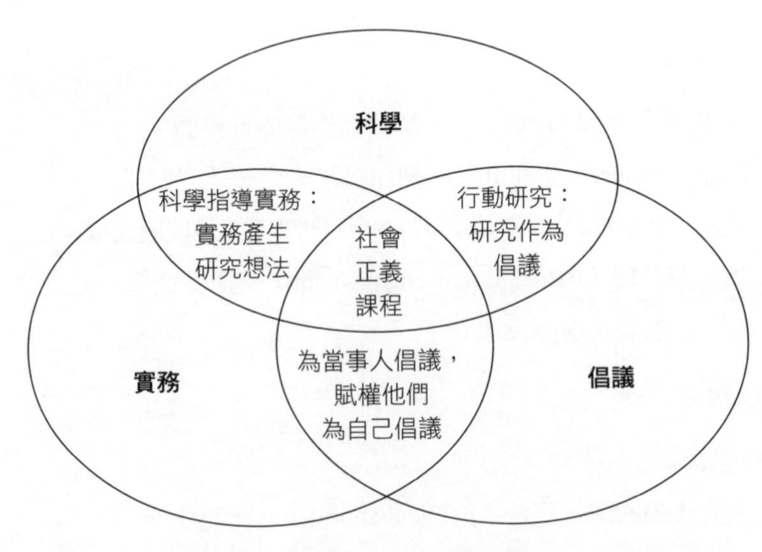

圖 9-1　「科學家—實務工作者—倡議模式」之培訓架構
資料來源：Mallinckrodt 等人（2014）

此一模式於 2007 年應用於田納西大學（University of Tennessee）的諮商心理學課程，於 2009 年再次被 CACREP 認證通過。該模式強調課程同時兼顧科學與實務訓練，並加入倡議的學習，學生需要學習如何在諮商室外和政策制訂者同行，透過倡議影響系統性和組織性的改變，也要在諮商室內學習避免複製階級和壓迫的社會文化動力；社區諮商師要能賦權當事人，協助當事人發聲，發展倡議技巧，這是實務層面的能力。在此同時，行動研究作為一種倡議的研究，有助於學生融合倡議與學術研究。此模式反對過去科學中立、客觀研究的觀點，主張研究、教學、訓練、諮詢、督導等專業都是政治行動（political acts）。

在具體的課程設計上，Mallinckrodt等人（2014）進一步指出社區諮商師需要具備知識、技術、態度與價值的能力，他們引用Toporek等人（2009）的 ACA 倡議能力（請參見第六章），同時兼顧個人和社區層面的倡議能力。在知識層面上，社會正義倡議需要具備對社會不正義的因果基本理解能力，了解收入不平等、健康不均等、教育機會不公平，以及性別主義、種族主義、異性戀主義及各種形式的壓迫是如何影響當事人。在研究課程設計上，要包含方法學的知識論、參與式行動研究、需求評估與方案評鑑，此外也要加入批判式多元文化教育、政治學、歷史學、語義學、社會學理論與社會工作的內容。在覺察與態度層面上，社區諮商師要能覺察自身的認同與社會化，持續檢視個人在多元文化議題上的偏誤，具備 Freire 所提的批判意識——能知覺到社會、政治與經濟的矛盾對立，並採取行動對抗現實的壓迫。在技術層面上，則與 ACA 倡議能力相同，唯 Mallinckrodt 等人增加了一組重要的能力——組間對話（intergroup dialogue, IGD），這種小組面對面溝通的方式，有助於學生和不同文化族群對話，重視關係建立與持續溝通能力，這是倡議很重要的技術。

第五節 結語

諮商專業發展、專業教育和專業倫理息息相關，我們呼應前述倫理與專業主張的「落身之知」與「德行風範」。此外，社區諮商師強調「德性倫理」更甚於「原則倫理」（principle ethics），應本著反身性與批判性意識，檢視自身參與社區工作過程中的專業方法與態度，敏感於壓迫、歧視與剝削的系統性與制度性議題，無論在專業知識的創新或工作方法的革新，都是社區諮商師必須具備的情境能力，以一種言行合一的倫理主體，展現一種「政治的—倫理的關懷」來關懷個案福祉。社區諮商師不僅僅只是諮商師，也必須是社會正義的代理人，因此社區諮商師在專業認同上是一種個人與專業高度整合的助人專業。

反思與討論

1. 如果你自己是一位社區諮商師，在面對跟你的宗教信仰、政治立場或價值觀有差異或相衝突的當事人，你覺得自己在個人（personal）和專業（professional）層面上可能會面臨什麼樣的倫理議題？
2. 請你就自己成長過程中的社會化歷程與認同歷程，檢視自己對社會不同族群的偏見、刻板印象或歧視。
3. 請評估你自己在進行社會倡議的優勢與劣勢，你覺得自己需要提升哪些專業能力？

參考文獻

中文部分

中華民國諮商心理師公會全國聯合會（2016）。**2016 年諮商心理師執業狀況與風險調查**。https://reurl.cc/zenma6

王志弘、王淑燕、莊雅仲（譯）（1999）。**東方主義**（原作者：E. Said）。立緒（原著出版年：1978）

王麗斐、杜淑芬（2009）。臺北市國小輔導人員與諮商心理師之有效跨專業合作研究。**教育心理學報，41**，295-320。

王麗斐、杜淑芬、趙曉美（2008）。國小駐校諮商心理師有效諮商策略之探索性研究。**教育心理學報，39**（3），413-434。

王麗斐、杜淑芬、羅明華、楊國如、卓瑛、謝曜任（2013）。生態合作取向的學校三級輔導體制：WIESR 模式介紹。**輔導季刊，49**（2），4-11。

王麗斐、趙容嬋（2018）。生態合作取向之 WISER 三級輔導工作模式。**Journal of Counselling Profession，1**，27-35。

刑志彬、許育光（2014）。學校心理師服務實務與模式建構初探：困境因應與專業發展期待分析。**中華輔導與諮商學報，39**，117 -149。

刑志彬、陳思帆、黃勇智（2020）。系統合作告訴學校心理師什麼？從典範、模式與經驗的對話。**輔導季刊，56**（4），11-20。

考選部（2018）。**專門職業及技術人員高等考試心理師考試規則**。https://reurl.cc/Q9K8kM

吳芝儀（2000）。**中輟學生的危機與轉機**。濤石。

呂一慈（2006）。特殊學校實施跨專業團隊服務成效之個案研究：以一個重度多重障礙學生為例。**身心障礙研究，4**（2），83-95。

李玉嬋、高美齡、蔡育倫、黃俊喨（2007）。由「人工流產諮商服務」談跨專業整合的機制。**護理雜誌，54**（2），5-10。

李玉嬋、葉北辰（2017）。醫療諮商倫理：當醫學倫理難題找上諮商心理師時。**諮商與輔導，384**，57-61。

李岳庭（2020）。預立醫療照護諮商與諮商倫理。**應用倫理評論**，**69**，259-275。
李美賢（2019）。**探戈w／保羅大叔：修煉批判敘事力，以「東南亞」為方法**。108年度教育部辦理補助議題導向敘事力創新教學發展計畫。
李國隆（2010）。犯罪青少年中止犯罪影響因素之研究。**數據分析**，**5**（4），143-161。
杜淑芬、王麗斐（2016）。諮商心理師與國小學校輔導行政人員跨專業合作面臨的諮商倫理議題與因應策略：以臺北市駐區心理師方案為例。**臺灣諮商心理學報**，**4**（1），63-86。
沈慶鴻（2008）。**97 年度「建構最需要關懷家庭輔導網絡」督導與評估計畫**。教育部委託。
沈慶鴻（2008）。**建構「最需要關懷家庭」輔導網絡志工手冊**。教育部。
沈慶鴻（2015）。**家庭幸福感之追尋：建構「部落參與」之原住民親密係暴力處遇模式之行動研究**。科技部整合型研究計畫結案報告。
沈慶鴻（2017）。缺角的學校輔導工作：適應欠佳學生「親職支持外展方案」的行動研究經驗。**輔導與諮商學報**，**38**（2），25-52。
沈慶鴻、李永義、林思含、許婷琪、郭婉爭、游夙君、曾淑雯、溫文傑（2006）。**少年、年少：家長陪伴手冊**。教育部。
沈慶鴻、趙祥和（2013）。**建構最需要關懷家庭輔導網絡：102 年結案報告**。教育部委託計畫。
林怡光、陳佩雯（2009）。社區諮商模式再老人服務上的應用。**輔導季刊**，**45**（2），49-60。
林美珠（2000）。國小輔導工作實施需要、現況與困境之研究。**中華輔導學報**，**8**，51-76。
林郁倫、陳婉真、林耀盛、王鍾和（2014）。心理師校園駐區服務的困境、需求與挑戰：由臺北市國中輔導人員之觀點。**輔導與諮商學報**，**36**（1），37-64。
林哲寧（2021年2月24日）。挽救中離生，不能用中輟思維。**聯合報**。https://reurl.cc/rgONWy
林家興（2014）。臺灣諮商心理師執業現況與執業意見之調查研究。**教育心理學報**，**45**（3），279-302。
林家興、黃佩娟（2013）。臺灣諮商心理師能力建構指標建立之共識研究。**教育心理學報**，**44**（3），735-750。

林家興、謝昀臻、孫政大（2008）。諮商心理師執業現況調查研究。**中華輔導與諮商學報**，**23**，117-145。

林烝增、林家興（2019）。諮商心理師全職實習與專業督導的調查現況研究。**教育心理學報**，**51**（2），275-295。

侯雯琪（2006）。**相識在街頭：外展工作對外展少年的影響**（未出版之碩士論文）。東吳大學。

凃玟妤、蕭文、黃孟寅、鄭童、張文馨（2012）。臺灣諮商心理師就業力之分析研究。**中華心理衛生學刊**，**25**（4），545-573。

洪莉竹（2008）。中學輔導人員專業倫理困境與因應策略研究。**教育心理學報**，**39**（3），451-472。

胡中宜（2009）。少年外展工作發展之分析：以臺北市為例。**國立空中大學社會科學學報**，**16**，171-188。

胡中宜（2013）。青少年外展工作成效指標之研究：以臺北市少年服務中心外展社工員觀點為例。**中華輔導與諮商學報**，**35**，95-120。

修慧蘭（2012）。大學校院專任心理諮商輔導人員所需職能之研究。**臺灣諮商心理學報**，**1**（1），89 -111。

夏林清（譯）（2000）。**行動科學**（原作者：C. Argyris, R. Putnam, & D. M. Smith）。遠流。（原著出版年：1985）

孫頌賢、劉淑慧、王智弘、夏允中（2018）。證據導向實踐的諮商專業發展。**中華輔導與諮商學報**，**52**，1 - 18。

張怡芬（2001）。**臺北市少年外展社會工作實務模式之研究**（未出版之碩士論文）。國立暨南國際大學。

張祐瑄（2016）。**輔導諮商人員的倡議之路：以《學生輔導法》為例**（未出版之碩士論文）。國立彰化師範大學。

張高賓（2004）。從社區諮商的觀點談目睹兒童家庭的外展服務。**輔導季刊**，**40**（3），55-60。

張淑芬（2015）。心理師從事家庭暴力暨性侵害類社區諮商之跨專業系統合作能力初探研究。**教育心理學報**，**47**（1），23-43。

張翠娥、鈕文英（2007）。跨專業服務融入早期療育課程實施歷程研究。**特殊教育學報**，**26**，111-138。

張曉珮（2020）。探討多元專業工作者於兒少保護家庭暴力案件之合作共治模式。**中華輔導與諮商學報，57**，17-49。

教育部（2015）。**103 學年度教育部全國中輟統計數據分析**。https://reurl.cc/yEdOr2

許育光、刑志彬（2019）。臺灣學校心理師何去何從？從現況評述、課程檢核到培育反思。**當代教育研究季刊，27**（3），35-64。

許春金（2007）。**犯罪學**。三民。

許雅惠（2011）。大專校院輔導教師工作現況與專業知能需求之研究。**教育心理學報，43**（1），51-76。

陳正宗、吳榮鎮（2000）。學校心理衛生。**臺灣精神醫學，14**（1），3-12。

陳金燕（2003）。助人工作中的「光環中隊」：談不同專業人員分工合作之彰化經驗。**諮商與輔導，216**，19-22。

陳瑞麟（2018）。科學革命與典範轉移。載於王一奇（主編），**華文哲學百科**（2018 版本）。https://reurl.cc/1YNrr9

陳嘉鳳、周才忠（2011）。社區諮商典範在臺灣的轉移與失落。**輔導季刊，47**（4），40-49。

傅秀媚（2002）。早期療育中跨專業團隊評估模式相關問題研究。**特殊教育學報，16**，1-22。

游淑華、姜兆眉（2011）。諮商心理與社會工作在「家庭暴力暨性侵害防治中心」的跨專業合作經驗：從社工觀點反思諮商心理專業。**中華輔導與諮商學報，30**，24-53。

馮燕（2011）。**建構我國離家兒少外展服務及暫時庇護所管理及運作模式之研究**。內政部兒童局委託研究。

黃元鶴（2012）。**內隱知識／默會知識（tacit knowledge）**。https://reurl.cc/AkvGEZ

黃佩娟、林家興、張吟慈（2010）。諮商心理師全職實習之調查現況。**教育心理學報，42**（1），123-142。

黃富源、鄧煌發（2000）。暴力犯罪少年之家庭及社會學習相關因素之實證研究。**中央警察大學犯罪防治學報，1**，153-184。

黃曉芬、張耀中（2012）。試評臺灣具修復式正義精神之相關制度。**犯罪與刑事司法研究，19**，45-72。

黃韻如（2006）。**臺灣中輟高風險少年社會工作干預之研究**（未出版之博士論文）。國立暨南國際大學。

楊廣文、成戎珠（2013）。臺灣學校中特教專業團隊運作模式：系統性回顧。**物理治療，38**（4），286-298。

楊聰財、李明濱、吳英璋、魯中興、陳韺、吳文正（2004）。社區心理衛生中心的沿革。**北市醫學雜誌，1**（4），393-411。

廖華芳（1998）。發展遲緩兒童早期療育專業團隊合作模式。**中華民國物理治療學會雜誌，23**（2），127-140。

廖裕星（2005）。**國中中輟高危險學生中輟意圖及其相關因素模式之研究**（未出版之碩士論文）。國立彰化師範大學。

趙文滔、陳德茂（2017）。中小學輔導教師在跨專業系統合作中的挑戰：可能遭遇的困境、阻礙合作的因素以及如何克服。**應用心理研究，67**，119-179。

趙曉美、王麗斐、楊國如（2006）。臺北市諮商心理師國小校園服務方案之實施評估。**教育心理學報，37**（4），345-365。

蔡清田（2015）。行動研究的功能限制與關鍵條件。**T&D 飛訊，209**，1-19。

蔡德輝、楊士隆（2013）。**少年犯罪：理論與實務**（第五版）。五南。

衛生福利部（2020）。**家庭暴力被害人保護服務人次**。https://reurl.cc/6anp2y

鄭崇趁、林新發（2006）。**建構學校輔導與家庭教育網絡連結計畫**。教育部委託研究。

獨立媒體（2016）。**當外展走進網絡：在「網海」搜索年青人的社工們**。https://reurl.cc/9rmdEa

蕭文、田秀蘭（主編）（2018）。**臺灣輔導一甲子**。心理。

蕭文、鍾思嘉、張曉珮、蔡翊桓（譯）（2009）。**心理衛生與社區諮商的基礎**（原作者：M. S. Gerig）。心理。（原著出版年：2007）

戴維仁（2007）。**諮商人員參與國中中輟學生復學輔導方案之評估研究**（未出版之碩士論文）。國立彰化師範大學。

謝明珊（譯）（2011）。**後殖民的挑戰：邁向另類可能的世界**（原作者：C. Venn）。國家教育研究院。（原著出版年：2006）

魏書娥、林姿妙（2006）。心理師與社工師在安寧緩和醫療團隊中的角色關係：以某醫學中心安寧團隊的歷史經驗為例。**生死學研究，4**，37-83。

英文部分

Alvesson, M., & Sköldberg, K. (2017). *Reflexive methodology: New vistas for qualitative research*. Sage.

American Counseling Association. [ACA] (2018). *American Counseling Association advocacy competencies*. https://reurl.cc/1YNn2D

Amirkhani, T., & Arefnejad, M. (2012). Analyzing the effect of organizational citizenship behavior and psychological capital on social capital. *Journal of Management Sciences of Iran, 26,* 70-84.

Andersen, M. L., & Collins, P. H. (2007). Why race, class, and gender still matter. In M. L. Andersen & P. H. Collins (Eds.), *Race, class and gender: An anthology* (pp. 1-16). Wadsworth.

Angelique, H. L., & Culley, M. R. (2007). History and theory of community psychology: An international perspective of community psychology in the United States: Returning to political, critical, and ecological roots. In S. M. Reich, M. Riemer, I. Prilleltensky, & M. Montero (Eds.), *International community psychology: History and theories* (pp. 37-62). Springer. https://doi.org/10.1007/978-0-387-49500-2_3

Barlow, J., Stewart-Brown, S., Callaghan, H., Tucker, J., Brocklehurst, N., Davis, H., & Burns, C. (2003). Working in partnership: The development of a home visiting service for vulnerable families. *Child Abuse Review, 12*, 172-189.

Bartky, S. L. (1990). *Femininity and domination: Studies in the phenomenology of oppression.* Routledge.

Bemak, F., & Chung, R. C. Y. (2008). New professional roles and advocacy strategies for school counselors: A multicultural/social justice perspective to move beyond the nice counselor syndrome. *Journal of Counseling & Development, 86*(3), 372-381.

Bhatia, V. (2002). Applied genre analysis: A multi-perspective model. *Ibérica: Revista de La Asociación Europea de Lenguas Para Fines Específicos (AELFE), 4*, 3-19.

Bronfenbrenner, U. (1979). *The ecology of human development: Experiments by nature and design*. Harvard University Press.

Bronfenbrenner, U., & Ceci, S. J. (1994). Nature-nurture reconceptualized in developmental perspective: A bioecological model. *Psychological Review, 101*(4), 568-586.

Brown, M. B. (2006). School-based health centers: Implications for counselors. *Journal of Counseling and Development, 84*, 187-191.

Bryan, G. M. Jr., DeBord, K., & Schrader, K. (2006). Building a professional development system: A case study of North Carolina's parenting education experiences. *Child Welfare, 85*(5), 803-818.

Chan, M., Estéve, D., Escriba, C., & Campo, E. (2008). *A review of smart homes: Present state and future challenges*. https://reurl.cc/2r1aDn

Chavez, T. A., Fernandez, I. T., Hipolito-Delgado, C. P., & Rivera, E. T. (2016). Unifying liberation psychology and humanistic values to promote social justice in counseling. *The Journal of Humanistic Counseling, 55*(3), 166-182.

Cohen, J. J., & Fish, M. C. (1993). *Handbook of school-based interventions: Resolving student problems and promoting healthy educational environments*. Jossey-Bass.

Coleman, H., Unrau, Y. A., & Manyfingers, B. (2001). Revamping family preservation services for native families. *Journal of Ethic & Cultural Diversity in Social Work, 10* (1), 49-68.

Comb, G., & Freeman, J. (2012). Narrative, poststructuralism, and social justice: Current practices in narrative therapy. *The Counseling Psychologist, 40*(7), 1033-1060.

Conwill, W. (2015). De-colonizing multicultural counseling and psychology: Addressing race through intersectionality. In R. D. Goodman & P. C. Gorski (Eds.), *Decolonizing "multicultural" counseling through social justice*. Springer.

Cottone, R. R. (2001). A social constructivism model of ethical decision making in counseling. *Journal of Counseling & Development, 79*(1), 39-45.

Council for Accreditation of Counseling and Related Educational Programs. [CACREP] (2016). *2016 CACREP Standards*. https://reurl.cc/XWKOZj

Council for Accreditation of Counseling and Related Educational Programs. [CACREP] (2021). *Welcome to CACREP*. Retrieved from https://reurl.cc/MAKY3m

Crenshaw, K. (1989). Demarginalizing the intersection of race and sex: A black feminist critique of antidiscrimination doctrine, feminist theory and antiracist politics. *University of Chicago Legal Forum, 1989*(1), Article 8.

Crethar, H. C., Rivera, E. T., & Nash, S. (2008). In search of common threads: Linking multicultural, feminist, and social justice counseling paradigms. *Journal of Counseling & Development, 86*(3), 269-278.

D'amour, D., Ferrada-Videla, M., Rodriguez, L. S. M., & Beaulieu, M.-D. (2005). The conceptual basis for interprofessional collaboration: Core concepts and theoretical frameworks. *Journal of Interprofessional Care, 19*(1), 116-131.

Doise, W., & Mapstone, E. T. (1986). *Levels of explanation in social psychology*. Cambridge University Press.

Eikeland, O. (2014). Phronesis. In D. Coghlan & M. Brydon-Miller (Eds.), *The Sage encyclopedia of action research* (pp. 623-627). Sage.

Elford, J., Bolding, G., Davis, M., Sherr, L., & Hart, G. (2004). Web-based behavioral surveillance among men who have sex with men: A comparison of online and offline samples in London UK. *Journal of Acquired Immune Deficiency Syndromes, 35*, 421-426.

Fanon, F. (1967). *Black skin, white masks*. Grove Press.

Fassinger, R. E., & Gallor, S. M. (2006). Tools for remodeling the master's house: Advocacy and social justice in education and work. In R. L. Toporek, L. H. Gerstein, N. A. Fouad, G. Roysircar, & T. Israel (Eds.), *Social justice in counseling psychology: Leadership, vision and action* (pp. 256-275). Sage.

Fassinger, R. E., & O'Brien, K. M. (2000). Career counseling with college women: A scientist-practitioner-advocate model of intervention. In D. Luzzo (Ed.), *Career counseling of college students: An empirical guide to strategies that work* (pp. 253-266). American Psychological Association. doi:10.1037/10362-014

Ferriero, J. R. (2014). *Outreach practices of a small college counseling center: A comprehensive model to serve the college community*. https://reurl.cc/ZGLRdl

Fleischacker, S. (2005). Second response: Friendship over justice. *Cross Currents, 55*(1), 25-28.

Fouad, N. A., Grus, C. L., Hatcher, R. L., Koslow, N. J., Hutching, P. S., Madson, M. B., Collins, F. L. Jr., & Crossman, R. E. (2009). Competency benchmarks: A model for understanding and measuring competence in professional psychology across training levels. *Training and Education in Professional Psychology, 3*(4), S5-S26. doi: 10.1037/a0015832.

Fox, D., Prilleltensky, I., & Austin, S. (2013). *Critical psychology: An introduction* (2nd ed.). Sage.

Frazier, S. L., Abdul-Adil, J., Atkins, M. S., Gathright, T., & Jackson, M. (2007). Can't have one without the other: Mental health providers and community parents reducing barriers to services for families in urban poverty. *Journal of Community Psychology, 35*(4), 435-446.

Freire, P. (1970). Cultural action and conscientization. *Harvard Educational Review, 40* (3), 452-477.

Freire, P. (1976). Literacy and the possible dream. *Prospects, 6*(1), 68-71.

Garfinkel, H. (1967). *Studies in ethnomethodology*. Prentice-Hall.

Gergen, K. J. (1985). Social constructionist inquiry: Context and implications. In K. J. Gergen & K. E. Davis (Eds.), *The social construction of the person* (pp. 3-18). Springer.

Gergen, K. J. (2009). *Relational being: Beyond self and community.* Oxford University Press.

Giddens, A. (1976). Classical social theory and the origins of modern sociology. *American Journal of Sociology, 81*(4), 703-729.

Goodman, L. A., Liang, B., Helms, J. E., & Latta, R. E. (2004). Training counseling psychologists as social justice agents. *The Counseling Psychologist, 32*(6), 793-837.

Goodman, R. D. (2015). A liberatory approach to trauma counseling: Decolonizing our trauma-informed practices. In R. D. Goodman & P. C. Gorski (Eds.), *Decolonizing "multicultural" counseling through social justice* (pp. 55-72). Springer.

Goodman, R. D., & Gorski, P. C. (2015). *Decolonizing "multicultural" counseling through social Justice*. Springer.

Goodman, R. D., Wilson, J. M., & Greenstein, N. (2008). Becoming and advocate: Processes and outcomes of a relationship-centered advocacy training model. *The Counseling Psychologist, 46*(2), 122-153.

Green, E., McCollum, V. C., & Hays, D. G. (2008). Teaching advocacy counseling within a social justice framework: Implications for school counselors and educators. *Journal for Social Action in Counseling and Psychology, 1*(2), 14-30.

Grimmett, M. R., Lupton-Smith, H., Beck, A., Englert, M. K., & Messinger, E. (2018). The Community Counseling, Education, and Research Center (CCERC) Model: Addressing community mental health needs through engagement scholarship. *Journal of Higher Education Outreach and Engagement, 22*(3), 201-230.

Hashemi, T., Babapour, J., & Bahadori, J. (2012). The role of psychological capital in psychological well-being by considering the moderating effects of social capital. *Journal of Social Psychological Research, 1*(4), 123-144.

Heinowitz, A. E., Brown, K. R., Langsam, L. C., Arcidiacono, S. J., Baker, P. L., Badaan, P. L., Zlatkin, N. H., & Cash, R. E. (2012). Identifying perceived personal barriers to public policy advocacy within psychology. *Professional Psychology: Research and Practice, 43*(4), 372-378.

Hepburn, A. (2003). *An introduction to critical social psychology*. Sage.

Hershenson, D. B., & Berger, G. P. (2001). The state of community counseling: A survey of directors of CACREP-accredited programs. *Journal of Counseling & Development, 79*(2), 188-193.

Himmelweit, H. T. (1990). Societal psychology: Implications and scope. In H. T. Hicmmelweit & G. Gaskell (Eds.), *Societal psychology* (pp. 17-45). Sage.

Hoffman, M. A., & Kruczek, T. (2011). A bioecological model of mass trauma: Individual, community, and societal effects. *The Counseling Psychologist, 39*(8), 1087-1127.

Hook, D. (2012). *A critical psychology of the postcolonial: The mind of apartheid*. Routledge.

Humphreys, K. (1996). Clinical psychologists as psychotherapists. *American Psychologist, 51*, 190-197.

Illich, I. (1977). *Disabling profession*. Marion Boyars.

International Association of Counseling Services. [IACS] (2016). *IACS standards*. https://reurl.cc/bXp4kl

International Association of Counseling Services. [IACS] (2020) . *IACS standards for university and college counseling center*. https://reurl.cc/pglpve

Interprofessional Education Collaborative. [IPEC] (2016). *Core competencies for interprofessional collaborative practice: 2016 update*. https://reurl.cc/3agkN0

Ivey, A. E., & Collins, N. M. (2003). Social justice: A long-term challenge for counseling psychology. *The Counseling Psychologist, 31*(3), 290-298. https://doi.org/10.1177/0011000003031003004

Kagan, C., & Burton, M. (2001). *Critical community psychological praxis for the 21st century*. Paper presented at British Psychological Society Conference, Glasgow, UK.

Kemmis, S. (2006). Participatory action research and the public sphere. *Educational Action Research, 14*(4), 459-476.

King, G., & Meyer, K. (2006). Service integration and co-ordination: A framework of approaches for the delivery of coordinated care to children with disabilities and their families. *Child: Care, Health & Development, 32*(4), 477-492.

Laing, R. D. (1967). *The politics of experience*. Pantheon.

Lampkin, D., Crawley, A., Lopez, T. P., Mejia, C. M., Yuen, W., & Levy, V. (2016). Reaching suburban men who have sex with men for STD and HIV services through online social networking outreach. *Journal of Acquired Immune Deficiency Syndromes, 72*(1), 73-78.

Lazarus, S., Baptiste, D., & Seedat, M. (2009). Community counseling: Values and practices. *Journal of Psychology in Africa, 19*(3), 449-454.

Lazarus, S., Seedat, M., & Naidoo, T. (2017). Community building: Challenges of constructing community. In M. A. Bond, I. Serrano-García, C. B. Keys, & M. Shinn (Eds.), *APA handbook of community psychology: Methods for community research and action for diverse groups and issues* (pp. 215-234). American Psychological Association. https://doi.org/10.1037/14954-013

Lehman, B. J., David, D. M., & Gruber, J. A. (2017). Rethinking the biopsychosocial model of health: Understanding health as a dynamic system. *Social and Personality Psychology Compass, 11*(8), 1-17. https://doi.org/10.1111/spc3.12328

Lewis, J. A., & Bradley, L. (Eds.) (2000). *Advocacy in counseling: Counselors, clients, & community*. Educational Resources Information Center Counseling and Student Services Clearinghouse.

Lewis, J. A., Arnold, M. S., House, R., & Toporek, R. L. (2003). *ACA advocacy competencies*. https://reurl.cc/eEYvzQ

Lewis, J. A., Lewis, M. D., Daniels, J. A., & D'Andrea, M. J. (2011). *Community counseling: A multicultural-social justice perspective* (4th ed.). Brooks/Cole.

Lewis, J. A., Ratts, M. J., Paladino, D. A., & Toporek, R. L. (2011). *Social justice counseling and advocacy: Developing new leadership roles and competencies*. https://reurl.cc/W36bXD

Lim, S. S. (2017). Youth works' use of Facebook for mediated pastoralism with juvenile delinquents and youth-at-risk. *Children and Youth Services Review, 81*(C), 139-147.

Loewenthal, D. (2015). *Critical psychotherapy, psychoanalysis and counselling: Implications for practice*. Palgrave Macmillan.

Lorelle, S., Byrd, R., & Crockett, S. (2012). Globalization and counseling: Professional issues for counselors. *The Professional Counselor, 2*(2), 115-123. https://doi.org/10.15241/sll.2.2.115

Luthans, F., Avolio, B. J., Avey, J. B., & Norman, S. M. (2007). Positive psychological capital: Measurement and relationship with performance and satisfaction construction of the history of German critical psychology. *Personnel Psychology, 60*(3), 541-572.

Madsen, W. (2009). Collaborative helping: A practice framework for family-centered services. *Family Process, 48*(1), 103-116.

Mallinckrodt, B., Miles, J. R., & Levy, J. J. (2014). The scientist-practitioner-advocate model: Addressing contemporary training needs for social justice advocacy. *Training and Education in Professional Psychology, 8*(4), 303-311.

Martín-Baró, I. (1994). *Writings for a liberation psychology.* Harvard University Press.

Maschi, T., Baer, J., & Turner, S. G. (2011). The psychological goods on clinical social work: A content analysis of the clinical social work and social justice literature. *Journal of Social Work Practice, 25*(2), 233-253.

Maturana, H. R. (1978). Biology of language: The epistemology of reality. In G. A. Miller & E. Lenneberg (Eds.), *Psychology and biology of language and thought* (pp. 27-63). Academic Press.

McWhirter, E. H. (1998). An empowerment model of counsellor education. *Canadian Journal of Counselling, 32*(1), 12-26.

McWhirter, J. J., McWhirter, B. T., McWhirter, E. H., & McWhirter, R. J. (2013). *At risk youth: A comprehensive response for counselors, teachers, psychologists, human service professionals* (5th ed.). https://reurl.cc/83m4eX

Meteyard, J., & O'Hara, D. (2016). Community counseling. In C. Pratt (Ed.), *The diversity of university-community engagement: An international perspective* (pp. 83-94). Asia Pacific University-Community Engagement Network.

Milbourne, L. (2005). Children, families and inter-agency work: Experiences of partnership work in primary education settings. *British Educational Research Journal, 31* (6), 675-695.

Miller, D. (1999). *Principles of social justice.* Harvard University Press.

Monk, G., Sinclair, S., & Winslade, J. (2008). *New horizons in multicultural counseling.* Sage.

Montero, M. (2009). Method for liberation: Critical consciousness in action. In M. Montero & C. Sonn (Eds.), *Psychology of liberation* (pp. 73-91). Springer.

Montero, M., & Sonn, C. C. (Eds.). (2009). *Psychology of liberation: Theory and applications.* Springer Science & Business Media.

Morley, L., & Cashell, A. (2017). Collaboration in health care. *Journal of Medical Imaging and Radiation Sciences, 48*, 207-216.

Murger, F., McLeod, T., & Loomis, C. (2016). Social change: Toward an informed and critical understanding of social justice and the capabilities approach in community psychology. *Journal Community Psychology, 57*(1-2), 171-180.

Myers, D. M., & Farrell, A. F. (2008). Reclaiming lost opportunities: Applying public health models in juvenile justice. *Children and Youth Services Review, 30*, 1159-1177.

Nillson, J. E., Berkel, L. A., Flores, L. Y., & Lucas, M. S. (2004). Utilization rate and presenting concerns of international students at a university counseling center: Implications for outreach programming. *Journal of College Student Psychotherapy, 19*, 49-59.

North, C. E. (2006). More than words? Delving into the substantive meaning(s) of "social justice" in education. *Review of Educational Research, 76*(4), 507-535. https://doi.org/10.3102/00346543076004507

Okin, S. M. (1989). Reviewed work: Justice, gender, and the family. *Columbia Law Review, 90*(4), 1171-1174.

Orford, J. (2008). *Community psychology: Challenges, controversies and emerging consensus*. John Wiley & Sons.

Osorio, J. M. F. (2009). Praxis and liberation in the context of Latin American theory. In M. Montero & C. Sonn (Eds.), *Psychology of liberation* (pp. 11-36). Springer.

Paisley, W. (1966). *The flow of behavioral science information: A review of the research literature*. Institute for Communication Research, Stanford University.

Parker, I. (2015). Critical psychotherapy, psychoanalysis and counselling. In D. Loewenthal (Ed.), *Towards critical psychotherapy and counselling: What can we learn from critical psychology (and political economy)* (pp. 41-52). Palgrave Macmillan.

Pedersen, P. B. (1991). Counseling international students. *The Counseling Psychologist, 19*(1), 10-58.

Pierce, J., James, L., Messer, K., Myers, M., William, R., & Trinidad, D. (2008). Telephone counseling to implement best parenting practices to prevent adolescent problem behaviors. *Contemporary Clinical Trials, 29*(3), 324-334.

Ponterotto, J. G. (2010). Qualitative research in multicultural psychology: Philosophical underpinnings, popular approaches, and ethical considerations. *Cultural Diversity and Ethnic Minority Psychology, 16*(4), 581-589.

Poyrazli, S. (2015). Psychological symptoms and concerns experienced by international students: Outreach implications for counseling centers. *Journal of International Students, 5*(3), 306-312.

Prilleltensky, I. (2001). Value-based praxis in community psychology: Moving toward social justice and social action. *American Journal of Community Psychology, 29*, 747-778.

Prilleltensky, I. (2008). The role of power in wellness, oppression, and liberation: The promise of psychopolitical validity. *American Journal of Community Psychology, 36* (2), 116-136.

Prilleltensky, I. (2012). Wellness as fairness. *American Journal of Community Psychology, 49*(1-2), 1-21.

Prilleltensky, I., & Prilleltensky, O. (2003). Synergies for wellness and liberation in counseling psychology. *The Counseling Psychologist, 31*(3), 273-281.

Ratts, M. J. (2008). A pragmatic view of social justice advocacy: Infusing microlevel social justice advocacy strategies into counseling practices. *Counseling and Human Development,* 41(1), 1-6.

Ratts, M. J., & Hutchins, A. M. (2009). ACA advocacy competencies: Social justice advocacy at the client/student level. *Journal of Counseling & Development, 87*, 269-275.

Ratts, M. J., Singh, A. A., Nassar-McMillan, S., Butler, S. K., & McCullough, J. R. (2015). *Multicultural and social justice counseling competencies*. https://reurl.cc/AkZnNY

Raven, B. H. (1992). A power/interaction model of interpersonal influence: French and Raven thirty years later. *Journal of Social Behavior & Personality, 7*(2), 217-244.

Rawls, J. (1971). *A theory of justice*. Harvard University Press.

Reid, W. J. (2002). Knowledge for direct social work practice: An analysis of trends. *The Social Service Review, 76*(1), 6-33.

Roysircar, G., & Pignatiello, V. (2011). A multicultural-ecological assessment tool: Conceptualization and practice with an Asian Indian Immigrant woman. *Journal of Multicultural Counseling and Development, 39*(3), 167-179.

Russell, W. R. (2011). *Dropping out: Why students drop out of high school and what can be done about it*. https://reurl.cc/j8z6Qq

Sandoval, C. (2000). *Methodology of the oppressed*. University of Minnesota Press.

Sharf, R. S. (1985). Artificial intelligence: Implications for the future of counseling. *Journal of Counseling and Development, 64*, 34-37.

Shin, R. Q. (2015). The application of critical consciousness and intersectionality as tools for decolonizing racial/ethnic identity development models in the fields of counseling and psychology. In R. D. Goodman & P. C. Gorski (Eds.), *Decolonizing "multicultural" counseling through social justice* (pp. 11-22). Springer.

Sloan, P., Arsenault, L., Hilsenroth, M., & Harvill, L. (1995). Use of the Mississippi Scale for combat-related PTSD in detecting war-related, non-combat stress symptomatology. *Journal of Clinical Psychology, 51*(6), 799-801.

Smith, L. C. (2015). Queering multicultural competence in counseling. In R. D. Goodman & P. C. Gorski (Eds.), *Decolonizing "multicultural" counseling through social justice* (pp. 23-39). Springer.

Smith, L., & Chambers, C. (2015). Decolonizing psychological practice in the context of poverty. In R. D. Goodman & P. C. Gorski (Eds.), *Decolonizing "multicultural" counseling through social justice* (pp. 73-84). Springer.

Smith, S. D., Reynolds, C. A., & Rovnak, A. (2009). A critical analysis of the social advocacy movement in counseling. *Journal of Counseling & Development, 87*(4), 483-491.

Southern, S., Gomez, J., Smith, R. L., & Devlin, J. M. (2010). *The transformation of community counseling for 2015 and beyond.* https://reurl.cc/ogGzNq

Spence, S. H. (1985). Achievement American style: The rewards and costs of individualism. *American Psychologist, 40, 1285-1295.*

Spencer, J., Goode, J., Penix, E. A., Trusty, W., & Swift, J. K. (2019). Developing a collaborative relationship with clients during the initial sessions of psychotherapy. *Psychotherapy, 56*(1), 7-10.

Stanbridge, R., & Burbach, F. (2007). Developing family-inclusive mainstream mental health services. *Journal of Family Therapy, 29*(1), 21-43. https://doi.org/10.1111/j.1467-6427.2007.00367.x

Stormshak, E. A., & Dishion, T. J. (2002). An ecological approach to child and family clinical and counseling psychology. *Clinical Child and Family Psychology Review, 5*(3), 197-215.

Stupak, D., Hook, M. K., & Hall, D. M. (2007). Participation in counseling does family matter: An analysis of a community population. *Journal of Health Counseling, 29*(3), 259-268.

Sue, D. W. (2001). Multidimensional facets of cultural competence. *The Counseling Psychologist, 29*(6), 790-821. https://doi.org/10.1177/0011000001296002

Sue, D. W., & Sue, D. (2012). *Counseling the culturally diverse: Theory and practice.*

John Wiley & Sons.

Sue, D. W., Arredondo, P., & McDavis, R. J. (1992). Multicultural counseling competencies and standards: A call to the profession. *Journal of Counseling & Development, 70*(4), 477-486.

Summers, J. A., Hoffman, L., Marquis, J., Turnbull, A., Poston, D., & Nelson, L. L. (2005). Measuring the quality of family-professional partnerships in special education. *Council for Exceptional Children, 72*, 65-81.

Teo, T. (2013). Theory & psychology. *Agnotology in the Dialectics of the History and Philosophy of Psychology, 23*(6), 840-851.

Tey, S. H., Liu, C. J., & Shen, C. H. (2011). *Ethics issues of paraprofessional home visiting service in Taiwan: A cultural perspective*. Paper presented at the 2nd Asia Pacific Rim International Counseling Conference, Hong Kong.

Toporek, R. L. (2006). Progress toward creating a common language and framework for understanding advocacy in counseling. *Counseling and Human Development, 38*(9), 1-8.

Toporek, R. L., & Daniels, J. (2018). *2018 update and expansion of the 2003 ACA advocacy competencies: Honoring the work of the past and contextualizing the present.* https://www.counseling.org

Toporek, R. L., Lewis, J. A., & Crethar, H. C. (2009). Promoting systematic change through the ACA advocacy competencies. *Journal of Counseling & Development, 87*, 260-268. doi:10.1002/j.1556-6678.2009.tb00105.x

Triandis, H. C. (1994). *Culture and social behavior*. McGraw-Hill.

Vagios, V. (2017). Interdisciplinary, multidisciplinary, or transdisciplinary interface. *Journal of European Languages and Literatures, 2*, 1-7. doi:10.6667/interface.2.2017.35

Vélez-Agosto, N. M., Soto-Crespo, J. G., Vizcarrondo-Oppenheimer, M., Vega-Molina, S., & García Coll, C. (2017). Bronfenbrenner's bioecological theory revision: Moving culture from the macro into the micro. *Perspectives on Psychological Science, 12* (5), 900-910.

Vera, E. M., & Speight, S. L. (2003). Multicultural competence, social justice, and counseling psychology: Expanding our roles. *The Counseling Psychologist, 31*(3),

253-272.

Walker, H. M., & Sprague, J. R. (1999). The path to school failure delinquency and violence: Casual factors and some potential solutions. *Intervention in School and Clinic, 35*(2), 67-73.

Walsh, R. T. G., Baydala, A., & Teo, T. (2015). European yearbook of the history of psychology. *A Critical History and Philosophy of Psychology: Diversity of Context, Thought, and Practice, 1*, 233-246.

Walsh, R. T. G., Teo, T., & Baydala, A. (2014). *A critical history and philosophy of psychology: Diversity of context, thought, and practice*. Sage.

Waugh, J. (2011). *Submission to the Victorian State Government's Protecting Victoria's Vulnerable Children Inquiry*. Australia: Good Shepherd Youth & Family Services.

White, S. W., & Kelly, F. D. (2010). The school counselor's role in school dropout prevention. *Journal of Counseling & Development, 88*(2), 277-235.

Wrenn, C. G. (1962). The culturally encapsulated counselor. *Harvard Educational Review, 32*(4), 444-449.

NOTE

NOTE
ink

ink
NOTE

NOTE
ink

NOTE
ink

國家圖書館出版品預行編目（CIP）資料

社區諮商：社會正義與系統合作取向／沈慶鴻,
趙祥和著. -- 初版. -- 新北市：心理出版社股份
有限公司, 2021.09
面； 公分. --（輔導諮商系列；21130）
ISBN 978-986-0744-31-6（平裝）

1.諮商 2.社區工作

178.4 110014955

輔導諮商系列 21130
社區諮商：社會正義與系統合作取向

作　　者：沈慶鴻、趙祥和
責任編輯：郭佳玲
總 編 輯：林敬堯
發 行 人：洪有義
出 版 者：心理出版社股份有限公司
地　　址：231026 新北市新店區光明街 288 號 7 樓
電　　話：(02) 29150566
傳　　真：(02) 29152928
郵撥帳號：19293172 心理出版社股份有限公司
網　　址：https://www.psy.com.tw
電子信箱：psychoco@ms15.hinet.net
排 版 者：辰皓國際出版製作有限公司
印 刷 者：辰皓國際出版製作有限公司
初版一刷：2021 年 9 月
I S B N：978-986-0744-31-6
定　　價：新台幣 300 元